Código completo de la propi

Eva Marchal Bermúdez
Abogada

CÓDIGO COMPLETO DE LA PROPIEDAD HORIZONTAL

dve
PUBLISHING

Colección dirigida por David Siuraneta Pérez, abogado colegiado.

Diseño gráfico de la cubierta de © *YES.*

© Editorial De Vecchi, S. A. 2018
© [2018] Confidential Concepts International Ltd., Ireland
Subsidiary company of Confidential Concepts Inc, USA
ISBN: 978-1-64461-148-7

Índice

Introducción

El derecho de la propiedad horizontal ha sido objeto de una profunda renovación en los últimos tiempos; la Ley 8/1999, de 6 de abril, de Propiedad Horizontal incorpora una concepción más moderna de este tipo de propiedad, claramente orientada a dotar de mayor flexibilidad y celeridad a las relaciones entre los copropietarios de cada finca.

Entre las novedades introducidas cabe destacar la modificación de la rigurosa regla de la unanimidad, ya que obstaculizaba la realización de determinadas actuaciones convenientes para la comunidad; de este modo, se ha flexibilizado el régimen de mayorías para el establecimiento de determinados servicios: porterías, ascensores, supresión de barreras arquitectónicas, servicios de telecomunicaciones, etc.

Otra de las grandes demandas de la sociedad era lograr que las comunidades de propietarios pudieran legítimamente cobrar lo que les adeudaban los copropietarios integrantes: es lo que se ha dado en llamar *lucha contra la morosidad*; con la reforma de la ley se han creado una serie de medidas tales como la afectación real del in-

mueble transmitido al pago de los gastos generales a la anualidad en la cual tenga lugar su adquisición, la creación de un procedimiento judicial ágil y eficaz para el cobro de las deudas de la comunidad, la constitución de un fondo de reserva, etc.

Este manual ofrece una exposición rigurosa pero asequible para todos, especialmente para quienes carecen de conocimientos jurídicos especializados sobre la propiedad horizontal, e incide en aquellos aspectos más polémicos de la experiencia cotidiana y en las soluciones proporcionadas por la práctica judicial.

En los primeros capítulos, tras la presentación de la institución, se exponen jerárquicamente las reglas que regulan la propiedad horizontal; también se analiza la base material de la comunidad, el régimen jurídico de los elementos comunes y el de las partes privativas.

A continuación se examinan los órganos de gobierno de las comunidades de propietarios: la junta de propietarios (convocatoria, citaciones y notificaciones, asistencia a las juntas) y los diversos órganos personales (presidente, vicepresidente, secretario y administrador).

Seguidamente se estudia el régimen jurídico para la adopción de acuerdos por la junta de propietarios, es decir, las mayorías necesarias para la eficacia y validez de los acuerdos. Asimismo, se detalla la documentación que debe llevar toda comunidad de propietarios para su adecuado gobierno.

Continúa la exposición con el análisis de los derechos y deberes de los copropietarios, seguido de una aproximación al régimen procesal de la propiedad horizontal (el régimen de la impugnación de los acuerdos y la defensa de los derechos de los comuneros). Cierra el libro un examen de la novedosa regulación de los complejos inmobiliarios privados.

El manual no sólo incorpora las novedades introducidas por la reforma de la Ley de Propiedad Horizontal de 1999, sino que también hace hincapié en los diversos aspectos de la materia que han sido modificados por la entrada en vigor de la Ley 1/2000, de Enjuiciamiento Civil, que ha modificado sustancialmente la legislación procesal general, así como en aquellos preceptos de la Ley 51/2003 de Igualdad de Oportunidades que afectan al régimen de propiedad horizontal.

En diversos capítulos se plantean algunos casos prácticos, que servirán para ejercer un razonamiento sobre los temas expuestos. La virtud de estos ejercicios reside en que obliga, a quien intenta resolverlos, a replantearse los conceptos y partes teóricas estudiadas.

Esperamos haber conseguido nuestro propósito de proporcionar un conocimiento fácil y práctico de las cuestiones expuestas.

Fundamentos jurídicos de la propiedad horizontal

Hay un hecho social básico que en los últimos tiempos ha influido de manera sustancial en la ordenación de la propiedad urbana. Se trata de la necesidad de las edificaciones, tanto para la vida de la persona y de la familia como para el desarrollo de actividades fundamentales, como el comercio, la industria y, en general, el ejercicio de las profesiones.

Junto a ese factor, que es propio de todo sistema de convivencia, existe hoy otra circunstancia también determinante: las dificultades que entrañan la adquisición, disponibilidad y disfrute de espacios habitables.

La acción del Estado en estas cuestiones incide en tres ámbitos distintos aunque muy relacionados:

a) *La construcción:* impulsándola a través de medidas indirectas y, en ocasiones, a través de iniciativas directas.
b) *El arrendamiento:* a través de una legislación que limita la autonomía de la voluntad con el fin de asegurar una permanencia en el disfrute de las viviendas y los locales de negocio en condiciones económicas sometidas a un sistema de intervención y revisión.
c) *La propiedad:* a través de la llamada *propiedad horizontal*, cuya razón de ser es el logro del acceso a la propiedad urbana mediante una inversión de capital; al poder quedar circunscrita al espacio y elementos indispensables para atender a las propias necesidades, es más asequible a todos y la única posible para muchas personas.

La comunidad horizontal como propiedad dividida

Actualmente, la mayor parte de los edificios están constituidos en régimen de propiedad horizontal. Eso significa que la compra de un piso no supone la mera adquisición de la superficie del mismo, sino que además se adquiere una parte de los elementos comunes del edificio. Un edificio dividido en régimen de propiedad horizontal está constituido por:

a) *Elementos privativos de cada propietario:* son los espacios delimitados y susceptibles de aprovechamiento independiente —por tener salida propia a un elemento común o a la vía pública—, así como todos los elementos arquitectónicos o instalaciones que estén incluidos dentro de su perímetro y sirvan en exclusiva al propietario.

b) *Elementos comunes:* son los elementos arquitectónicos o servicios de un edificio no susceptibles de aprovechamiento independiente por cada propietario, y que han sido establecidos para dar servicio común a todos los propietarios de la comunidad.

De hecho, cuando se construye un edificio destinado a ser vendido por pisos, se va pasando del elemento común básico por excelencia —el solar— a la determinación de los espacios aéreos —pisos o locales— de propiedad privativa mediante la parcelación horizontal siguiendo este orden:

1. Construcción de elementos comunes de sostén de la estructura del edificio: cimentaciones, muros, pilares, columnas.
2. Construcción de elementos comunes de separación o división que delimitan los espacios aéreos: fachadas anterior y posterior, paredes laterales y divisorias entre los pisos, techos, suelos entre piso y piso y cubiertas (adopten o no la forma de terrazas).
3. Queda encima del edificio otro elemento común: el vuelo.

4. Construcción de elementos comunes de acceso: portal con puerta a la vía pública, pasos, corredores, escaleras, ascensores, montacargas.
5. Construcción de elementos comunes accesorios: puertas, ventanas, cerraduras, verjas, instalaciones eléctricas, pintura, decorado y conducción e instalaciones generales.
6. Y, por último, construcción de los elementos privativos accesorios de los pisos o locales: tabiques dentro de cada piso, pintura de interiores, canalizaciones individuales, cocinas, baños, servicios, instalaciones interiores de agua, luz, fuerza y gas.

La coexistencia de un derecho singular y exclusivo de propiedad sobre determinados elementos, denominados *elementos privativos*, y un derecho de copropiedad conjunto e inseparable sobre otros servicios o *elementos comunes* a todos los propietarios conlleva que ni los dueños de los pisos pueden prescindir de los demás en lo que se refiere a los elementos comunes del edificio, ni los copropietarios de estos pueden desconocer que los dueños de los pisos son propietarios exclusivos de los mismos.

La determinación de lo que es elemento *común* o *privativo* no la deciden los técnicos o promotores de la construcción, sino la ley o la voluntad de las partes a la hora de otorgar el título constitutivo en la escritura notarial de declaración de obra y división horizontal. Por eso, llegados a este punto, se analiza a continuación la propiedad separada y los elementos comunes que integran en su conjunto la propiedad horizontal.

Propiedad separada

En la Ley 8/1999 de Reforma de la Ley de Propiedad Horizontal se dispone que al dueño de cada piso o local le corresponde:

> El derecho singular y exclusivo de propiedad sobre un espacio suficientemente delimitado y susceptible de aprovechamiento independiente, con los elementos arquitectónicos e instalaciones de todas clases, aparentes o no, que estén comprendidos dentro de sus límites y sirvan exclusivamente al propietario, así como el de los anejos que expresamente hayan sido señalados en el título, aunque se hallen situados fuera del espacio delimitado.

El objeto de propiedad separada se define como un derecho exclusivo de propiedad que otorga plenas facultades al propietario del piso o local, tanto en lo relativo al uso y disfrute como a su disposición.

En general, los requisitos que son estrictamente necesarios para que elementos integrados en la propiedad horizontal puedan ser calificados como *privativos*, son:

— que se encuentren perfectamente delimitados. No es indispensable la existencia de elementos arquitectónicos de separación como paredes de cierre o tabiques, pero

sí cualquier signo físico o material que cumpla ese papel, como las líneas pintadas que delimitan unas plazas de garaje de otras;
— que sean susceptibles de aprovechamiento independiente;
— que tengan salida propia a un elemento común del edificio o a la vía pública;
— que pertenezcan a distintos propietarios.

La propiedad separada puede recaer sobre unidades inmobiliarias muy diversas, dada la gran variedad de supuestos en los que se puede aplicar la Ley de Propiedad Horizontal a partir de la reforma de 1999. Sin embargo, nos centraremos en las situaciones más habituales para ofrecer la siguiente clasificación:

— departamentos ordinarios: pisos o viviendas;
— locales, zonas separadas y otras unidades inmobiliarias;
— complejos inmobiliarios privados.

Los departamentos ordinarios: pisos o viviendas

En la propiedad horizontal ordinaria, el piso o vivienda comprende una sección horizontal o una fracción de la edificación.

La unidad inmobiliaria en régimen de propiedad separada puede ser *continua* o *discontinua* físicamente. La continuidad se rompe en el caso de los anexos que se hallan situados fuera del espacio delimitado, lo cual tiene lugar, por ejemplo, cuando la unidad inmobiliaria —sótano, garaje, buhardilla— es susceptible de aprovechamiento independiente pero carece de cuota de participación propia en el título constitutivo, o cuando permanece con una vinculación al departamento principal que le proporciona acceso al exterior.

Locales, zonas separadas y otras unidades inmobiliarias

El local es el espacio de una habitación o de un edificio. Mientras que el término *piso* parece hacer referencia a una división en sentido vertical, o sea, de arriba abajo de un edificio, el término *local* hace referencia a una división distinta del espacio. Si bien los conceptos de *piso* y *local* pueden en algún caso coincidir, normalmente se trata de ideas distintas, ya que *piso* lleva consigo la idea de habitabilidad, de destino para vivienda y habitación, y *local* implica una utilización comercial, de negocio o industria.

Los complejos inmobiliarios privados

Las urbanizaciones o complejos inmobiliarios independientes son un conjunto de edificaciones independientes entre sí, pero dotadas de unas instalaciones o servicios comunes, como espacios destinados a aparcamiento, jardines, instalaciones y otros servicios que ayudan a un mejor uso y disfrute del inmueble.

Elementos comunes

Los elementos comunes, llamados también en la Ley de Propiedad Horizontal *servicios* o *instalaciones comunes*, son aquellas dependencias o partes del edificio necesarias o útiles para su adecuado uso y disfrute por parte de todos los propietarios.

Así lo establece el Código Civil:

> La propiedad de cada piso o local llevará inherente un derecho de copropiedad sobre los demás elementos del edificio necesarios para su adecuado uso y disfrute.

Es un concepto que se genera por oposición al de parte privativa. Así como esta se caracteriza porque su utilización está exclusivamente reservada a cada propietario, los elementos comunes están afectos al uso o utilización de todos los copropietarios.

La copropiedad sobre elementos comunes que corresponde a cada propietario de piso o local tiene las siguientes particularidades:

— su inseparabilidad, es decir, que sólo pueden ser enajenados, embargados o gravados exclusivamente con la parte determinada privativa —piso o local— de que son anexos;
— que en ningún caso las partes en copropiedad son susceptibles de división;

— otorgan, en proporción a su cuota, una participación en las cargas y beneficios por la que habrá de contribuir a los gastos comunes.

El uso y disfrute de los elementos comunes ha de ser acorde con las características, destino y finalidad del servicio o elemento común de que se trate, sin ignorar ni perturbar el correlativo derecho que asiste a los demás copropietarios del inmueble.

El Código Civil contiene una enumeración no exhaustiva de los elementos comunes, pero es un artículo con carácter meramente expositivo, de modo que no todos los elementos que recoge han de ser necesariamente comunes.

📄 **¿Cuál es la relación entre los elementos privativos y los elementos comunes?**

📄 La Ley de Propiedad Horizontal parte de la idea de que las partes privativas y los elementos comunes forman un todo indisoluble: quien se convierta en propietario de las primeras, pasará simultáneamente a ejercer de copropietario de los segundos.

Los bienes comunes son inseparables de la parte privativa, de forma que no cabe transferencia de los mismos de forma independiente. Es decir, cuando un copropietario vende un piso no puede hacerlo guardándose el derecho de copropiedad sobre los elementos comunes, sino que cuando un piso se vende,

alquila, hereda, se hace acompañado de su anejo inseparable de elementos comunes.

Además, los elementos comunes son indivisibles, o lo que es lo mismo, no se pueden fragmentar y repartir entre los miembros de la comunidad, a no ser que hayan cambiado de categoría y perdido así su condición de elementos comunes. Este proceso se llama *desafectación*, y puede iniciarse sólo en determinados supuestos.

Los elementos comunes por su naturaleza y los elementos comunes por destino

En cierto modo, un edificio puede compararse con un organismo vivo, ya que está sustentado por un esqueleto (pilares, vigas y muros maestros), atravesado por unas canalizaciones que transportan fluidos «vitales» (agua limpia, electricidad, gas...) y por otras que evacuan las aguas y los humos sucios, mientras que los residuos sólidos tienen su propio circuito de salida (montacargas, contenedores...).

Muchos elementos son esenciales para la propia supervivencia del edificio; de modo que si, por ejemplo, cedieran los pilares o las vigas, el conjunto del edificio se vendría abajo.

Sin embargo, hay otros elementos que no son esenciales, que carecen de importancia estructural (por ejemplo, un tabique sencillo), o bien sólo dan servicio a una persona (por ejemplo una llave de paso o un interruptor en

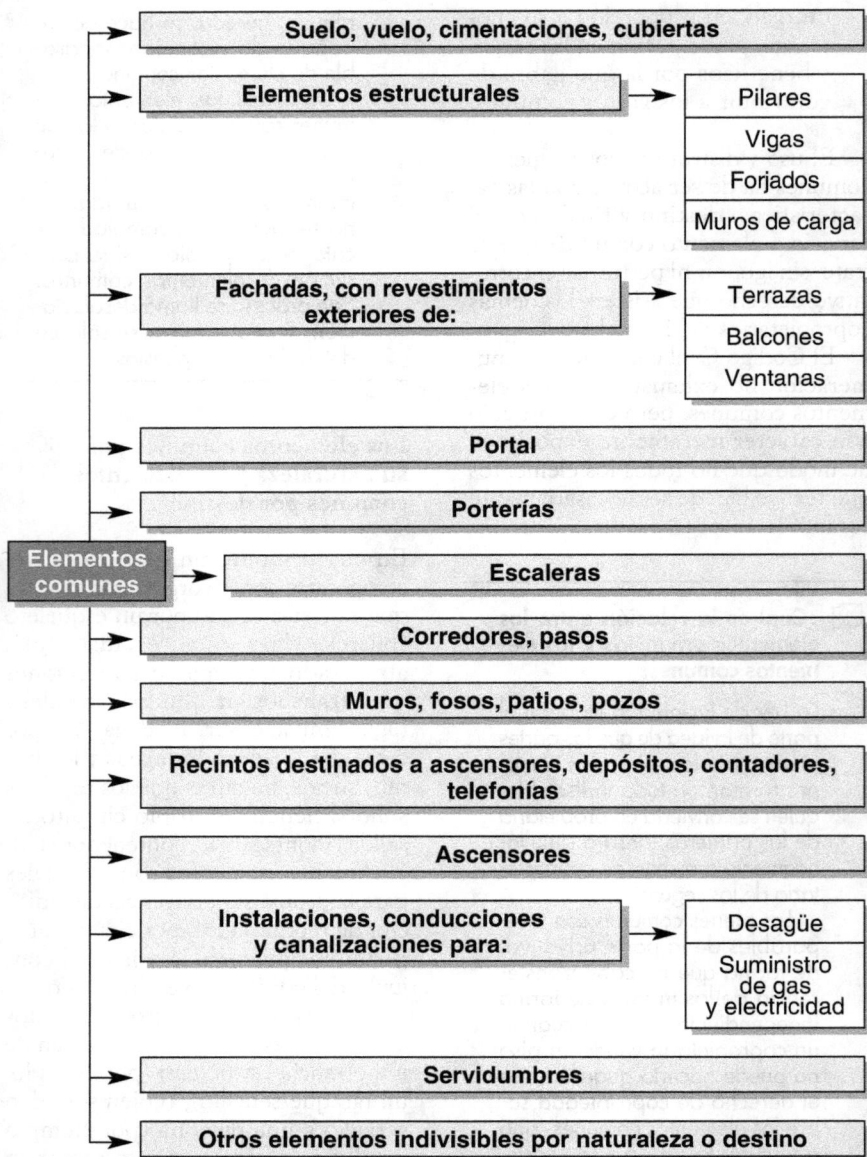

```
                    ┌─────────────────────────────────────────────────────┐
              ──►   │         Suelo, vuelo, cimentaciones, cubiertas       │
                    └─────────────────────────────────────────────────────┘

                    ┌──────────────────────────────┐        ┌─────────────────────┐
              ──►   │    Elementos estructurales    │  ──►   │       Pilares       │
                    └──────────────────────────────┘        ├─────────────────────┤
                                                            │        Vigas        │
                                                            ├─────────────────────┤
                                                            │      Forjados       │
                                                            ├─────────────────────┤
                                                            │   Muros de carga    │
                                                            └─────────────────────┘

                    ┌──────────────────────────────┐        ┌─────────────────────┐
              ──►   │  Fachadas, con revestimientos │  ──►   │      Terrazas       │
                    │         exteriores de:        │        ├─────────────────────┤
                    └──────────────────────────────┘        │      Balcones       │
                                                            ├─────────────────────┤
                                                            │      Ventanas       │
                                                            └─────────────────────┘

                    ┌─────────────────────────────────────────────────────┐
              ──►   │                      Portal                          │
                    └─────────────────────────────────────────────────────┘

                    ┌─────────────────────────────────────────────────────┐
              ──►   │                    Porterías                         │
                    └─────────────────────────────────────────────────────┘

  ┌───────────┐     ┌─────────────────────────────────────────────────────┐
  │ Elementos │──►  │                    Escaleras                         │
  │  comunes  │     └─────────────────────────────────────────────────────┘
  └───────────┘
                    ┌─────────────────────────────────────────────────────┐
              ──►   │                 Corredores, pasos                    │
                    └─────────────────────────────────────────────────────┘

                    ┌─────────────────────────────────────────────────────┐
              ──►   │              Muros, fosos, patios, pozos             │
                    └─────────────────────────────────────────────────────┘

                    ┌─────────────────────────────────────────────────────┐
              ──►   │ Recintos destinados a ascensores, depósitos,         │
                    │          contadores, telefonías                      │
                    └─────────────────────────────────────────────────────┘

                    ┌─────────────────────────────────────────────────────┐
              ──►   │                    Ascensores                        │
                    └─────────────────────────────────────────────────────┘

                    ┌──────────────────────────────┐        ┌─────────────────────┐
              ──►   │   Instalaciones, conducciones │  ──►   │      Desagüe        │
                    │      y canalizaciones para:   │        ├─────────────────────┤
                    └──────────────────────────────┘        │     Suministro      │
                                                            │     de gas          │
                                                            │   y electricidad    │
                                                            └─────────────────────┘

                    ┌─────────────────────────────────────────────────────┐
              ──►   │                   Servidumbres                       │
                    └─────────────────────────────────────────────────────┘

                    ┌─────────────────────────────────────────────────────┐
              ──►   │    Otros elementos indivisibles por naturaleza o destino │
                    └─────────────────────────────────────────────────────┘
```

el interior de una vivienda). Partiendo de estas premisas, dentro de los elementos comunes se suele distinguir entre los que lo son por su naturaleza y los que lo son por destino al servicio de todos o algunos de los elementos privativos.

Los *elementos comunes por su naturaleza* son inherentes al derecho singular de propiedad sobre cada uno de los espacios limitados susceptibles de aprovechamiento independiente; son indivisibles por cuestiones estrictamente físicas.

Los *elementos comunes por destino* son aquellos anexos que se adscriben al servicio de todos o algunos de los propietarios singulares, sin que sea necesario por cuestiones físicas.

Así pues, los elementos comunes por naturaleza no pueden perder esta condición ni siquiera por acuerdo de la comunidad, pues tiene dicha condición en virtud de derecho necesario, mientras que los comunes por destino sí pueden perder el carácter si se acuerda válidamente.

Ahora bien, en los elementos comunes por destino, aunque el título constitutivo o el acuerdo de la junta atribuya el uso exclusivo de un elemento a uno o varios pisos —porque no sea necesario el uso de dicho elemento común por el resto de los copropietarios—, ello no supone que el elemento pierda el carácter de común, pues la atribución del uso exclusivo no implica atribución del derecho de propiedad, sino únicamente la mera utilización del mismo, sin otra pretensión que la de servir al adecuado y completo disfrute de la propiedad privativa constituida por el piso o local.

Un caso típico de inmueble con elementos comunes por destino lo constituye un edificio con dos escaleras; cada una de ellas sólo sirve para un cierto sector de pisos, caso en el que es posible atribuir el uso en exclusiva de la escalera a esos pisos o locales, creando entre ellas una comunidad parcial con régimen independiente en lo que concierne al uso, conservación y mantenimiento. Este supuesto es distinto del de los complejos inmobiliarios privados, ya que estos son edificios o parcelas independientes, y en el supuesto que se está tratando existe un solo edificio, con una estructura única pero diversas escaleras.

Marco normativo

Al igual que todas las demás instituciones jurídicas, la propiedad horizontal también cuenta con unas normas que ordenan su funcionamiento.

Las normas reguladoras de la propiedad horizontal son fácilmente determinables y resulta igualmente sencillo establecer su jerarquía —es decir, en qué orden predominan unas sobre otras—; no obstante, en la práctica se produce frecuentemente confusión entre algunos de sus niveles jerárquicos, las normas se denominan erróneamente, no se impone su aplicación cuando procede o, por el contrario, se prescinde de ellas cuando resultan ineludibles.

Las diversas normas que regulan esta materia se agrupan en tres niveles jerárquicos. Esto significa que las que están en el nivel superior tienen mayor rango que las de los otros dos niveles inferiores, y que, a su vez, estos no pueden contradecirlas, y así sucesivamente: las del segundo nivel han de respetar a las del primero pero se imponen a las del tercero.

Las normas del primer nivel están al margen de la capacidad de decisión de los ciudadanos, ya que su elaboración depende del parlamento español, así como de los parlamentos y órganos de gobierno de las comunidades autónomas. Por el contrario, las normas de los niveles inferiores pueden establecerse, modificarse y extinguirse por los propios vecinos de una comunidad.

De ahí que deba distinguirse entre dos tipos de normas:

a) normas de derecho necesario: porque tienen que ser obligatoria-

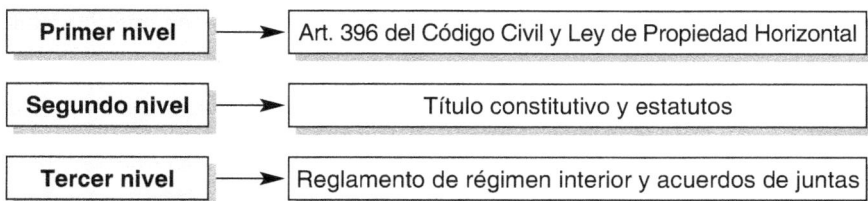

Primer nivel	→	Art. 396 del Código Civil y Ley de Propiedad Horizontal
Segundo nivel	→	Título constitutivo y estatutos
Tercer nivel	→	Reglamento de régimen interior y acuerdos de juntas

mente observadas sin que los particulares puedan modificarlas a su conveniencia; son algunas cuyo cumplimiento inexcusable impone la Ley de Propiedad Horizontal;

b) *normas de derecho dispositivo:* con el único límite de la ley, pueden ser dispuestas por los ciudadanos; son el título constitutivo, los estatutos, el reglamento de régimen interior y los acuerdos de las juntas.

El objeto del presente capítulo es el análisis del primer nivel normativo de la propiedad horizontal.

La Ley de Propiedad Horizontal de 21 de julio de 1960

En España, a partir de los años cincuenta, esta forma de propiedad alcanzó una difusión extraordinaria, debido (aparte de ser una de las formas de luchar contra el problema de la escasez de vivienda) a la restrictiva legislación sobre arrendamientos urbanos existente.

Por un lado, los propietarios de los edificios, cansados de las rentas que la ley reguladora de los arrendamientos permitía, vendían a los inquilinos los pisos que estos ocupaban. Por otro lado, las constructoras de viviendas evitaban edificar para arrendar (de esta forma no estaban sometidas a la Ley de Arrendamientos Urbanos).

En aquel entonces no existía una legislación específica aplicable a las situaciones legales derivadas de la división de las fincas por pisos, y se procedía de acuerdo con lo establecido en el artículo 396 del Código Civil, que era del todo insuficiente para cubrir la nueva situación que se estaba produciendo.

De esta manera se llega a la reforma de 1960, iniciada por un Proyecto de Ley presentado a las Cortes por acuerdo del Consejo de Ministros de fecha 17 de marzo de 1960, publicado en el Boletín Oficial de las Cortes el día 20 de abril del mismo año, que fue objeto de muchas y variadas discusiones. El 21 de julio de 1960 se promulgó la Ley de Propiedad Horizontal, que ha servido de norma específica para resolver los problemas relativos a las fincas divididas por pisos.

Esta ley se promulgó cuando el desarrollo de esta forma de propiedad había alcanzado un grado insospechado de desarrollo, y era urgente su regulación y ordenamiento con carácter general. La realidad imponía su creación. Se comprendió que la propiedad horizontal no podía depender de una regulación fragmentaria o simplemente rectificadora de los escasos preceptos legales existentes, y se optó por una solución nueva, que dio lugar a la promulgación de la Ley de Propiedad Horizontal, de 21 de julio de 1960 (en adelante, LPH de 1960).

Esta ley representa, más que una forma de legalidad vigente, la ordenación ex novo de manera completa de la propiedad por pisos. Se lleva a cabo mediante una ley de carácter general, en el sentido de que es de aplicación en todo el territorio nacional.

La Ley 8/1999 de 6 de abril, de reforma de la Ley de Propiedad Horizontal

La vigente Ley de Propiedad Horizontal data del año 1960, aunque desde entonces ha sufrido diversas modificaciones de carácter menor, salvo la última, en 1999, que revolucionó aspectos esenciales de la ley.

Se debe tener en cuenta también lo que estipula al respecto el Código Civil, aunque sus principios están comprendidos en la ley. Tampoco deben olvidarse otras normas que ordenan aspectos concretos de la propiedad horizontal, como la Ley 15/1995, de 30 de mayo, que regula las obras que afectan a los elementos comunes en beneficio de las personas minusválidas; y el Real Decreto Ley 1/1998, de 27 de febrero, que se refiere a infraestructuras para acceso a servicios de telecomunicación. A ambas normas nos referiremos más adelante en sus respectivos apartados.

En el anexo que figura al final de este libro se transcribe el texto íntegro de la Ley 8/1999, de 6 de abril, de reforma de la Ley 49/1960, de 21 de julio, sobre Propiedad Horizontal. Es interesante conocerlo en su integridad y tenerlo a disposición para poderlo consultar ante cualquier duda que pueda surgir (véase pág. 259).

La Ley 8/1999 introduce importantes reformas en la Ley de Propiedad Horizontal, modificaciones que pretenden dotar de mayor flexibilidad y celeridad a las relaciones entre los copropietarios de cada finca. Las novedades se centran principalmente en el régimen de mayorías para la adopción de acuerdos comunitarios —se relaja el requisito de la unanimidad para algunos acuerdos— y en las medidas para reducir la morosidad en las cuotas de la comunidad: creación de un fondo de reserva obligatorio, privación del derecho de voto de los morosos y, por último, la creación de un nuevo procedimiento judicial *cuasi ejecutivo* que hace más rápido el procedimiento de reclamación judicial de estas deudas.

¿En qué ha afectado la reforma de la LPH al Código Civil?

El propósito de la reforma no ha sido otro que el de adecuar a las necesidades de la sociedad la regulación de la materia que constituye la propiedad horizontal, como forma de propiedad establecida en el artículo 396 del Código Civil.

El nuevo artículo 396 del Código Civil, reproducido literalmente en el Anexo (véase pág. 251), no ofrece más variaciones que la inclusión de nuevos elementos comunes, como los recintos de servicios, conducciones para evacuación de humos, servicios audiovisuales, etc., a la vez que han desaparecido otros de mayor tradición como porterías, escaleras y ascensor, pero indicando asimismo que lo serán cualesquiera otros que por su naturaleza o destino resulten indivisibles.

En consecuencia, estamos ante una relación meramente enunciativa y no limitativa de dichos elementos comunes.

Los demás párrafos del artículo 396 del Código Civil continúan exactamente igual que antes, declarando la imposibilidad de la división de la cosa común y de la enajenación, gravamen o embargo, salvo que se haga juntamente con la parte privativa; asimismo, se mantiene la prohibición del derecho de tanteo y retracto entre los copropietarios para la venta de sus pisos o locales.

Flexibilidad de las mayorías necesarias para la adopción de acuerdos

La nueva ley considera excesivamente rigurosa la unanimidad legalmente exigida hasta el momento.

Actualmente la unanimidad sólo es exigible para la validez de los acuerdos que impliquen la aprobación o modificación de las reglas contenidas en el título constitutivo de la propiedad horizontal o en los estatutos de la comunidad.

Para el establecimiento o supresión de los servicios de ascensor, portería, conserjería, vigilancia u otros servicios comunes de interés general —incluso cuando supongan la modificación del título constitutivo o de los estatutos— se requerirá el voto favorable de las tres quintas partes del total de los propietarios que, a su vez, representen las tres quintas partes de las cuotas de participación.

La instalación de infraestructura comunes para el acceso a los servicios de telecomunicaciones o de aprovechamiento de energía solar o nuevos suministros energéticos podrá ser acordada, a petición de cualquier propietario, por un tercio de los integrantes de la comunidad que representen, a su vez, un tercio de las cuotas de participación.

La adopción de acuerdos de ordinaria administración, como son la aprobación de los presupuestos de ingresos y gastos, el nombramiento y cese de cargos, la aprobación de obras de mejora o la decisión de ejercer acciones judiciales, se aprueban, en primera convocatoria, por mayoría del total de propietarios que a su vez representen la mayoría de las cuotas de participación; en segunda convocatoria será suficiente la mayoría simple o relativa de los propietarios asistentes, siempre que esta represente, a su vez, más de la mitad del valor de las cuotas de los presentes.

Lucha contra la morosidad

Uno de los objetivos primordiales que se ha planteado en la Ley 8/1999 es la lucha contra la morosidad, con el fin de garantizar la posibilidad de que las comunidades de propietarios puedan cobrar legítimamente lo que les adeuden los copropietarios que las integran; por ese motivo la ley ha establecido una serie de medidas precautorias, así como un nuevo procedimiento judicial que facilite la reclamación de tales cantidades ante los órganos jurisdiccionales.

Actualización de la regulación de convocatoria, de las actas de las juntas y de las funciones de los órganos de la comunidad

Esta actualización se ha llevado a cabo al hacer necesario que la convocatoria de la junta contenga una relación de los copropietarios que no se encuentren al corriente de pago.

La nueva ley establece también una regulación de las funciones de los órganos de la comunidad, especialmente del administrador, que podrá ser cualquier copropietario siempre que disponga de una cualificación profesional suficiente, y del presiden-

te, que podrá solicitar al juez ser relevado de su cargo en el plazo de un mes desde su nombramiento.

La propiedad horizontal en la nueva Ley de Enjuiciamiento Civil de 2000

La nueva Ley 1/2000, de 7 de enero, de Enjuiciamiento Civil (en adelante LEC), ha originado múltiples consecuencias sobre el régimen jurídico de la propiedad horizontal y, por consiguiente, sobre el quehacer cotidiano de las comunidades de propietarios; y no sólo por su condición de potenciales partícipes en el proceso judicial y, por tanto, destinatarias de todas las innovaciones incorporadas por este nuevo código procesal, sino también desde la privilegiada posición que os-

---

PRINCIPALES MODIFICACIONES INTRODUCIDAS POR LA NUEVA LEY DE PROPIEDAD HORIZONTAL

1. Endurecimiento de las sanciones para el desarrollo de actividades contrarias o perjudiciales para la finca.
2. Mejora en la garantía o afectación real de la comunidad (la transmisión del piso o local necesita del certificado de la comunidad).
3. Posibilidad de notificar por medio del tablón de anuncios.
4. Obligación de aceptar el nombramiento de presidente.
5. Fin del derecho de veto: desaparición de la exigencia de unanimidad para asuntos importantes, ya que con una mayoría de 3/5 se podrán adoptar acuerdos que alteren servicios comunes.
6. Nuevo tratamiento de la morosidad: los morosos no podrán votar ni impugnar acuerdos y podrán verse sometidos a un proceso judicial ejecutivo y ser condenados en costas.
7. Regularización de los complejos urbanísticos.
8. Establecimiento de un fondo de reserva.

tentan como sujeto activo del *proceso monitorio*, que es un proceso especial regulado por la LPH y objeto de una nueva redacción en la LEC 2000.

Las novedades que introduce la LEC 2000 respecto a la LPH se refieren esencialmente a tres cuestiones, todas ellas de extraordinaria trascendencia para la efectividad de las reclamaciones de deudas comunitarias:

a) *El régimen de las costas procesales en los supuestos en los que no es preceptiva la intervención de abogado y procurador.*

Esta es una cuestión capital, puesto que en el proceso monitorio (en reclamaciones de hasta 30.050,61 euros), no es preciso valerse de dichos profesionales para la presentación de la petición inicial, tras la cual, teóricamente, deberían finalizar la mayor parte de estos procesos ante la incomparecencia del deudor, y en todo caso, aunque llegue a formularse oposi-

ción, si por razón de la cuantía (901,52 euros) no fuera tampoco obligada su intervención.

b) *El embargo preventivo obligatorio en el supuesto de oposición del deudor a la reclamación de la comunidad.*

Los efectos disuasorios del embargo sobre el deudor resultan evidentes.

c) *La posibilidad de acumular a la pretensión principal del proceso gastos extrajudiciales previos al ejercicio de la acción, entre los que ocupan un lugar preferente los derivados del requerimiento a través de notario.*

Esta medida, al igual que las anteriores, intenta evitar el frecuente retraimiento de las comunidades de propietarios a la hora de ejercer acciones judiciales contra los morosos a consecuencia de los elevados costes de la preparación de la demanda, que en buena parte hace poco económica la decisión de la junta.

Constitución de la propiedad horizontal I

La propiedad horizontal es una institución que sujeta las relaciones de varios propietarios de los elementos independientes de un edificio a un determinado régimen jurídico. Ello exige la formalización de un *título constitutivo*, así denominado porque constituye, en el régimen de propiedad horizontal, al edificio a que se refiere.

Cabe distinguir varios supuestos, según el edificio se encuentre totalmente terminado, comenzado o en proyecto:

a) *El edificio terminado:* un edificio está completamente terminado cuando su construcción está acabada, esto es, cuando el arquitecto director de la obra certifica su acabado final correcto.

En esta fase, si el título constitutivo es otorgado por el propietario único del edificio ya construido, la doctrina entiende que el título es realmente *constitutivo* de la propiedad horizontal, pero que el régimen de la propiedad horizontal sólo será operativo cuando concurra el supuesto de la pluralidad de copropietarios de pisos. Se trata de una constitución formal o preventiva: el título configura anticipadamente el régimen de propiedad horizontal, que cobrará plena vigencia con la transmisión de la propiedad del primer piso o departamento.

Si el título constitutivo es otorgado por la pluralidad de propietarios de pisos o departamentos, la aprobación del título requiere la unanimidad en los acuerdos de la junta de propietarios.

b) *El edificio en construcción:* la situación de la fase de construcción de un edificio suele denominarse *prehorizontalidad*.

En tales casos puede formalizarse la inscripción de esos edificios en el Registro de la Propiedad desde el momento mismo en que su construcción se encuentre comenzada. Pero para que un edificio en régimen de propiedad por pisos acceda al Registro como *edificio en propiedad horizontal* es necesario que el régimen de la propiedad horizontal esté ya constituido. Por consiguiente, en tales supuestos será conveniente que se proceda a la descripción individualizada de todo el edificio, planta, pisos, locales, servicios, etc., conforme a las prescripciones de la legislación hipotecaria.

c) *Edificio en proyecto:* es aquel supuesto en el que existe un solar edificable y un proyecto de edificio —con las licencias administrativas pertinentes, visado del Colegio de Arquitectos, etc.—, pero sin que se haya dado comienzo a la construcción.

A pesar de que existen razones de peso en contra de la posibilidad de otorgamiento del título constitutivo, normalmente suele admitirse tal constitución, siempre y cuando las características fundamentales del inmueble estén perfectamente determinadas.

Cuando la transmisión de la propiedad de un edificio se ha realizado sin que el promotor haya constituido con anterioridad el régimen de propiedad horizontal, los primeros trámites que deben llevar a cabo los propietarios de los pisos para constituir una comunidad en régimen de propiedad horizontal son los siguientes:

— adquisición del libro de actas y legalización en el Registro de la Propiedad donde esté inscrita la finca;
— celebración de la junta de constitución de la comunidad, con nombramiento de cargos, aprobación de presupuesto y cuotas que aportar, levantando acta.

— solicitud de NIF de la comunidad a Hacienda, aportando el libro con el acta de la junta constituyente.

Modalidades de constitución de la propiedad horizontal

La constitución de la propiedad horizontal suele producirse cuando el propietario o propietarios de una finca, terminada, en construcción o simplemente proyectada, prevén su división en pisos o locales.

Se crea un título constitutivo —escritura de división en propiedad horizontal, o de división por pisos—, se inscribe en el Registro de la Propiedad y los pisos o locales pasan a ser una entidad diferenciada de cualquier otra y susceptible de individualización. A partir de ese momento, cada entidad o apartamento seguirá su propia historia.

Según las formas posibles de originarse la propiedad horizontal, en la LPH no hay referencia alguna al momento de su origen; sin embargo, suelen distinguirse dos tipos de adquisición de la propiedad horizontal: adquisición originaria de la propiedad horizontal y adquisición derivativa.

Adquisición originaria de la propiedad horizontal

Este es el supuesto de edificación nueva en la que uno o varios promotores, como es el caso de las cooperativas, construyen un inmueble en el que se da la característica de división en elementos privativos con salida independiente a la vía pública o a un elemento común. En este caso existe horizontalidad, aunque no se produzca el otorgamiento de un título formal de constitución: estamos en presencia de la denominada *propiedad horizontal de hecho*, que es distinta por las peculiaridades arquitectónicas reseñadas de una mera comunidad civil de bienes, a la que se aplican sólo las normas comunes de derecho privado.

La mera construcción del inmueble produce este efecto, sin necesidad de esperar a que algunos o varios de sus elementos privativos —pisos o locales— se enajenen.

Adquisición derivativa

Nos hallamos ante una adquisición derivativa cuando, comenzada la construcción del edificio y nacida la propiedad horizontal por concurrir todos los requisitos legales necesarios para ello, los distintos pisos y locales son objeto de transmisión separada.

Estas adquisiciones pueden surgir por diferentes tipos de transmisiones: ínter vivos o mortis causa.

ADQUISICIÓN POR ACTOS ÍNTER VIVOS

La adquisición de un piso o local suele producirse por *actos ínter vivos*. El caso típico es el de la existencia de un propietario del piso o local —al que se denomina *vendedor* o *transmitente*— y el que desea adquirir dicho apartamento —llamado *comprador*—. Ambas partes se pondrán de acuerdo y establecerán los pactos que crean oportunos hasta llegar a la compraventa del apartamento interesado, otorgando ante notario la correspondiente escritura.

Las formas de adquisición por actos ínter vivos son muy variadas: ocupación, adjudicación, transmisión, permuta, donación, compraventa, etc., aunque la forma más habitual sigue siendo esta última.

ADQUISICIÓN MORTIS CAUSA

La forma de adquisición *mortis causa* se produce tras el fallecimiento de una persona, propietaria de un piso o local; entonces su heredero, después de llevar a cabo los trámites legales oportunos, pasa a ser titular propietario del piso o local.

ADQUISICIÓN POR DECISIÓN JUDICIAL

El origen de la propiedad horizontal puede también tener su origen en una decisión judicial. Así sucede, por ejemplo, en el caso de un procedimiento instado por un copropietario indiviso que no desea continuar con la indivisión.

En este sentido, el artículo 400 del Código Civil establece:

Ningún copropietario estará obligado a permanecer en la comunidad. Cada uno de ellos podrá pedir en cualquier tiempo que se divida la cosa común. Esto, no obstante, será válido al pacto de conservar la cosa indivisa por tiempo determinado que no exceda de diez años. Este plazo podrá prorrogarse por tiempo determinado que no exceda de diez años. Este plazo podrá prorrogarse por nueva convención.

De este modo, el propietario indiviso puede instar ante el juez competente un procedimiento dirigido a la división de la cosa común porque no desea continuar con la indivisión; todo ello siempre y cuando no exista vigente ningún pacto por el cual se haya establecido un plazo para conservar la cosa indivisa.

🔲 **¿Cómo se constituye la propiedad horizontal?**

🔲 La propiedad horizontal puede constituirse de diversas formas:

— mediante la decisión del promotor del edificio;
— por acuerdo de un grupo de personas que se juntan para llevar a cabo la construcción de pisos;
— por decisión del juez;
— cuando un edificio, cuya posesión pertenece a varias personas, se transforma en propiedad horizontal.

La constitución por cualquiera de estas formas debe hacerse en escritura pública.

Título constitutivo

La sujeción de las personas titulares de los elementos de un edificio al régimen de propiedad horizontal exige la formalización del *título constitutivo*, así denominado porque *constituye* en el régimen de propiedad horizontal al edificio a que se refiere.

El supuesto más habitual es el del promotor de un edificio que emprende su construcción y, cuando ya la ha

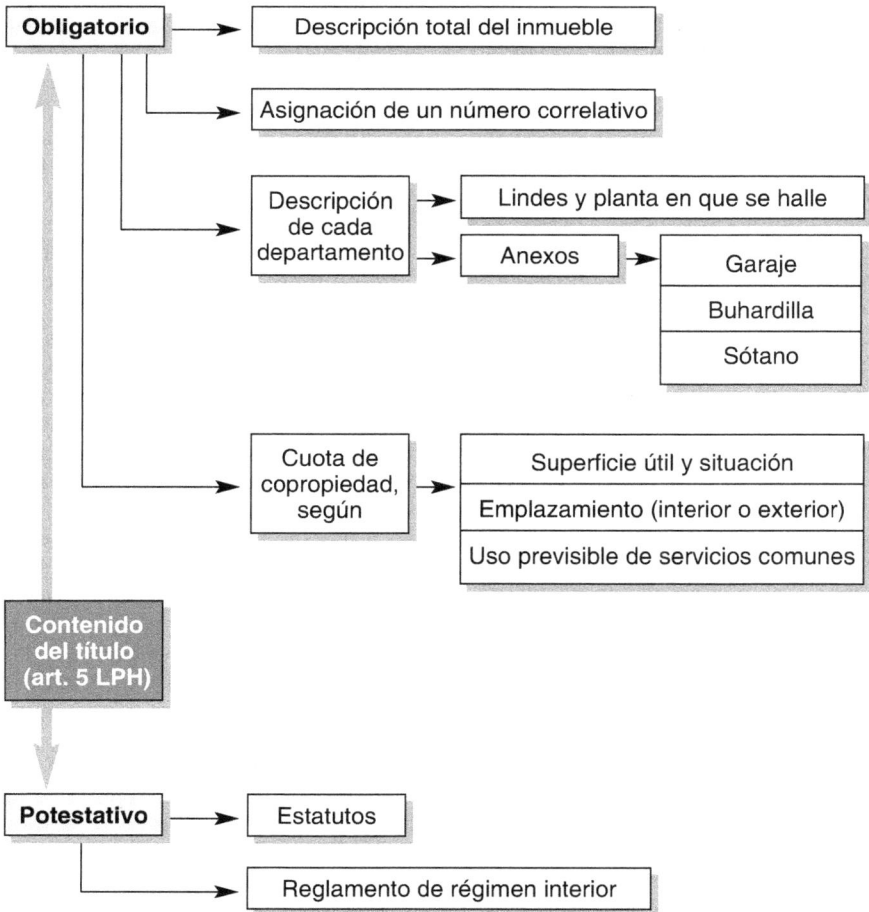

```
Obligatorio ──→ Descripción total del inmueble
           └──→ Asignación de un número correlativo

              Descripción ──→ Lindes y planta en que se halle
              de cada
              departamento ──→ Anexos ──→ Garaje
                                          Buhardilla
                                          Sótano

              Cuota de    ──→ Superficie útil y situación
              copropiedad,     Emplazamiento (interior o exterior)
              según            Uso previsible de servicios comunes
```

Contenido del título (art. 5 LPH)

```
Potestativo ──→ Estatutos
            └──→ Reglamento de régimen interior
```

finalizado, procede a la venta de los diversos pisos que lo componen. Ese edificio existe de hecho, e incluso puede haberse inscrito como tal en el Registro de la Propiedad, después de haber otorgado la escritura pública de obra nueva en la que describa sus características esenciales. Pero para efectuar la venta de la vivienda es necesario que esta también exista jurídicamente, cobrando individualidad propia. Esto se logra a través del título constitutivo, mediante el cual el promotor acude al notario y otorga una *escritura de división horizontal* en la que, partiendo del edificio cuya declaración de obra nueva ya tiene hecha, independiza (divide) cada uno de sus elementos: sus viviendas, locales, plazas de garaje, trasteros, etc. Esta escritura de división horizontal es lo que la LPH denomina *título constitutivo*, cuya formalización exige la consignación de los datos que la propia ley señala.

Sólo después de que el título constitutivo haya sido otorgado podrán inscribirse en el Registro de la Propiedad los diversos pisos, locales, etc., como fincas independientes, constituirse hipotecas sobre ellas de forma individualizada, y, en fin, ingresar tales pisos, locales, etc., en el tráfico jurídico como elementos patrimoniales autónomos con todos los elementos para garantizar la seguridad jurídica de su dueño.

Se ha de advertir que en la práctica totalidad de los casos los estatutos están integrados físicamente en el título constitutivo, es decir, que están en la misma escritura, lo que lleva a que se denomine título constitutivo no sólo a este propiamente dicho sino a ambos, aunque no sea exacto.

Los estatutos

Los estatutos de la propiedad horizontal son la expresión de la autonomía de la voluntad de los propietarios, y están sujetos, por tanto, a sus mismos límites.

En ellos suelen incluirse disposiciones relativas a los elementos comunes, como por ejemplo, la asignación de un uso exclusivo a determinados departamentos (siempre que no sean de necesaria utilización para todos).

Pueden prohibir determinadas actividades en pisos o locales, establecer la contribución de cada departamento; también con cierta frecuencia se incluyen en los estatutos cláusulas de reserva de ciertas facultades a favor de determinados propietarios.

Los estatutos pueden contenerse en el título constitutivo o fuera de él, su otorgamiento es voluntario y no requieren ninguna forma concreta, pero, obviamente, si se pretende su inscripción en el Registro de la Propiedad, deberán constar en documento público.

Es comúnmente admitido que deben ser establecidos por el propietario único antes de enajenar los pisos, por acuerdo unánime de todos los copropietarios o, en defecto de acuerdo, por laudo o resolución judicial; también cabe que todos los propietarios autoricen a uno para su otorgamiento unilateral. El fundamento de esta normativa radica en la finalidad de que los adquirientes no queden vinculados por reglas que ignoraban al contratar, de donde se deduce también la siguiente regla: aun cuando los estatutos sean otorgados por quien puede hacerlo, no perjudicarán a terceros si no están inscritos en el Registro de la Propiedad; esta norma opera tanto si los redacta el propietario inicial único y los terceros son los sucesivos compradores, como si se trata de una comunidad en funcionamiento en la que ingresa un nuevo miembro; no obstante, también se admite su eficacia frente a terceros si, aunque no estén inscritos, fuesen conocidos por él al tiempo de contratar: en tal caso queda vinculado a ellos.

☐ **¿Cuál es la función principal de los estatutos?**

☐ Las normas recogidas en los estatutos establecen derechos y obligaciones con categoría de leyes y, lógicamente, su contenido no puede contradecir la ley.

Su función esencial es la de completar lo establecido en el título constitutivo, desarrollando de una manera más extensa y específica el régimen jurídico de la propiedad horizontal en aquellos apartados en los que no estén previstas las necesidades de los propietarios.

Limitación de la autonomía de la voluntad

Los estatutos cumplen una doble finalidad: por un lado pueden constituir, otorgar o reconocer derecho a favor de los comuneros que no estén reconocidos de antemano en la ley. Por otra parte, pueden regular el ejercicio de derechos de los comuneros, reconocidos por la ley o por los mismos estatutos.

Estas funciones deben ser cumplidas con un respeto riguroso de los límites que impone la ley, pues en cuanto los excedan, la regla que hubiera infringido el límite será nula, aunque se mantenga la validez del resto.

La Ley de Propiedad Horizontal es reiterativa en cuanto al señalamiento de estos límites. No obstante, es tarea complicada su determinación, puesto que si bien en algunos casos la cuestión no ofrece dudas, en otros es tan discutible que incluso los propios tribunales dictan sentencias no coincidentes contemplando el mismo supuesto.

Las normas legales que deberían ser respetadas inexcusablemente por las disposiciones estatutarias son las siguientes:

1. La prohibición de dividir, vender, gravar o embargar los elementos comunes (o la parte proporcional que cada comunero tiene sobre ellos) sin el piso o local al que sirven.
2. La falta del derecho de tanteo o retracto a favor de los demás co-

muneros cuando uno de ellos vendiera su vivienda o local, con fundamento en el régimen de propiedad horizontal, aunque puede desde luego existir válidamente ese derecho con fundamento distinto.

3. La prohibición de modificar los coeficientes sin acuerdo unánime de los comuneros.

4. Los requisitos para la formación del título constitutivo y la necesidad de unanimidad para su modificación.

5. La prohibición de desarrollar actividades no permitidas en los estatutos que resulten dañinas para la finca o que contravengan las disposiciones generales sobre actividades molestas, insalubres, nocivas, peligrosas o ilícitas.

6. La necesidad de obtener el acuerdo unánime de los demás copropietarios cuando alguno de ellos divida materialmente los pisos o locales y sus anejos, los aumente o disminuya, así como de que se fijen los nuevos coeficientes con el mismo acuerdo unánime.

7. Las diversas obligaciones de los comuneros: respetar las instalaciones del edificio, mantener en buen estado de conservación su propio piso e instalaciones para no perjudicar a los demás e indemnizarles si les dañara, consentir que se realicen en su propio piso las reparaciones exigidas por el inmueble, permitir las servidumbres imprescindibles para la creación de servicios comunes de interés general que hubiesen acordado cuatro quintas partes de los copropietarios, y permitir la entrada en su piso o local a los efectos anteriormente prevenidos.

8. La prohibición de exigir nuevas instalaciones, servicios o mejoras que no requieran la adecuada conservación, habitabilidad y seguridad del inmueble, según su naturaleza y características.

9. La necesidad de que se autorice por unanimidad la construcción de nuevas plantas, así como cualquier otra alteración en la estructura o fábrica del edificio o en los elementos comunes; y la necesidad de ajustar los coeficientes a la nueva realidad resultante de aquellas.

10. Las normas que regulan la elección del presidente de la comunidad.

11. Las normas de asistencia y de representación para las juntas.

12. El régimen de acuerdos de la junta de propietarios y su formalización en el libro de actas.

13. El régimen para la reclamación de las cuotas a alguno de los comuneros en caso de impago.

14. Las causas de extinción de la propiedad horizontal.

☐ **¿Cuáles son los límites de los propietarios en el momento de confeccionar los estatutos de una comunidad?**

☐ Los estatutos están limitados por la ley; por eso sus disposiciones no pueden obligar a nadie cuando la contradicen.

De este modo, serían nulas las cláusulas que, por ejemplo, trataran de prohibir el arrendamiento, las que permitieran a un propietario solicitar la división de la comunidad; o aquellas cláusulas que convirtieran los cargos de presidente, administrador y secretario en irrevocables.

No existe ningún modelo de estatutos porque estos tienen que redactarse de acuerdo con la comunidad de que se trate, teniendo en cuenta los servicios de que está dotada y los distintos tipos de gastos. Para su elaboración debería hacerse un estudio previo de sus necesidades y expectativas, y también es muy importante contar con el asesoramiento profesional de un abogado o de un administrador de fincas, cuyas aportaciones y sentido práctico son fundamentales para su viabilidad futura.

Ni que decir tiene que los estatutos no son obligatorios, que una gran mayoría de las comunidades no los tienen y no por ello funcionan peor. Otras tienen una simple transcripción parcial de la Ley de Propiedad Horizontal. En general, los estatutos no son más que una adaptación de la ley a unas circunstancias comunitarias concretas. No obstante, la experiencia nos dice que cada propiedad horizontal presenta características propias que muchas veces aconsejan una regulación más minuciosa y detallada

que la mera remisión a los preceptos de la ley. Esto es importante. Más que largas normas estatutarias copiadas simplemente de formularios al uso, es recomendable establecer escasas, pero claras y concretas, regulaciones de aquellos aspectos que por la especial configuración física del inmueble hagan prever que puedan ser una fuente de conflictos. La finalidad del derecho es la convivencia pacífica, y la experiencia nos demuestra que una regulación a tiempo, precisa y concreta evita discusiones y pleitos.

Con las reservas anteriormente expuestas, en el Anexo del final del libro se transcribe un modelo de estatutos (véase pág. 279).

Recientemente, con la reforma de la ley se plantea frecuentemente si es necesario no adaptar los estatutos existentes a la situación actual. Está claro que, aunque no se haga, aquellos preceptos que contradigan lo que dispone la ley no son de aplicación, y la conveniencia o no de una adaptación tiene que decidirla la propia comunidad, o sus rectores, que son quienes habrán de proponerla. Las modificaciones posteriores de los estatutos llevan el mismo trámite: aprobación unánime de la comunidad e inscripción en el registro correspondiente.

¿Qué trámites han de seguir los propietarios de una comunidad si los estatutos no estuvieran establecidos por el promotor del edificio ni estuvieran

incorporados al título constitutivo de la propiedad?

Los estatutos pueden ser elaborados por el constructor, promotor o el propietario único del inmueble, con carácter previo a la venta de los pisos o locales; en ese caso, los estatutos vendrán impuestos a los compradores.

También puede suceder que sean elaborados por el conjunto de propietarios existentes y aprobados por unanimidad.

En ambos casos, se parte de las normas contenidas en la LPH y sobre ellas se trabaja de forma que se incluyen las especialidades, teniendo en cuenta las adaptaciones y particularidades de cada edificio.

Finalmente, en caso de que los propietarios no se pusieran de acuerdo en algunos de los aspectos que se deben recoger en los estatutos, estos podrán ser aprobados por laudo arbitral.

Constitución de la propiedad horizontal II

La constitución de una casa en propiedad horizontal, tal y como está regulada en la LPH, se ha de producir por una declaración de voluntad del titular o titulares del edificio, dirigida en forma específica a configurar la casa en régimen especial, con una problemática específica y una legislación especial aplicable.

Inscripción de los estatutos en el Registro de la Propiedad

La Resolución de la Dirección General de los Registros y del Notariado de 5 de noviembre de 1982 analiza la cuestión relativa a la inscripción del título constitutivo concluyendo que todas las circunstancias referentes a la regulación de la propiedad horizontal «permanecerán sin la suficiente publicidad, con los riesgos que ello comporta, si no pudieran tener acceso al Registro de la Propiedad, que es la institución adecuada para darlas a conocer a terceros».

Aunque no es obligatoria la inscripción en el Registro de la Propiedad del título constitutivo, sí es muy recomendable, ya que mientras no se inscriba en régimen de propiedad horizontal, el edificio entero figurará en el Registro como una finca única, y no se podrá inscribir como finca independiente cada piso o local.

La LPH permite que, junto al título constitutivo, las comunidades de propietarios puedan aprobar sus propias normas internas, es decir, sus estatutos y reglamentos internos.

La LPH establece: «El estatuto privativo no perjudicará a terceros si no ha sido inscrito en el Registro de la Propiedad». Así pues, cuando los estatutos están inscritos en el Registro de la Propiedad, su contenido obliga y afecta, además de a los miembros de la comunidad, a terceros.

El concepto de *tercero* abarca a los adquirientes de pisos o locales una vez constituido el edificio en propiedad horizontal y también a los titulares de derechos personales y reales que se constituyan sobre los mismos. Así pues, no son terceros los miembros de la comunidad de propietarios al tiempo de producirse la inscripción, sino los adquirientes posteriores, ya que aquellos son los que inscriben.

De este modo, cuando los estatutos están inscritos en el Registro de la Propiedad, su contenido es obligatorio y afecta no únicamente a los miembros de la comunidad, sino que el tercero, adquiriente, también deberá acatarlos necesariamente. Si los estatutos no están inscritos en el Registro, puede darse cualquiera de estas dos situaciones:

— que el tercero conozca de la existencia de los estatutos al adquirir el piso o local o al constituir un derecho real o de crédito; en este caso, el contenido de los estatutos le son obligatorios y le afectan;
— que el tercero desconozca la existencia de los estatutos al adquirir el piso o local o al constituir un derecho real o de crédito; en este caso, los estatutos no le afectan. Existe una cláusula que se suele incluir en los contratos de venta de pisos y locales en la que se hace constar que el adquiriente tuvo conocimiento de los estatutos al obtener su titularidad; en caso de disconformidad, el adquiriente deberá probar que dicha cláusula no refleja la realidad, es decir, deberá acreditar que desconocía la existencia de tales estatutos.

Una buena opción para evitar este tipo de situaciones puede ser la de incluir en los contratos de venta o arrendamiento una cláusula en la que el futuro titular del piso declare conocer las normas por las que se rige la comunidad.

☐ La LPH no especifica qué forma deben adoptar los estatutos, pero sí indica que pueden incluirse en el título constitutivo.

De hecho, los estatutos pueden recogerse en un documento privado en poder de la comunidad, o bien en un documento público inscrito en el Registro de la Propiedad, ya sea en la propia escritura de constitución del régimen de propiedad horizontal o bien en otro documento público.

Esta última es la opción más aconsejable, ya que el cumplimiento de los estatutos es obligatorio para los propietarios que los suscribieron y también para sus sucesores o herederos, pero estando registrados afectarán también a terceras personas (inquilinos y ocupantes de las viviendas, nuevos compradores de los pisos o locales, etc.), quienes no podrán justificar sus infracciones alegando desconocimiento de las normas recogidas en los estatutos.

Los estatutos y la Ley de Defensa del Consumidor

El artículo 51 de la Constitución Española prevé una defensa genérica del consumidor, que en el ámbito de la contratación se ha regulado en la Ley 26/1984, de 19 de julio, de Defensa del Consumidor.

Cualquier contrato es resultado de una interacción entre la voluntad privada y la ley (que cuida por los intereses comunes).

El contrato no es un instrumento privilegiado de manifestación del poder de la voluntad privada, sino una estructura abierta que se halla en situación de reflejar no sólo los intereses de los contratantes sino también los intereses de la colectividad.

Esta cuestión es fundamental y debe tenerse en cuenta a la hora de redactar normas de comunidad o estatutos con cláusulas que puedan atentar al justo equilibrio y buena fe que exige la ley.

De este modo, el propietario-promotor puede redactar los estatutos de una comunidad de propietarios antes de iniciar la venta, siempre y cuando estos no incluyan cláusulas abusivas o lesivas; ello es así porque la ley reconoce al empresario la facultad de establecer los estatutos, si bien estos quedan sometidos a la censura de la ley, que las tendrá por no puestas si van en detrimento del adquiriente causándole un perjuicio de manera desproporcionada o no equitativa.

Modificación del título

La alteración del título constitutivo es uno de los aspectos más relevantes de la reforma de la Ley de Propiedad Horizontal, que ha establecido un nuevo régimen de mayorías para la formación de la voluntad colectiva en la junta de propietarios.

Para la modificación del título constitutivo o de los estatutos es necesario el consentimiento unánime de los propietarios. La ley establece, no obstante, dos excepciones:

1. Para el establecimiento o supresión de los servicios de ascensor, portería, conserjería, vigilancia u otros servicios comunes de interés general, incluso cuando supongan una modificación del título constitutivo o de los estatutos, se requerirá el voto favorable de las tres quintas partes del total de los propietarios que, a su vez, representen las tres quintas partes de las cuotas de participación.

2. La realización de obras o el establecimiento de nuevos servicios comunes que tengan por finalidad la supresión de barreras arquitectónicas que dificulten el acceso o la movilidad de las personas con discapacidad, incluso cuando impliquen la modificación del título constitutivo o de los estatutos, requerirá el voto favorable de la mayoría de los propietarios que, a su vez, representen la mayoría de las cuotas de participación.

En ambos casos se computarán como votos favorables los de aquellos propietarios ausentes de la junta, debidamente citados, quienes una vez informados del acuerdo adoptado por los presentes, conforme al procedimiento establecido en la LPH, no manifiesten su discrepancia por comunicación a quien ejerza las funciones de secretario de la comunidad en el plazo de treinta días naturales, por cualquier medio que permita tener constancia de la recepción.

¿Cómo se modifican los estatutos de una comunidad de propietarios?

Para modificar lo establecido en los estatutos es necesario el mismo procedimiento que cuando se constituyeron: convocándose a todos y cada uno de los propietarios existentes, anunciándose expresamente el objeto de la convocatoria y aprobándose cada cambio por unanimidad. Basta, pues, que un propietario se niegue a la adopción de una modificación, para que esta quede vetada.

El acuerdo deberá recogerse en documento público o privado (en caso de recogerse en documento público, deberá inscribirse en el Registro de la Propiedad).

Cuotas de participación

La Ley de Propiedad Horizontal establece:

A cada piso o local se atribuirá una cuota de participación con relación al total del valor del inmueble y referida a centésimas del mismo. Dicha cuota servirá de módulo para determinar la participación en las cargas y beneficios por razón de la comunidad. Las mejoras o menoscabos de cada piso o local no alterará la cuota atribuida, que sólo podrá variarse por acuerdo unánime.

Este precepto debe relacionarse con otro párrafo de la LPH:

En el mismo título se fijará la cuota de participación que corresponde a cada piso o local, determinada por el propietario único del edifico al iniciar la venta por pisos, por acuerdo de todos los propietarios existentes, por laudo o por resolución judicial. Para su fijación se tomará como base la superficie útil de cada piso en relación con el total del inmueble, su emplazamiento interior o exterior, su situación y el uso que se presuma racionalmente que va a efectuarse de los servicios o elementos comunes.

La fijación de la cuota de participación tiene una importancia decisiva en el régimen de la comunidad, ya que sin la misma, el ejercicio de los derechos y el cumplimiento de los deberes por parte de los propietarios resultaría imposible. De este modo, la cuota tiene diversos cometidos:

1. Determina la participación de cada uno de los pisos o locales en la propiedad de los elementos comunes del edifico (solar, cubiertas, fachadas, etc.).
2. Establece la distribución entre los distintos propietarios de los gastos y cargas de cualquier tipo que genera la comunidad de propietarios.
3. Determina igualmente la participación de cada propietario en cualquier beneficio que se derive de la situación de comunidad.

4. Distribuye los votos entre los propietarios con derecho a asistir a la junta, así como el quórum necesario para la válida constitución de la junta y para la adopción de los acuerdos según el distinto régimen de mayorías para cada tipo de acuerdos.

En cuanto a la distribución de gastos entre los propietarios del edificio, hay que decir que como regla general la distribución se hará en proporción a la cuota de cada uno. Sin embargo, la jurisprudencia ha admitido que, junto a la cuota de participación en la propiedad de los elementos comunes, puede existir otra cuota de participación en los gastos comunes. Incluso cabe que existan diversas cuotas de gastos, distintas de las cuotas de participación, aplicables a cada tipo de gasto común que genere la comunidad.

La determinación de la cuota de participación puede realizarse por:

— el promotor-vendedor, antes de comenzar la venta de los pisos y locales;
— la totalidad de los propietarios del edificio por acuerdo unánime;
— por laudo arbitral o resolución judicial, en defecto de cualquiera de los dos sistemas anteriores.

📋 **¿La cuota de participación debe ser igual para todos los propietarios de vivienda o local?**

📋 No. Tal y como se prevé en la LPH, la contribución de cada propietario para hacer frente a los gastos comunes se realiza en función de la cuota de participación que figura en los estatutos del inmueble.

La cuota de participación de la vivienda o locales se fijará teniendo en cuenta la superficie útil, emplazamiento, situación, si es interior o exterior, así como el uso que se presume de la utilización de los servicios comunes, tales como el ascensor, los servicios de portería o conserjería, etc.

No obstante, se puede contribuir por partes iguales si así lo establecen los estatutos o el título constitutivo.

Una vez establecida, la cuota de participación podrá ser modificada por los propietarios, exigiendo para su validez que el acuerdo se adopte por unanimidad y en junta de propietarios.

Además de una alteración voluntaria, la LPH prevé que la cuota de participación deberá forzosamente ser modificada cuando se dé alguno de los siguientes supuestos:

a) Cuando los pisos o locales y sus anejos sean objeto de división material, para formar otros más reducidos o independientes, o cuando sean aumentados por agregación de otros colindantes del mismo edificio o disminuidos por segregación de alguna parte.

En tales casos se requerirá, además del consentimiento de los titulares afectados, la aprobación de la junta de propietarios, a la que incumbe la fijación de las nuevas cuotas de participación para los pisos reformados sin alteración de las cuotas de los restantes.

b) Cuando se construyan nuevas plantas o se produzca cualquier otra alteración en la estructura del edificio o de las cosas comunes.

Estas modificaciones afectan al título constitutivo de la propiedad, por ello deben someterse al régimen establecido para sus modificaciones. El acuerdo que se adopte fijará la naturaleza de la modificación, las alteraciones que origine en la descripción de la finca y de los pisos o locales, la variación de las cuotas de participación y el titular o titulares de los nuevos locales o pisos.

Por último, la cuota de participación puede impugnarse, aunque la haya aceptado el dueño del piso o local, siempre que no se ajuste a los criterios legales de fijación de cuotas establecidas en la LPH. De no admitir tal posibilidad, quedarían sin corregir las injusticias que, en ocasiones, se cometen en la práctica, cuando el constructor asigna a los pisos que se reserva para posterior venta, una cuota inferior a la que les correspondería con arreglo a los criterios legales, venta que resultará mucho más fácil cuanto más reducidos sean los gastos.

☐ **¿Cómo se contribuye a los gastos en una comunidad de propietarios?**

☐ La manera más habitual de contribuir a los gastos de la comunidad de propietarios es mediante una cuota establecida en euros, que dependerá de una serie de circunstancias:

— del coeficiente de propiedad que se establezca en las escrituras;
— del presupuesto de gastos del inmueble.

☐ **¿Puede el propietario de un local que esté situado en los bajos de un edificio dejar de pagar los gastos que generen aquellos servicios comunes que no utilice?**

☐ En la LPH se establece que todos los propietarios de vivienda o local están obligados a contribuir a los gastos comunes que generen aquellos servicios que no son susceptibles de individualización, con independencia de que los utilicen o no.

Pero también es posible que en los estatutos, que rigen el funcionamiento de la comunidad, o bien en las escrituras de constitución de la comunidad, expresamente se prevea que los propietarios de estos locales no están obligados a la contribución a los gastos comunes de aquellos servicios que no utilicen (por ejemplo, limpieza de portal, mantenimiento de ascensor, etc.).

Normas sobre régimen interior

Además de los estatutos de la comunidad de propietarios, el conjunto de copropietarios puede fijar unas normas, llamadas *normas de régimen interior* o *reglamentos de régimen interior*, relativas a detalles de la convivencia y a la adecuada utilización de los servicios y elementos comunes.

El objetivo de este conjunto de reglas es conseguir el mejor gobierno del edificio, así como el más adecuado disfrute de los pisos, locales y elementos comunes del mismo, lo que, en suma, favorecerá el desarrollo de unas relaciones de convivencia pacífica entre los distintos propietarios.

Los estatutos y las normas de régimen interior

La distinción entre disposiciones estatutarias (estatutos) y reglamentarias (normas de régimen interior) es fundamental, ya que para su aprobación y modificación rigen distintas reglas; su calificación no depende de sus redactores, sino de su contenido: las normas estatutarias delimitan el ejercicio de derechos y facultades de los propietarios tanto sobre elementos privativos como comunes; en cambio, es reglamentario todo aquello que regule la modalidad de ejercicio de tales derechos.

Entre los estatutos y las normas de régimen interior se pueden apreciar las siguientes diferencias:

1. Los estatutos están sometidos a la ley y sólo pueden referirse a lo que esta no prohíbe; los reglamentos de régimen interior no sólo están limitados por la ley sino también por los estatutos.
2. Los estatutos, cuando existen, forman parte del título constitutivo; las normas de régimen interior, nunca.
3. Sólo los estatutos se pueden inscribir en el Registro de la Propiedad.
4. El contenido de las normas de régimen interior es más reducido que el de los estatutos.
5. Para modificar los estatutos se precisa unanimidad, salvo que estos hayan previsto lo contrario para alguna cuestión; para modificar las normas de régimen interior

es suficiente la mayoría, como para los acuerdos ordinarios de la junta de propietarios.

Contenido de las normas de régimen interior

El contenido de los reglamentos internos es muy variado, regulan los detalles de la convivencia y la adecuada utilización de los servicios comunes (véase modelo en pág. 287).

Como la terminología legal es ambigua, y se puede cometer el error de entender comprendidos en ella supuestos que legalmente están excluidos, a continuación se relacionan aquellos aspectos de la vida comunitaria que ordinariamente y en la práctica son objeto de regulación por los reglamentos de régimen interior:

— horarios de uso de dependencias comunes, como los patios de juego por ejemplo;
— funcionamiento del servicio de portería;
— limpieza de la escalera y del portal cuando no exista portero contratado en la finca;
— cuidado de las instalaciones generales de luz, agua y electricidad;
— funcionamiento de la calefacción, su horario e intensidad;
— régimen de recogida de basuras;
— limitaciones en el uso del ascensor fijando un máximo de personas que pueden usarlo simultáneamente o la edad mínima de un usuario en solitario;
— características que han de guardar determinados elementos privativos por cuestiones de estética o de homogeneidad, como por ejemplo las placas de los buzones, las anunciadoras de las actividades profesionales que se desarrollan en pisos del edificio y que se colocan en el portal, el color de las puertas de acceso a cada vivienda, etc.;
— limitaciones de ruidos a horas intempestivas.

¿Dónde se recogen habitualmente los reglamentos de régimen interior?

Los reglamentos de régimen interior normalmente se redactan en documentos privados, para uso interno de la comunidad, aunque nada impide que puedan formalizarse en escritura pública.

En cualquier caso, no podrán inscribirse en el Registro de la Propiedad, ni tienen efectos frente a terceras personas, ya que su utilidad se ciñe al interior de la finca.

Aprobación y modificaciones de los reglamentos

A diferencia de los estatutos, los reglamentos no quedan incorporados al título constitutivo: esto significa que normalmente constarán en documento privado y que su acceso al Registro

Elaboración de un reglamento de régimen interior

El reglamento de régimen interior puede ser elaborado por el propietario original y único del inmueble o por los propietarios que adquieran los pisos.

A diferencia de lo que ocurre con el título constitutivo y los estatutos, para la aprobación de un reglamento de régimen interior no es necesario el acuerdo unánime de la comunidad. De este modo, en primera convocatoria basta con el voto favorable de la mayoría de los propietarios —es decir, la mitad más uno— que a su vez representen más de la mitad de las cuotas de participación. En segunda convocatoria basta con el voto de la mayoría de los asistentes, siempre que a su vez representen más de la mitad de las cuotas de participación de los asistentes.

Una vez aprobado, si los propietarios desean modificar alguna de las normas que establece el reglamento de régimen interior o añadir nuevas disposiciones, deberán seguir el mismo procedimiento que para su creación, es decir, la convocatoria de todos los propietarios, la discusión y las votaciones; son necesarias las mismas mayorías que para la aprobación del reglamento.

de la Propiedad queda vedado, o sea, que las normas y reglas en ellos contenidas no tendrán efectos respecto a terceros, sólo sobre los titulares co-propietarios.

El régimen para que la comunidad de propietarios adopte acuerdos con el fin de aprobar, modificar o suprimir los reglamentos internos es muy flexible, pues no se requiere unanimidad, sino sólo mayoría, como para los acuerdos ordinarios de la junta de propietarios.

Además, la comunidad, sin necesidad de aprobar un reglamento, puede adoptar cuantos acuerdos sean precisos para regular aquellas cuestiones puntuales que surjan en cada momento, acomodándolas a la conveniencia de la circunstancia concreta que se haya producido.

Cumplimiento de las normas sobre régimen interior

Las normas de régimen interior se equiparan a los acuerdos comunitarios sobre administración, y una vez aprobados y vigentes, son obligatorios para todos. Sin embargo, el incumplimiento de las normas reglamentarias requiere iniciativas casi siempre desproporcionadas, pues, por ejemplo, únicamente a través de una sentencia judicial puede obligarse a un comunero a que ajuste la placa de su buzón al modelo reglamentario; e incluso cuando existe sentencia, su ejecución resulta a menudo imposible, ya que no puede mantenerse permanentemente a un agente de la autoridad para evitar, por ejemplo, que suban más de cuatro personas en el ascensor.

¿Es posible la impugnación de las normas recogidas en un reglamento de régimen interior?

La impugnación de las normas no será posible en caso de que las normas hayan sido aprobadas por unanimidad, es decir, con el consentimiento de todos los propietarios. En caso contrario, los vecinos que no estén conformes con la entrada en vigor de las reglas que encuentren impropias, contrarias a la ley o simplemente perjudiciales podrán impugnar estas normas y así conseguir su paralización.

La mayoría de los casos de impugnación se refieren a normas que por su naturaleza y trascendencia deberían figurar en el título constitutivo o en los estatutos y, por tanto, ser acordadas por unanimidad.

Régimen jurídico
de los elementos comunes

Tal y como se ha analizado en capítulos anteriores, la propiedad horizontal se configura como una comunidad de propietarios en la que coexisten un derecho singular y exclusivo de propiedad sobre los denominados *elementos privativos*, y un derecho de copropiedad conjunto e inseparable sobre otros servicios o *elementos comunes* a todos los propietarios.

Los *elementos privativos* son espacios delimitados y susceptibles de aprovechamiento independiente por tener salida propia a un elemento común o a la vía pública, así como todos los elementos arquitectónicos o instalaciones que estén incluidos dentro de su perímetro y sirvan en exclusiva al propietario.

Los *elementos comunes* son todos aquellos elementos arquitectónicos o servicios de un edificio que no son susceptibles de aprovechamiento independiente por cada propietario, y han sido establecidos para dar servicio común a todos los propietarios de la comunidad.

El propietario de cada piso o local tiene un derecho de copropiedad sobre los elementos comunes, que se configura como un derecho indivisible e inseparable de los pisos o locales, de modo que las partes en copropiedad no son, en ningún caso, susceptibles de división, y sólo podrán ser enajenadas, gravadas o embargadas juntamente con la parte determinada privativa de la que son anejo inseparable.

En virtud de este derecho de copropiedad, los dueños de los diferentes pisos o locales podrán usar y disfrutar de esos elementos y servicios comunes, no sólo hasta la cuantía de su cuota, sino sirviéndose de ellos totalmente, siempre que lo hagan conforme a su destino, sin perjudicar el interés de la comunidad ni impedir el uso de los demás partícipes, según la regla general que para la comunidad de bienes se establece en el Código Civil.

La determinación legal de cuáles son esos elementos comunes en la propiedad horizontal viene precisada en el Código Civil. En su redacción actual vigente, después de sucesivas reformas, dice así:

Los diferentes pisos o locales de un edificio o las partes de ellos susceptibles de aprovechamiento independiente por tener salida propia a un elemento común de aquel o a la vía pública podrán ser objeto de propiedad separada, que llevará inherente un derecho de copropiedad sobre los elementos comunes del edificio, que son todos los necesarios para el adecuado uso y disfrute, tales como el suelo, vuelo, cimentaciones y cubiertas; elementos estructurales, y entre ellos los pilares, vigas, forjados y muros de carga; las fachadas, con los revestimientos exteriores de terrazas, balcones y ventanas, incluyendo su imagen o configuración, los elementos de cierre que las conforman y sus revestimientos exteriores; el portal, las escaleras, porterías, corredores, pasos, muros, fosos, patios, pozos y los recintos destinados a ascensores, depósitos, contadores, telefonías o a otros servicios o instalaciones comunes, incluso aquellos que fueren de uso privativo; los ascensores y las instalaciones, conducciones y canalizaciones para el desagüe y para el suministro de agua, gas o electricidad incluso las de aprovechamiento de energía solar; las de agua caliente sanitaria, calefacción, aire acondicionado, ventilación o evacuación de humos; las de detección y prevención de incendios; las de portero electrónico y otras de seguridad del edificio, así como las de antenas colectivas y demás instalaciones para los servicios audiovisuales o de telecomunicación, todas ellas hasta la entrada al espacio privativo; las servidumbres y cualesquiera otros elementos materiales o jurídicos que por su naturaleza o destino resulten indivisibles.

Las partes en copropiedad no son en ningún caso susceptibles de división y sólo podrán ser enajenadas, gravadas o embargadas juntamente con la parte determinada privativa de la que son anejo inseparable.

En caso de enajenación de un piso o local, los dueños de los demás, por este solo título, no tendrán derecho de tanteo ni de retracto.

Esta forma de propiedad se rige por las disposiciones legales especiales y, en lo que las mismas permitan, por la voluntad de los interesados.

La enumeración de los elementos comunes que hace el Código Civil no es exhaustiva, sino meramente indicativa; se limita a recoger lo que es habitual que sean elementos comunes, pero sin prohibir que puedan ser privativos si así se hace costar en el título constitutivo, y sin prohibir que los interesados puedan por su voluntad establecer otros nuevos que no aparecen mencionados en el texto legal, como jardines, sala de juntas, tienda en los bajos, etc.

Afectación y desafectación de elementos comunes

Los elementos comunes pueden serlo con relación a todos los dueños, como la escalera única para el servicio de todos los pisos de un edificio, o sólo con relación a algunos de ellos, como la escalera privada para el servicio de una parte de los pisos. Estos elementos serán de propiedad particular de los dueños de los pisos a los que sirven, con exclusión de aquellos otros a los cuales son extraños.

De este modo, la jurisprudencia y la doctrina han reconocido que, dentro de los elementos comunes, es preciso distinguir dos clases:

a) *Los elementos comunes esenciales o por naturaleza:* según el Tribunal Supremo, son elementos inherentes al derecho singular de propiedad de cada uno de los espacios delimitados susceptibles de aprovechamiento independiente.

b) *Los elementos comunes accidentales o por destino:* son aquellos elementos que en concepto de anejos se adscriben especialmente al servicio de todos o de algunos de los propietarios singulares, como por ejemplo, los aparcamientos exteriores, zonas ajardinadas, vivienda destinada al portero del inmueble, etc. El problema más interesante que se plantea acerca de estos elementos comunes accidentales es si la junta de propietarios puede proceder o no a su desafectación y venta.

Evidentemente, nada impide la desafectación, porque aunque los elementos comunes están destinados, en principio, al uso y disfrute conjunto de todos los propietarios, ello no es obstáculo para su adscripción a un uso privativo. Así lo declaró la Dirección General de los Registros y del Notariado en resolución de 5 de mayo de 1970 al admitir el arrendamiento por la comunidad, a un tercero, de la vivienda del portero, que no por ello dejó de ser elemento común, aunque ya no de uso compartido.

En cuanto a la desafectación seguida de venta, la Dirección General de los Registros y del Notariado en varias resoluciones admitió que el presidente de la comunidad, por sí solo, podía proceder al otorgamiento de la escritura de venta siempre que quedara acreditado que la junta, en reunión previa, hubiese adoptado por unanimidad el acuerdo de desvinculación y venta.

¿Puede un elemento común convertirse en privativo?

Los elementos comunes pueden ser esenciales o no esenciales. Los primeros, por razón de su naturaleza o por el destino para el que fueron creados, no pueden dividirse ni repartirse. De este modo, no es posible, por ejemplo, dividir las vigas de un edificio para asignar a cada vecino la propiedad exclusiva sobre cada una de las fracciones resultantes.

Sin embargo, sí sería posible dividir, por ejemplo, un jardín; para ello sería necesario, en primer lugar, proceder a la desafectación del mismo. Esta desafectación sólo será posible si los propietarios llegan por unanimidad a un acuerdo, y bastará con que uno de ellos se oponga para que no se pueda llevar a cabo la desafectación.

Los elementos procomunales

En ocasiones, existen en la comunidad de propietarios algunos espacios considerados como elementos comunes, aunque en realidad no lo son, pues no están destinados directamente al servicio del inmueble: son los denominados *elementos procomunales*.

El elemento procomunal es una categoría intermedia entre la propiedad privativa y los elementos comunes. Se asemeja al elemento privativo en que, en sí mismo, constituye también un departamento independiente, pero se diferencia de él en que su aprovechamiento no es exclusivo, sino común.

Sus características principales son las siguientes:

a) Es un elemento común accidental que presta un servicio a la comunidad de propietarios (puede ser de uso o servicio total o parcial). En ningún caso puede el elemento procomunal ser un elemento común esencial, puesto que su determinación nace exclusivamente por la voluntad de los propietarios.

b) La titularidad corresponde, en pro indiviso, a los dueños de los elementos privativos en proporción a la cuota de participación de cada uno. Por tanto, no cabe transmitir separadamente de cada elemento privativo la cuota de participación en el elemento procomunal.

c) La propiedad del elemento procomunal es una copropiedad que presenta dos rasgos peculiares: la indivisibilidad y la ausencia de derechos de preferente adquisición.

d) Es posible una desafectación del elemento procomunal por decisión unánime de los copropietarios, lo que conllevará que el régimen pasará a ser el normal de todo elemento privativo.

e) Para su enajenación es preciso el acuerdo unánime de todos los copropietarios.

Estudio individual
de los elementos comunes

La denominada propiedad horizontal es una institución jurídica de naturaleza compleja, en la que coexisten una titularidad sobre los diferentes pisos o locales de un edificio (o las partes susceptibles de aprovechamiento independiente por tener salida propia a un elemento común o a la vía pública), y un dominio *sui generis* sobre los demás elementos comunes del inmueble, necesarios para su adecuado uso y disfrute, tal como viene ordenado y sistematizado en la Ley de Propiedad Horizontal.

Una sentencia del Tribunal Supremo estableció una clasificación bipartita entre *elementos comunes por naturaleza*, inherentes al derecho de propiedad sobre cada uno de los espacios delimitados y susceptibles de aprovechamiento independiente, y *elementos comunes por destino*, que se adscriben al servicio de todos o algunos de los propietarios singulares.

El Código Civil ofrece una relación de elementos y servicios comunes que no es exhaustiva, es decir, en la propiedad horizontal cada propietario es dueño de cuanto privativamente se le atribuye en el documento constitucional, perteneciendo todo lo restante a la comunidad de propietarios para su uso o utilización conjunta; al no ser exhaustiva la relación que este artículo ofrece, no impide que las partes, por virtud del principio de libertad de contratación, hagan extensiva a otros elementos la condición de elemento común.

En este capítulo se realiza una aproximación a los diversos elementos comunes, con independencia de que los mismos se encuentren recopilados en el Código Civil.

Suelo, subsuelo y derechos de sobreelevación

• El *suelo* es el terreno sobre el que se ha edificado el edificio. Es el primero de los elementos comunes por naturaleza —necesarios para el uso y disfrute de la propiedad separada— que aparecen mencionados en el Código Civil.

El terreno adyacente al edificio que sea propiedad del mismo en régimen de propiedad horizontal también es calificado por los tratadistas como suelo.

Así, cuando sobre una porción de terreno individualizado como una finca independiente se construye un edificio, el suelo pasa a formar parte de dicha finca, que seguirá conservando su unidad e individualidad jurídica —si bien modificada en su composición—, y cuando este edificio —en rigor, el todo formado por el suelo y la construcción— se constituye en régimen de propiedad horizontal, todo el terreno, y no sólo la parte ocupada básicamente por el edificio, se convierte en elemento común sobre el que recaerá el derecho de copropiedad inherente a la propiedad separada de cada uno de los diferentes pisos o locales, de modo que en lo sucesivo no podrá segregarse ninguna porción del mismo no edificada sin el acuerdo unánime de todos los propietarios de los pisos o locales en los que se haya dividido el edificio construido.

El uso de este elemento, como el del resto de elementos comunes, viene regido por las disposiciones del Código Civil, de forma que se requiere el consentimiento unánime de todos los copropietarios aunque tales alteraciones no afecten a la seguridad del edificio.

• Respecto al *subsuelo* —elemento no mencionado en el Código Civil—, la doctrina afirma que es un espacio físico cuya condición de cosa común deriva de la propia del suelo, del que es una continuación, en toda la hondura que permita la extensión vertical del dominio según los principios generales de la propiedad inmueble.

De este modo, el carácter de elemento común alcanza también al interior de los pisos o locales sitos en la planta baja o sótano, impidiendo al propietario de dichos locales rebajar o excavar en el mismo, porque el subsuelo pertenece también a la comunidad; así lo afirma el Tribunal Supremo en sentencia de 30 de junio de 1967.

Sería ilícita la construcción de un sótano por parte del promotor efectuada después de vendidas las viviendas e incluso después de la terminación del edificio, pues supondría la utilización de un suelo ajeno que, como elemento común del edifico, ha sido enajenado a los compradores de las viviendas. En este sentido se ha pronunciado el Tribunal Supremo en la sentencia de 19 de febrero de 1971.

También es muy clarificadora la sentencia de la Audiencia de Barcelona de 25 de septiembre de 1981:

> El vaciado del suelo de la planta almacén para construir un sótano [...] es obra que no puede llevarse a cabo sin el consentimiento unánime de todos los propietarios, conforme a los artículos 11 y 16 de la Ley de Propiedad Horizontal —actuales artículos 12 y 17.1 de la nueva Ley—, [...] la propiedad exclusiva está limitada al local con suelo y techo como linderos inferior y superior, por lo que el suelo no puede, como elemento común, ser modificado sin autorización de la comunidad.

• El *vuelo* es la columna de aire existente sobre el edificio; sobre el mismo se articula el *derecho de sobreelevación*: derecho a construir nuevas plantas sobre la última del edificio. La calificación jurídica del vuelo como elemento común se debe a la posibilidad de aprovecharlo para que el edificio crezca en altura superponiendo nuevos pisos a los ya existentes.

Sobre una finca construida se pueden levantar más pisos, siempre con la correspondiente autorización. No es un caso muy habitual, pero sí suele ocurrir sobre todo en el ámbito rural: el promotor se reserva el derecho de vuelo y luego aumenta la edificabilidad. En este caso, los propietarios de estos pisos elevados entran a formar parte de la comunidad cuando se otorgue la escritura o tomen posesión de ellos.

Si la normativa municipal lo permite y el edificio se presta a ello, la comunidad podría acordar la sobreelevación del edificio; para ello sería necesaria la desafectación del vuelo, decisión que se debe adoptar por unanimidad, ya que conlleva una modificación del título constitutivo con el correspondiente nuevo reparto de las cuotas de participación.

La construcción de una *entreplanta* en un piso o local, apoyada en columnas del mismo y no en el muro común, no requiere acuerdo de los copropietarios, sino sólo ponerlo en conocimiento de la comunidad. Una entreplanta no es elevación de planta, sino distribución del espacio interior de la propia planta; conlleva una modificación de los elementos arquitectónicos, instalaciones o servicios dentro de la planta, que son obras permitidas sin otro requisito que el de ponerlo en conocimiento del representante de la comunidad, y no requiere el acuerdo unánime. Se trata de una utilización interior de un espacio aéreo sin perjudicar o afectar a elementos comunes.

Elementos estructurales de la edificación

Los elementos estructurales son la base de la copropiedad, pues conforman la estructura interna y externa del edificio. Son los muros que separan unos pisos de otros, los que sirven para separar un edificio de otro, etc.

Entre ellos distinguimos: cimentaciones, pilares, vigas, forjados y muros de carga. Todos ellos expresamente mencionados en el Código Civil e, indudablemente, elementos comunes por naturaleza, es decir, intangibles para el propietario individual.

• Los *muros* tradicionalmente se han clasificado en tres grandes categorías:

a) *muros perimetrales*, entre los que se encuentra la fachada;
b) *muros de sustentación*, son elementos estructurales;
c) *muros interiores*; a su vez, pueden ser:

— divisorios de la propiedad separada y los elementos comunes;
— medianeros entre propiedades separadas;
— estrictamente interiores (únicamente en este último caso estamos ante elementos privativos).

En las edificaciones se aprecian fácilmente los distintos tipos de muros y sus funcionalidades privativas o comunes. De este modo, en los muros exteriores y en los de carga ambas funcionalidades se dan con frecuencia de forma simultanea, y el propietario puede realizar alteraciones y modificaciones en los mismos que no afecten o perturben las funcionalidades comunes, como son la modificación estética de la cara interior del muro, la sustentación de muebles propios, etc.

• El *forjado* es el espacio existente entre las distintas plantas de un edificio; forma parte de la estructura del edificio en general. Sobre el forjado encontramos el suelo o el cielo raso, y bajo el mismo, el techo. Así pues, entre piso y piso existe siempre una zona de elemento común, sometida como tal a limitaciones. Por ello, cualquier alteración de ese elemento común —por ejemplo, establecer una comunicación interior entre dos pisos, superior e inferior— requiere un acuerdo por unanimidad.

Elementos arquitectónicos exteriores: fachadas y cubiertas

La fachada y la cubierta son también elementos estructurales de la edificación y, por tanto, elementos comunes de carácter esencial.

La Ley de Propiedad Horizontal contiene una categórica prohibición a los distintos dueños respecto a las alteraciones en el resto del inmueble, con lo que rotundamente prohíbe toda modificación o cambio en los elementos comunes, principio básico que ni siquiera deja de operar en el supuesto de la necesidad de reparaciones urgentes; pauta prohibitiva de toda innovación de los servicios y cosas comunes reiteradamente recordada por la jurisprudencia en varias sentencias del Tribunal Supremo, por cuanto todo lo concerniente al título constitutivo requiere unanimidad para su modificación.

La fachada

Cualquier alteración o modificación de la fachada o de los elementos que la integran precisa autorización unánime de la junta de propietarios.

En el Código Civil no sólo se incorpora la fachada como elemento individual, sino también como parte integrante de una serie de elementos inmobiliarios: las terrazas y los balcones, las ventanas, los elementos de cierre y la imagen y la configuración de la fachada.

Así, es fachada todo lo que implica revestimiento exterior del edificio, es decir: la fachada propiamente dicha, el revestimiento exterior de terrazas, balcones o ventanas y los revestimientos exteriores de esos elementos de cierre.

¿Puede oponerse la comunidad de propietarios a la instalación de un aparato de aire acondicionado?

La fachada de un edificio constituye un elemento común del mismo; por eso, para poder instalar cualquier elemento que modifique la estructura del edificio es necesario contar con la aprobación de la comunidad.

La autorización de la comunidad se consigue con la mayoría simple, puesto que la instalación de los actuales aparatos de aire acondicionado no precisan la abertura de grandes huecos en el forjado del edificio y no se modifica su estructura.

De igual modo, es necesario tener en cuenta la normativa urbanística de la localidad en que esté enclavada la finca, para saber si las ordenanzas municipales permiten la instalación de estos aparatos.

Otro tema es el relativo a los ruidos, corrientes de aire y otras molestias que pueden causar los aparatos de aire acondicionado. Si se formula alguna queja, será necesario el examen de un perito que esclarezca hasta qué punto son graves las molestias causadas y si hay motivo para la retirada del aparato.

¿Es posible la instalación de extractores de humos, de sistemas de ventilación de cuartos de baño o de calderas sin el correspondiente permiso de la comunidad de propietarios?

En estos casos es necesario realizar pequeñas perforaciones en los muros de los patios interiores, lo que no puede considerarse como una modificación de la configuración exterior del edificio. No precisa, por tanto, el consentimiento unánime de la comunidad.

Las terrazas y los balcones pueden configurarse como elemento común o privativo. En este sentido, distinguimos entre aquellas terrazas a las que puede accederse a través de un elemento común y aquellas otras cuyo único acceso es a través de un elemento privativo, también llamadas *terrazas a nivel*. Las primeras pueden ser elemento común de uso común, elemento común de uso privativo o propiedad privativa. Si en el título constitutivo o en los estatutos no se prevé otra cosa, son elemento común.

Las terrazas a nivel o balcón cerrado son parte integrante, prolongación exterior —como afirma el Tribunal Supremo— del piso al que pertenecen, salvo que disponga lo contrario el título constitutivo.

La cuestión práctica que plantea la distinta consideración de las terrazas o balcones a nivel como privativas o elemento común radica en la contribución a los gastos de conservación, mantenimiento y reparación:

— el pavimento o recubrimiento superior de la terraza y el techo de la misma, en aras a su conservación como consecuencia de su uso, ha de correr a cargo del titular que lo disfruta, con la única particularidad de que debe mantenerse la estética del edificio;

— la conservación, e incluso pintura, de los elementos de cierre de toda terraza o balcón (barandillas, balaustradas), que también son elemento común, corren a cargo de la comunidad.

📋 **¿Quién sufragará los gastos derivados de la conservación o reconstrucción de los balcones de un edificio?**

📖 Los balcones, a pesar de su uso privativo, son elementos comunes que forman parte de la decoración de la fachada del edificio.

Cuando se realicen obras destinadas a la conservación o reconstrucción de los mismos, con el fin de evitar su deterioro general, los gastos correrán a cuenta de la comunidad; sin embargo, cuando se trate de reparar desperfectos en su parte interna, será el propietario quien los costee.

En el caso de que un propietario desee ensanchar una ventana, al estar enclavada en un elemento común, precisará, por una parte, de la aprobación por la junta de propietarios por unanimidad, y por otra, de un permiso del Ayuntamiento de su localidad.

La cubierta

La cubierta es la parte superior externa del edificio. Puede adoptar la forma de terrado, azotea o terraza; también puede tratarse de una cubierta de teja o de plancha de diferentes materiales. Se incluyen también las claraboyas, tragaluces, lucernas, etc. que forman parte de la cubierta del edificio.

Cualquier alteración o modificación de la fachada o de los elementos que la integran precisa autorización unánime de la junta de propietarios.

Si en el título constitutivo nada se especifica, las cubiertas del edificio son elemento común de uso común. En consecuencia, todos los copropietarios están obligados a contribuir con arreglo a su cuota o a lo establecido para su conservación y reparación. Ningún copropietario puede realizar en la cubierta alteración, obra e incluso reparación alguna por su cuenta, ya que esto supondría una infracción de la ley.

Por tanto, para evitar abusos es conveniente regular en los estatutos el uso y adecuada utilización de azoteas o cubiertas comunes, fundamentalmente en lo que se refiere a la colocación de terminales de aire acondicionado, calefacción, salidas de humos, antenas, etc.

En cuanto a la cubierta de la terraza, tiene la condición de elemento común dentro del régimen de la propiedad horizontal, condición que no pierde aunque se trate de una terraza y su uso sea exclusivo de los propietarios de los pisos que tienen acceso directo a ella, por lo que no parece ajustado a derecho que estos propietarios fueran exclusivamente los responsables de su mantenimiento cuando los beneficiarios de su buen estado son todos los comuneros.

Así, una sentencia dictada por el Tribunal Supremo de 27 de febrero de 1987 establece al respecto lo siguiente:

> Las terrazas que sean cubierta de todo o parte del inmueble tienen, en principio, la conceptuación legal de elementos comunes del edificio, pues así lo establece el artículo 396 del Código Civil, si bien la descripción, no de numerus clausus sino enunciativa, que dicho precepto hace de los elementos comunes no es, en la totalidad de su enunciación, de ius cogens sino de ius dispositivum, lo que permite que bien en el originario título constitutivo del edificio en régimen de propiedad horizontal, bien por acuerdo posterior de la comunidad de propietarios (siempre que dicho acuerdo se adopte por unanimidad) pueda atribuirse carácter de privativos (desafectación) a ciertos elementos comunes que no siendo por naturaleza o esenciales, como el suelo, las cimentaciones, los muros, las escaleras, etc., lo sean sólo por destino o accesorios, como los patios interiores, las terrazas a nivel o cubierta de parte del edificio, etc.; mientras ello no se produzca (desafectación en el propio título constitutivo o por acuerdo unánime posterior de la comunidad), ha de mantenerse la calificación de elementos comunes.

La terraza del ático es también cubierta del edificio, por ello hay ocasiones en que los gastos de reparación y mantenimiento son de la comunidad, exceptuando aquellos casos en que los daños de dicha cubierta sean oca-sionados por culpa del propietario del ático.

¿Son elementos comunes las terrazas de los áticos, los balcones y las galerías?

Sí, son elementos comunes, aunque sólo pueden ser utilizados por el propietario del piso que tiene acceso a ellos. Únicamente no se trataría de un elemento común si en el título constitutivo de la propiedad horizontal constara expresamente que son propiedad del piso en cuestión.

¿El cerramiento de una terraza precisa autorización de la comunidad de propietarios?

El cerramiento de una terraza supone una modificación de la fachada y, por consiguiente, del aspecto externo del edificio. Por eso es necesario el permiso de toda la comunidad, que se obtendrá mediante un acuerdo unánime de la junta de propietarios, sin que sea vinculante para la comunidad que el Ayuntamiento haya concedido el permiso de obras.

Si a pesar de no disponer del permiso de la comunidad el vecino cierra la terraza, el presidente le requerirá fehacientemente, concediéndole un plazo para que devuelva a su estado original la terraza; si el vecino se negara o en el plazo no hubiera realizado las obras, la comunidad podrá demandarlo judicialmente.

Lo anteriormente expuesto queda matizado si en la misma comunidad de propietarios ya existen otras terrazas cerradas y la comunidad no se opuso a tales cerramientos; en este caso, no se podrían oponer a uno nuevo, siempre y cuando tuviera características similares, ya que tal oposición contravendría el principio de igualdad.

🔲 **El mantenimiento de la terraza de un dúplex que se encuentra en la azotea del edificio ¿es responsabilidad de la comunidad o del propietario del piso?**

🔲 Las terrazas situadas en la azotea de un edificio suelen ser elementos comunes del edificio; puede suceder que en el título constitutivo de la propiedad horizontal, o posteriormente por acuerdo de la junta de propietarios, se atribuya el uso exclusivo de la citada terraza a uno de los propietarios del edificio, que sería el caso que nos ocupa.

Por eso, para responder a esta pregunta, sería necesario examinar el título de propiedad del piso, para advertir si la citada terraza forma parte del mismo o tiene atribuido su uso exclusivo.

Si la terraza es parte del piso, queda claro que el propietario del mismo será el responsable de su uso y mantenimiento; en caso contrario, es decir, si la terraza constituye un elemento común del edificio, será responsable la comunidad de propietarios.

🔲 **En caso de que se produzcan desperfectos por causa de filtraciones que provengan del tejado del último piso ¿quién debe hacerse cargo de las reparaciones?**

🔲 Cuando los desperfectos tienen su origen en filtraciones que provienen de la terraza del edificio, estos irán a cargo de la comunidad de propietarios, ya que la cubierta de un edificio constituido en régimen de propiedad horizontal es un elemento común del mismo.

Excepcionalmente, en el título de constitución de la comunidad o por acuerdo de la junta de propietarios, puede haberse concedido al vecino del ático el uso exclusivo de la terraza del edificio. En ese caso, el vecino será quien tendrá la obligación de conservar la terraza, y correrán a su cargo cuantas reparaciones de carácter ordinario sean necesarias para garantizar su mantenimiento.

Caso distinto se produce cuando las filtraciones se deben a defectos estructurales o a la erosión del forjado, pues en este supuesto, aunque el vecino tenga atribuido el uso de la terraza del edificio en exclusiva, será siempre la comunidad quien asuma la responsabilidad de las reparaciones.

Elementos arquitectónicos interiores

El portal y la portería

El portal de un edificio es el vestíbulo o primera pieza de la casa, en la que se encuentra la entrada principal.

La portería es la pieza contigua a la entrada de un edificio, en la que está situado el portero. También recibe ese nombre la vivienda del portero.

Un real decreto de 1908, del servicio de portería, estableció con carácter obligatorio para los edificios con pluralidad de viviendas, en las ciudades de Madrid y Barcelona, el servicio de portería. Ello ocasionó que en la práctica se denominara *portería* a todo el portal. La posterior supresión del servicio de portería en múltiples edificios ha ocasionado la vuelta a la distinción entre portal y portería.

Así, el portal es un elemento común de acceso, esencial por naturaleza, ya que sirve de acceso a los distintos pisos y locales del inmueble que tengan entrada por él, bien directamente, bien a través de la correspondiente escalera. Por tanto, ningún copropietario puede ser privado de su uso, ya sea negándosele la llave de la entrada, ya sea a través de cualquier limitación, segregación o impidiendo el uso pacífico y normal de acceso.

Tanto el portal como la portería son elementos comunes a todos los propietarios; sin embargo, hay que diferenciar el caso en que, por ejemplo, se atribuya una vivienda al portero: esa vivienda será elemento común si se establece así en el título constitutivo; en caso contrario, se entenderá privativo, con el mismo carácter que los demás pisos. Para que deje de ser común deberá llegarse a un acuerdo por todos los propietarios con las mayorías establecidas en la ley. Para proceder a la desafectación y posterior venta de la portería es necesario el acuerdo unánime de la junta de propietarios, reunida a tal efecto.

En general, los locales o pisos destinados para portería no provocan su inscripción independiente en el Registro de la Propiedad, ni tiene atribuidas cuotas de participación.

Como elemento común, los gastos originados por estos servicios reciben la consideración de gastos generales y, por tanto, habrán de ser soportados por las viviendas y locales conforme a su título de propiedad.

📋 **¿Los buzones son elementos imprescindibles para la habitabilidad del inmueble?**

📋 Sí, y tienen la consideración de elementos comunes del edificio, por lo que los gastos derivados de su instalación o sustitución deben ser soportados por todos los vecinos en función de sus cuotas de participación.

Para su instalación deberán observarse los requisitos impuestos por Correos: fácil acceso, buena iluminación, altura cómoda, indicaciones legibles y cerraduras o mecanismos que garanticen la protección de la correspondencia privada.

Cada propietario es responsable de su compartimento; así, por ejemplo, si se rompe la cerradura de un compartimento, el propietario deberá hacerse cargo de abonar los gastos de la reparación.

Correos puede obligar a mantener en buen estado las instalaciones, incluso arreglándolas por su cuenta y pasando posterior factura de los gastos ocasionados.

Por otra parte, las puertas de entrada al inmueble tienen la consideración de elementos comunes, por lo que sus gastos de mantenimiento deben ser sufragados entre todos los propietarios. Por el contrario, las puertas de entrada a las viviendas son privativas; sin embargo, la comunidad puede velar por que se conserve su aspecto original y se mantenga cierta uniformidad entre ellas, sin poderse efectuar la sustitución de una puerta si no es por otra de similares materiales y colores que el modelo originario.

☐ **Para poder sustituir la presencia de un portero por un portero automático o por un vigilante jurado, ¿qué mayoría será necesaria?**

☐ A diferencia de lo que ocurría con anterioridad a la reforma, actualmente no es precisa la unanimidad; bastará tanto para la creación como para la supresión de este tipo de servicios el voto de las tres quintas partes de los propietarios, que, a su vez, representen las tres quintas partes de las cuotas de participación.

☐ **¿En qué proporción deben los vecinos contribuir a los gastos del servicio de portería, honorarios del portero y seguridad social, agua, luz y demás suministros de la vivienda del portero?**

☐ Todos los vecinos tienen la obligación de contribuir a los gastos del servicio de portería con arreglo a sus cuotas de participación.

Los locales comerciales pueden contribuir en menor medida, ya que las labores del portero están circunscritas, particularmente, a lo que ocurre una vez traspasado el umbral que separa la calle del interior. En cualquier caso, no es posible eximir totalmente a los locales comerciales del pago de estos gastos, siendo inválido cualquier acuerdo en este sentido.

Escaleras

Se trata de un elemento común esencial que, junto con el portal y el ascensor, da acceso a los espacios aéreos elevados. Por definición, se trata del conjunto de peldaños o escalones, puestos en serie para comunicar entre sí lugares situados a distinto nivel. Podemos distinguir entre la escalera principal, de servicio o accesoria. Todas ellas tienen carácter de elemento común.

Las escaleras son elementos comunes, salvo en supuestos muy excepcionales en los que estas escaleras sólo sirvan de acceso a una vivienda determinada y aparezcan como privativas en el título constitutivo.

De hecho, la diferenciación entre elemento común o privativo radica en la forma de utilización o servicio que presta. Si están delimitadas con algún signo que prive su utilización en general y la reserva a un solo piso o local, podría considerarse anexo del mismo, pero esto requiere su declaración expresa en el título de constitución. Si no existe tal privación en el uso, se trata de un elemento común de todo el inmueble, aunque su uso puede ser solamente de uno o varios pisos o locales.

Los gastos efectuados para su limpieza y mantenimiento se incluirán en los gastos generales comunitarios. No obstante, algunos estatutos, basándose en la no utilización del servicio, conceden la exención o exclusión de tales gastos a las plantas bajas sin acceso al portal o entrada del inmueble.

Un problema típico que plantean las escaleras se produce en el caso de que todos los propietarios hayan acordado la realización de una rampa en el lateral de la escalera. En este caso, tal y como prevé la ley, las obras que un discapacitado necesite y que supongan una alteración de la barrera arquitectónica para el libre acceso del exterior a su vivienda, serán a cuenta de la persona que las efectúe.

¿Cómo se distribuyen los gastos de conservación y mantenimiento de las escaleras?

Los gastos que ocasionen la conservación y el mantenimiento de las escaleras han de repartirse entre todos los copropietarios, en función de las cuotas de participación o de los acuerdos concretos a los que se haya llegado por unanimidad o que figuren en el título de constitución del régimen de propiedad horizontal.

De este modo, es posible el establecimiento de una desigual contribución a los gastos que se deriven por tales conceptos.

Los patios interiores

Si bien en los edificios en régimen de propiedad horizontal existen unas partes o elementos que por su propia naturaleza tienen que ser necesariamente comunes a los propietarios, llamados por dicha razón *esenciales* o *por naturaleza* (cimentaciones, muros, etc.), existen otros llamados *accidentales* o *por destino*, como los patios interiores para dar luz y ventilación a la parte interna del edificio, respecto de los cuales lo mismo se les puede atribuir la calidad de comunes (y esta es la regla general por aplicación del Código Civil porque están al servicio de todos o algunos propietarios), como la condición de privativos.

En el caso de que se consideren privativos existe la particularidad de que están sujetos a las servidumbres y limitaciones que sobre ellos recaigan en beneficio de los pisos o locales del edificio; y en el caso de que sean elementos comunes, y con independencia de que su titularidad es de la comunidad, el uso de los mismos, cuando el título constitutivo de la propiedad horizontal no lo haya previsto y ante la ausencia de la normativa en la LPH, se regirá por las disposiciones del Código Civil.

Los patios son, por regla general, elementos comunes, y no se pueden quitar vistas a las ventanas o balcones que tengan fachada interior. Supongamos que un propietario ha instalado una chimenea sin la unanimidad de la junta de propietarios. Con su obra, este copropietario ha alterado elementos comunes como la pared de cierre y el vuelo del patio de luces. Ha modificado de forma apreciable la configuración y estado exterior del edificio en el patio y además ha perjudicado los derechos de otros propietarios, pues estos se ven perjudicados por los humos procedentes de las chimeneas. La comunidad no deberá consentir este abuso y podrá exigir que suprima la chimenea, corriendo él con los gastos.

📃 **¿Es privativo el suelo de los patios interiores si sólo se puede acceder a él a través de un piso?**

🪟 No, su dueño tiene derecho a su uso en exclusiva, pero no a su propiedad privada, ya que

es un elemento común, salvo que en el título constitutivo expresamente se diga otra cosa.

Conducciones y canalizaciones

El sistema general de calefacción —caldera, quemadores, conducciones— tiene el carácter de elemento común. Por eso, si un comunero desea aumentar el número de sus radiadores o elementos de calefacción, habrá de contar con la autorización de la junta de la comunidad; para aprobar este acuerdo se necesita el voto de la mayoría de los propietarios, ya que estas obras podrían perjudicar los derechos de otros propietarios del inmueble. Si lo que se debate es la decisión de prescindir del sistema de calefacción, se exigirá un acuerdo unánime.

📃 **¿Es necesaria la unanimidad para cambiar el sistema de alimentación de la caldera en la calefacción central?**

🪟 Las calderas tradicionales utilizaban carbón como combustible; actualmente suele utilizarse gas. Para sustituir la maquinaria por este sistema más ecológico no es necesaria la unanimidad, será suficiente que estén conformes la mayoría de los propietarios.

☐ **¿Qué requisitos son necesarios para la instalación de la calefacción central en un edificio?**

☐ En aquellos edificios en los que no exista calefacción central, puede instalarse con el voto favorable de tres quintas partes de los propietarios que, a su vez, representen las tres quintas partes de las cuotas de participación, ya que se trata de un servicio de interés general, a pesar de que se altere lo dicho en el título constitutivo del régimen de propiedad horizontal.

Los radiadores son propiedad individual, por lo que si han de repararse, será su dueño quien se haga cargo de los gastos que se deriven.

Ningún propietario podrá ampliar el número de radiadores que posee, ya que el efecto sería una bajada de la potencia en la red. Para aumentar el número de radiadores, el propietario deberá solicitar autorización de la junta de propietarios, y será preciso un acuerdo favorable adoptado por la mayoría de los propietarios que represente la mayoría de las cuotas de participación.

Las conducciones de agua también son un elemento común y, por tanto, su conservación no corresponde a los propietarios de una manera individual, sino a la comunidad. Ante una avería en una tubería general, tanto si es agua potable como en las bajadas de aguas residuales, el abono de la avería corresponde a la comunidad.

☐ **¿Quién debe hacerse cargo de una avería en el cuarto de contadores de agua?**

☐ En primer lugar será necesario determinar el origen de la avería. Para ello nos pondremos en contacto con un perito especialista, quien nos confirmará si la avería fue causada por algún defecto en alguna cañería, canalización u otro elemento común del edificio, o si por el contrario, la avería proviene de una vivienda.

En el primero de los casos, la reparación será a cargo de la comunidad de propietarios, en el segundo, del propietario.

Ascensores

El concepto *ascensor* engloba a los montacargas o cualquier otro aparato elevador.

Cuando la junta de propietarios acuerda instalar el ascensor, se formulará la correspondiente solicitud al Ministerio de Industria para la concesión de un permiso de instalación en el hueco de escalera de la finca; posteriormente se encargará la instalación a una empresa autorizada. Finalmente, ya instalado el ascensor, es necesario un nuevo permiso de la Delegación Provincial de Industria que autorice la puesta en marcha del mismo.

Ascensor

De acuerdo con la Ley de Propiedad Horizontal, para el establecimiento del servicio de ascensor en una comunidad se requiere el voto favorable del 60 % de los propietarios que, a su vez, representen el 60 % o más de los coeficientes, suponiendo que sea viable técnicamente.

En el caso de que en el edificio vivan personas mayores de 70 años, esta instalación se considera como supresión de barreras arquitectónicas, y el acuerdo se toma por doble mayoría simple (de propietarios y de cuotas).

Actualmente, la instalación de ascensor es obligatoria para aquellas casas de altura superior a 14 metros.

En cualquiera de los casos, una vez adoptado el acuerdo, la obligación de pago corresponde a todos los propietarios, incluso a los bajos, sótanos y locales sin acceso al portal, que deberán aportar a esta mejora en proporción a sus respectivos coeficientes de propiedad.

Por lo que se refiere al mantenimiento y reparaciones del ascensor, al tratarse de un elemento común, la práctica nos lleva a concluir que estos conceptos se incluirán en los gastos generales o comunes de la comunidad.

Lo anteriormente dicho se ha de poner en relación con lo previsto en el artículo 11 de la LPH, en virtud del cual ningún propietario podrá exigir nuevas instalaciones, servicios o mejoras no requeridos para la adecuada conservación, habitabilidad y seguridad del inmueble; cuando se adopten válidamente acuerdos para realizar innovaciones no exigibles y cuya cuota de instalación exceda del importe de tres mensualidades ordinarias de gastos comunes, el disidente —quien haya manifestado su oposición en legal forma— no resultará obligado, ni se modificará su cuota, incluso en el caso de que no pueda privársele de la mejora.

De esta forma, nos encontramos que, por una parte, el artículo 11 dice que no se puede exigir el pago a los disidentes cuando el importe de la mejora exceda de tres mensualidades, y por otra, el artículo 17 dice que el acuerdo obliga a pagar a todos los propietarios.

Esta contradicción no ha sido todavía tratada por el Tribunal Supremo, ya que la entrada en vigor de la LPH es todavía muy reciente; por este motivo acudimos al criterio doctrinal.

En este caso, la doctrina mayoritaria se ha pronunciado en el sentido de que cuando se trata de una reforma tendente a la habitabilidad del inmueble o a satisfacer necesidades de los propios vecinos —por su edad, salud, etc.—, es obligatoria para todos y, en consecuencia, todos deben pagar de acuerdo con sus coeficientes las obras que hay que realizar. Sin embargo, parte de la doctrina concluye que, si bien dichas obras han de permitirse, por exceder de tres mensualidades no se podrán cobrar al disidente.

Actualmente, la instalación de ascensores es obligatoria en las casas de altura superior a catorce metros; sin embargo, antes de la reforma de la LPH era necesario analizar el proyecto de instalación del ascensor, evaluar si era obra de innovación necesaria, si se trataba más bien de una alteración de la estructura del edificio..., pues de ello dependía el que todos los vecinos debieran dar su voto y su contribución económica.

Sin embargo, tras la reforma, ya no es necesaria la unanimidad, a pesar de que la instalación del ascensor suponga una alteración en el título constitutivo y se incurra en una alteración de la estructura del edificio. En su lugar, puede suceder:

1. Que el acuerdo de instalación se adopte con el voto favorable de las tres quintas partes de los propietarios que, a su vez, representen las tres quintas partes de las cuotas de participación. Los ausentes a la junta en la que se votó la instalación dispondrán de treinta días naturales para manifestar su discrepancia; si no responden, se presumirá que dan su voto favorable y, una vez finalizado el plazo, el acuerdo entrará en vigor. En este caso, todos los vecinos deberán contribuir a la instalación y mantenimiento del ascensor en proporción a sus cuotas de participación, aunque formen parte del grupo disidente.

2. Si el acuerdo de instalación se adopta con el consentimiento de la mayoría de los vecinos, podrá efectuarse la instalación con el tratamiento de obra de mejora. En este caso, los disidentes tendrían que contribuir si la cuota de instalación que les correspondiera pagar fuera inferior a la suma de tres mensualidades ordinarias de los gastos comunes.

3. Si los propietarios que desean la instalación del ascensor en el edificio son una minoría, entonces habría que examinar si la instalación es necesaria «para la adecuada habitabilidad» del inmueble; en este caso podría exigirse su instalación al resto de los vecinos por vía judicial e imponerse si el juez otorga esa calificación.

Partes privativas

La LPH regula el régimen de la propiedad horizontal, que es la forma especial de propiedad que se caracteriza por la propiedad separada de cada piso o local, «un espacio suficientemente delimitado y susceptible de aprovechamiento independiente», junto con un derecho de copropiedad inseparable sobre «los restantes elementos, pertenencias y servicios comunes».

El caso más habitual al que se aplica el régimen de la propiedad horizontal establecido en la LPH es aquel en el que en un edificio coexisten varios propietarios, cada uno de los cuales es propietario de uno o varios pisos o locales en los que aquel está dividido. Puede existir, en su caso, una cotitularidad de varios sujetos sobre un mismo piso o local, pero no sobre el edificio. La división del edificio en pisos o locales permite que cada uno tenga su propietario, que al mismo tiempo será necesariamente copropietario de los elementos comunes de aquel.

El Código Civil yuxtapone la propiedad separada sobre los pisos o locales de un edificio y la copropiedad sobre los demás elementos necesarios para su adecuado uso y disfrute, y se centra particularmente en determinar los requisitos para que un espacio pueda ser considerado como unidad privativa por su posible aprovechamiento independiente, así como en el régimen jurídico de los elementos comunes y su enumeración.

Por su parte, la Ley de Propiedad Horizontal se centra principalmente en precisar el derecho de cada titular sobre su piso o local, así como el nexo de unión entre los elementos privativos y los comunes, que es la cuota de participación.

Concepto y naturaleza de partes privativas

La LPH define la *propiedad separada* como un derecho singular y exclusivo de propiedad —para resaltar la inicial carencia de intereses comunitarios— que determina la plenitud de facultades del propietario del piso o local tanto en lo relativo al uso y disfrute como a la disposición.

Dispone expresamente la LPH que en el régimen de propiedad establecido en el Código Civil corresponde al dueño de cada piso o local:

> El derecho singular y exclusivo de propiedad sobre un espacio suficientemente delimitado de aprovechamiento independiente, con los elementos arquitectónicos e instalaciones de todas clases, aparentes o no, que estén comprendidos dentro de sus límites y sirvan exclusivamente al propietario, así como el de los anejos que expresamente hayan sido señalados en el título, aunque se hallen situados fuera del espacio delimitado.

Para algunos autores, los requisitos que son estrictamente necesarios para que elementos integrados en la propiedad horizontal puedan ser calificados como privativos, son los siguientes:

— que se encuentren perfectamente delimitados. No es indispensable la existencia de elementos arquitectónicos de separación entre espacios comunes y privativos (paredes de cierre o tabiques), pero sí cualquier otro tipo de signo físico o material que cumpla esa función;
— que sean susceptibles de aprovechamiento independiente;
— que tengan salida propia a un elemento común del edificio o a la vía pública;
— que pertenezcan a distintos propietarios.

La realidad permite comprobar a diario la aparente disparidad existente entre lo que es una autonomía física y una independencia jurídica, ya que es perfectamente posible y viable que por vía convencional los interesados determinen si en todo caso de «susceptibilidad de aprovechamiento independiente» hay necesariamente que constituir una *parte privativa* o *propiedad separada*. Así, la Dirección General de los Registros y del Notariado ha entendido lo siguiente:

> Para determinar cuándo existe un local o piso susceptible de inscribirse en forma independiente y como una sola finca, habrá que situar dentro de las normas de la ley la auténtica situación real existente, pero debiendo atenerse la autonomía de las partes interesadas a las circunstancias de unidad física, económica y funcional que constituyen la base de las propiedades separadas, cuya configuración no puede conducir a la formación de fincas anormales o sin concordancia con la realidad.

La práctica jurídica suele considerar también como privativos todos los elementos físicos existentes dentro de cada piso o local siempre que cumplan con el requisito esencial de que sirvan exclusivamente a su propietario.

En cuanto a la configuración de los *anexos* como elementos privativos, parece que la enumeración legal de los mismos es meramente enunciativa (garajes, buhardillas, sótanos) y no implica una enumeración exhaustiva. En consecuencia, para que sean *partes privativas* han de haber sido señalados expresamente como tales en el título constitutivo.

A los efectos de la inscripción en el Registro de la Propiedad, en el título constitutivo deberán constar necesariamente todos aquellos requisitos descriptivos de los pisos o locales exigidos en la Ley de Propiedad Horizontal, con las referencias mínimas que a continuación se relacionan:

— extensión;
— linderos;
— planta de ubicación;
— anexos;
— número correlativo.

Es conveniente expresar en el título constitutivo la superficie útil y la edificada, especificando la que pueda corresponder a patios y terrazas, con indicación de su pertenencia al piso o local por vía de propiedad o de simple uso exclusivo.

Asimismo, ofrece más ventajas —por su invariabilidad— la indicación de los linderos tomando como base la fachada del edificio, aunque también es frecuente su determinación a partir de la puerta del piso o local.

Se discute la necesidad del número correlativo de las partes privativas, aunque la coincidencia de los autores es unánime a la hora de considerarlo como superfluo, poco práctico y origen de complicaciones, incrementa-

---

ELEMENTOS PRIVATIVOS DE UN EDIFICIO CONSTITUIDO EN RÉGIMEN DE PROPIEDAD HORIZONTAL

Las partes privativas son aquellos espacios sobre los que el propietario ejerce un derecho de propiedad singular y exclusivo. Son elementos susceptibles de ser usados con independencia y privacidad, y sobre los que el propietario posee un título de propiedad individual.

Son propiedades privativas los anejos que consten en el título —por ejemplo, plazas de garaje, trasteros o buhardillas—, aunque estén separados físicamente del núcleo que forma el piso o el local comercial.

Los elementos arquitectónicos y las instalaciones que se encuentren en el interior de los pisos o locales —o de sus anejos —, también tienen la consideración de partes privativas, siempre que sirvan exclusivamente a su ocupante.

Así, los tabiques que distribuyen el interior de los pisos son elementos privativos, con la excepción de las paredes maestras, al igual que los pilares y las vigas, que al formar parte de la estructura que sostiene al edificio, han de considerarse elementos comunes.

Los muros de cerramiento, que marcan el perímetro del piso o local, también son comunes. Al igual que el forjado (suelo y techo).

Las instalaciones de agua y electricidad se componen en grandes canales, de los que parten ramificaciones hacia el interior de los pisos o locales; en su recorrido por estos, y siempre que den servicio exclusivamente a los respectivos propietarios, se consideran partes privativas.

das cuando surge la necesidad de numerar los nuevos pisos o locales que pueden resultar de la segregación y división de los originarios.

Materialmente, el objeto del derecho de propiedad separada aparece exclusivamente restringido por los límites que en las relaciones de vecindad derivadas de la propiedad horizontal imponen los artículos 7 y 9 de la LPH.

Tipología de las propiedades separadas

La propiedad separada puede recaer sobre unidades inmobiliarias muy diversas, dada la gran variedad de supuestos en los que resulta de aplicación la Ley de Propiedad Horizontal a partir de la reforma de 1999. Sin embargo, nos centraremos en las situaciones más habituales para ofrecer la siguiente clasificación:

Los departamentos ordinarios: pisos o viviendas

En la propiedad horizontal ordinaria, el piso o vivienda comprende una sección horizontal de la edificación o una fracción de esta. Normalmente no plantea problemas ni su delimitación ni el acceso directo, salvo en los supuestos de constitución de servidumbres de paso.

Dentro del elemento privativo, configurado básicamente por el hecho de ser un espacio bien delimitado, sea por muros de cierre o de cualquier otro modo, y además, susceptible de aprovechamiento independiente, pueden a menudo distinguirse, aunque no sea necesario, una parte principal y otra accesoria, a la que técnicamente se denomina *anexo*, sometido al mismo régimen jurídico, respecto de obras y actividades que en él se pueden desarrollar. Dichos anexos, cuya superficie ha de tenerse en consideración para fijar la de la unidad privativa correspondiente, aunque el destino a que se dediquen a menudo implique que no se tengan en cuenta en la cuota de participación de manera idéntica a como se haría si se tratase de una vivienda o un local de negocio más grande, han de venir constituidos como tales en la escritura de división horizontal, y comúnmente están situados fuera del espacio delimitado correspondiente a la unidad principal.

Locales, zonas separadas y otras unidades inmobiliarias

El local, en sentido estricto, es solamente el local de negocio, es decir, aquella edificación habitable cuyo destino primordial no es la vivienda, sino el de ejercerse en ella una actividad de industria, comercio o enseñanza con fin lucrativo, aunque los que la ocupen tengan en él su vivienda.

Las propiedades separadas pueden ser, a su vez, simples o complejas:

a) *Propiedades separadas simples:* son tanto las edificaciones con una sola titularidad (viviendas unifamiliares) como las parcelas, concepto al que se atribuye una extensión similar en su ámbito a la que se concede a los locales. Así, una parcela es tanto el solar destinado al aprovechamiento urbanístico (cuando se complete el proceso edificatorio) como una plaza de aparcamiento o un amarre en un puerto deportivo.

b) *Propiedades separadas complejas:* son las constituidas, a su vez, en régimen horizontal. Estas pueden estar formadas por otras subunidades también complejas o mixtas. Surgen como estructuras piramidales, en las que las distintas unidades inmobiliarias van acoplándose progresivamente mediante una organización cada vez más compleja. Esto es, en sucesivos y ascendentes complejos inmobiliarios.

Los complejos inmobiliarios privados

Los complejos inmobiliarios privados son comunidades de propietarios sujetas al régimen de propiedad horizontal, que se identifican con lo que habitualmente se denominan *urbanizaciones privadas*. Son características esenciales de estas comunidades:

— que estén integrados por dos o más edificaciones o parcelas independientes cuyo destino principal sea la vivienda o locales;

— que participen los titulares de los inmuebles o de las viviendas y locales en una situación de copropiedad sobre otros elementos inmobiliarios, viales, instalaciones o servicios.

Los complejos inmobiliarios privados pueden revestir varias formas:

a) *Comunidad única.* Como si se tratase de un edificio en propiedad horizontal, se rigen por el Código Civil, la Ley de Propiedad Horizontal y sus estatutos, que no podrán estar en contradicción con las normas legales.

b) *Agrupación de comunidades preexistentes de propietarios en régimen de propiedad horizontal.* Estos se rigen por la misma normativa que en la comunidad única, pero con las siguientes peculiaridades:

— la junta de propietarios estará integrada por los presidentes de cada una de las comunidades integradas en la agrupación;

— para la adopción de los acuerdos en los que la ley exija una determinada mayoría, será necesario la previa obtención de dicha mayoría en cada una de las comunidades integradas en la agrupación.

c) *Otras formas jurídicas admisibles en Derecho que libremente acuerden los propietarios.* Se rigen por los pactos establecidos entre sí por los propietarios y supletoriamente por la Ley de Propiedad Horizontal.

Acción de división y derecho de adquisición preferente

En el régimen de la copropiedad ordinaria, cuando uno de los propietarios enajena su propiedad, los demás comuneros pueden ejercitar los derechos de tanteo y retracto. Sin embargo, en el régimen de propiedad horizontal no cabe el ejercicio de tales derechos, con la excepción que establece la disposición transitoria segunda de la Ley de Propiedad Horizontal.

Así, el Código Civil establece:

En caso de enajenación de un piso o local, los dueños de los demás, por este solo título no tendrán derecho ni de tanteo ni de retracto.

Por su parte, la Ley de Propiedad Horizontal declara:

En los actuales estatutos reguladores de la propiedad por pisos, en los que está establecido el derecho de tanteo y retracto a favor de los propietarios, se entenderán los mismos modificados en el sentido de quedar sin eficacia tal derecho, salvo que, en nueva junta y por mayoría que represente al menos el ochenta por ciento de los titulares, se acordare el mantenimiento de los citados derechos de tanteo y retracto a favor de los miembros de la comunidad.

Por tanto, existe la posibilidad de que en una nueva junta y por mayoría que represente al menos el 80 %, se acuerde el mantenimiento de los citados derechos de tanteo y retracto a favor de miembros de la comunidad.

Pero para poder aplicar este supuesto, se deben cumplir los siguientes requisitos:

— que se trate de unos estatutos pactados con anterioridad a la vigencia de la Ley de Propiedad Horizontal de 23 de julio de 1960;
— que se celebre junta de propietarios en la que se acuerde el mantenimiento de los citados derechos de tanteo y retracto;
— que se acuerde por mayoría que represente al menos el 80 % de los titulares;
— que en los citados estatutos anteriores a la Ley de Propiedad Horizontal de 1960 estuvieran regulados dichos derechos de tanteo y retracto.

La actual Ley de Propiedad Horizontal de 1999 no se pronuncia al respecto, por lo que se presume que en la actualidad está en vigor la posibilidad prevista en la LPH de 1960.

Negocios jurídicos sobre la propiedad separada

La Ley de Propiedad Horizontal prevé que cada propietario puede disponer libremente de su derecho, sin poder separar los elementos que lo integran y sin que la transmisión del disfrute afecte a las obligaciones derivadas del régimen de propiedad horizontal.

Entre todos los negocios jurídicos cuyo objeto es la propiedad separada, el que presenta mayores problemas es el contrato de arrendamiento.

Además de arrendar, el propietario puede disponer libremente de su derecho y transmitir su disfrute constituyendo un usufructo; así la LPH recoge el hecho de la asistencia y voto de los usufructuarios en las juntas de propietarios, en representación del propietario. En este caso, el propietario será el titular del derecho, pero salvo manifestación en contra, se entenderá que el usufructuario lo representará, salvo caso de realización de obras extraordinarias y de mejora, y para caso de necesitarse la unanimidad para aprobación o modificación de reglas contenidas en el título constitutivo de propiedad o en los estatutos, en que la representación deberá ser expresa.

El derecho a arrendar el apartamento

Dado que el propietario tiene un derecho de libre disposición sobre su piso o local, no existe objeción alguna para que pueda arrendarlo a quien le convenga, siempre y cuando cumpla con lo establecido en la ley en cuanto al uso y destino —sea vivienda o local—, teniendo en cuenta que la ley prohíbe también al ocupante la realización de ciertas actividades molestas, peligrosas, inmorales, etc.

Así pues, sería nula aquella cláusula estatutaria que prohibiera el arrendamiento, ya que contravendría la norma imperativa contenida en la Ley de Propiedad Horizontal.

Especial referencia al derecho de tanteo y retracto del inquilino

Uno de los derechos del propietario de un piso o local consiste en poder enajenarlo según le convenga. No obstante, este derecho a poder vender su piso está limitado si el piso está alquilado, pues a este arrendatario la Ley de Arrendamientos Urbanos (LAU) le concede un derecho preferente de adquisición del piso en caso de venta sobre cualquier otro comprador. A este derecho se le llama *derecho de tanteo*.

El propietario del local o piso tendrá que notificar a quienes los ocupen su intención de proceder a la venta. En dicha notificación se deberá hacer constar:

— la decisión de vender el piso o local;
— el precio por el que se quiere vender;
— las demás condiciones esenciales de la transmisión.

Cuando el arrendatario reciba esta notificación fehacientemente, tendrá un plazo de 30 días naturales para ejercitar el derecho de tanteo, es decir, la facultad de adquirir el piso o local del que es inquilino con prioridad sobre cualquier otra persona, excepto el condueño o aquel que tuviere inscrito en el Registro de la Propiedad un derecho de retracto sobre el piso o local cuando se formalizó el contrato de arrendamiento.

Si pasado el plazo indicado de 30 días naturales y habiéndosele notificado correctamente el arrendatario no ejercitara el derecho de tanteo, el propietario quedará en plena libertad para proceder a la venta notificada. Sólo es válido el pacto por el que el inquilino renuncia a los derechos de tanteo y retracto si el contrato se formaliza por periodo superior a cinco años.

El *derecho de retracto* del que nos habla la nueva LAU es un derecho concedido al arrendatario, en el supuesto de venta del piso o local que ocupa, por parte del propietario.

Los derechos de tanteo y retracto son muy similares, y a la vez se diferencian según sea el momento en que se ejerciten. Así, el derecho de tanteo se ejercita por el arrendatario al habérsele hecho una notificación fehaciente. Por el contrario, el derecho de retracto podrá ejercitarlo en los supuestos que siguen a continuación, siempre y cuando se haya efectuado la venta:

a) Cuando el propietario no hubiera notificado al inquilino la decisión de vender el piso o local.

b) Si, aunque se hubiera hecho dicha notificación, se hubiera omitido alguno de los requisitos exigidos por la ley.

c) Cuando el precio de la venta hubiera sido inferior al indicado en la notificación.

d) Si las condiciones de la venta fueran más beneficiosas para el tercer adquiriente que las señaladas en la notificación.

En todos estos supuestos, el arrendatario podrá ejercitar el derecho de retracto entregando al comprador el precio de la venta, los del contrato y cualquier otro pago legítimo hecho para la venta y los gastos necesarios y útiles hechos en la cosa vendida.

🔲 **¿Cuándo podrá ejercitar el arrendatario el derecho de retracto?**

🔲 Una vez que un tercero haya adquirido un piso o local que estuvieran arrendados, se deberá notificar fehacientemente al arrendatario la adquisición efectuada, junto con las condiciones en que se efectuó dicha compra y con entrega de una copia de la escritura o documento en que se formalizó la compra.

A partir de esta notificación fehaciente, el arrendatario del piso o local podrá ejercitar el derecho de retracto, y tendrá un plazo de 60 días naturales a contar desde la notificación. Transcurrido ese plazo, el arrendatario no podrá ya ejercitar el derecho de retracto.

Realización de obras por el propietario

El propietario de cada piso o local podrá modificar sus elementos arquitectónicos, instalaciones o servicios cuando no menoscabe o altere la seguridad del edificio, su estructura general, su configuración o estado exteriores, o perjudique los derechos de

Principales limitaciones al derecho del propietario a realizar modificaciones en un piso o local		
Modificaciones que alteran la seguridad del edificio	**Modificaciones que alteran la configuración o estado exterior del edificio**	**Modificaciones que causan sensible perjuicio a otros propietarios**
Sustitución de las vigas del edificio por otro elemento de menor consistencia	Pintar los balcones o ventanas de color distinto al de los demás	Desconexiones de la calefacción en perjuicio de otros
Apertura de una escalera por un sitio distinto al de entrada al piso	Sustitución de ventanas por balcones, o a la inversa	Colocación de una salida de humos que se proyecte a otras viviendas o locales
Transformación de una ventana en una puerta	Tapiar huecos de ventana	Obras que dificulten la iluminación o vistas en otras viviendas de la comunidad
Variaciones de la situación de los sanitarios	Construcción de buhardillas	

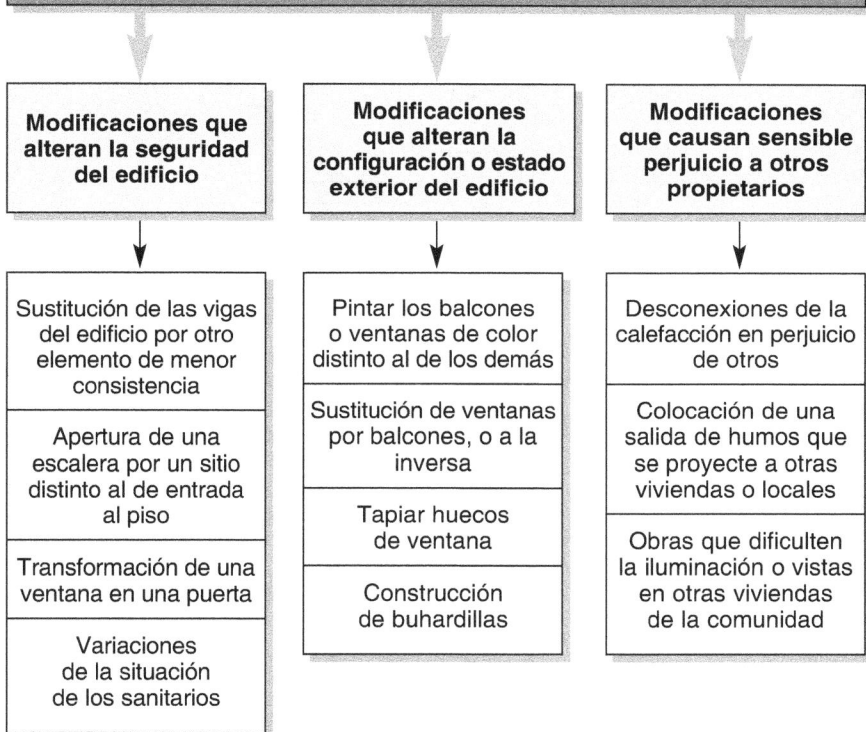

otro propietario, debiendo dar cuenta de tales obras previamente a quien represente a la comunidad.

En el resto del inmueble no podrá realizar alteración alguna, y si advierte la necesidad de reparaciones urgentes, deberá comunicarlo sin dilación al administrador.

Así pues, dentro del piso el dueño puede realizar todo tipo de obras, siempre que no afecten a la seguridad, estructura o configuración del inmueble ni perjudique los derechos de otro propietario; de este modo, puede cambiar los suelos, tirar tabiques que no sirvan de apoyo, poner falsos techos, etc., siempre y cuando dé cuenta previamente de tales obras a quien represente a la comunidad, normalmente el presidente.

Cuando las obras afectan al título constitutivo, porque alteran la estructura o configuración del edificio o sus elementos comunes o privativos, es indispensable para su realización contar con el acuerdo unánime de la junta de propietarios, que deberá fijar también, en su caso, las nuevas cuotas de participación correspondientes a cada departamento; es lo que sucede, por ejemplo, en los casos de elevación de nuevas plantas y de división material, agregación o segregación de elementos privativos.

☐ **¿Puede el propietario de un piso o local realizar todas aquellas modificaciones que considere necesarias en su parte privativa?**

☐ Sí, siempre que tenga en cuenta unas reglas mínimas, entre ellas, la observancia de las normas municipales y la obtención de las licencias administrativas correspondientes. Además, deberá comunicarlo, con carácter previo a la ejecución de las obras, al presidente de la comunidad.

El proyecto de las obras deberá respetar las siguientes pautas:

1. Los cambios no pueden menoscabar o poner en peligro la seguridad del edificio.
2. No debe alterarse el aspecto exterior de la fachada o de cualquier otra parte visible desde la calle.

3. Las modificaciones no deben perjudicar a otros propietarios ni invadir sus posesiones; en caso de que las obras puedan afectarles directa o indirectamente, será necesario el consentimiento expreso de los otros propietarios.

☐ **¿Cuáles son las principales limitaciones del propietario para realizar modificaciones en su piso o local de negocio?**

☐ Cualquier modificación que se realice en un piso o local de negocios no puede alterar la seguridad del edificio, su estructura general ni su configuración o estado exteriores; tampoco pueden perjudicarse los derechos de otro propietario.

División, agregación y segregación de propiedades separadas

La LPH establece que los propietarios de pisos y locales pueden dividirlos materialmente, así como sus anejos, para formar otros más reducidos e independientes, aumentarlos por agregación de otros colindantes del mismo edificio o disminuirlos por segregación de alguna parte. Esta facultad requiere no solamente el consentimiento de los titulares afectados, sino también la aprobación de la junta de propietarios, a quien incumbe la fijación de las nuevas cuotas de participación de los pisos o locales reformados, sin alteración de las de los propietarios no afectados.

___

¿Es posible dividir físicamente una parte privativa en unidades más pequeñas?

Sí, la LPH ha reconocido expresamente la posibilidad de dividir una parte privativa en varias unidades de tamaño más reducido.

Sería el caso, por ejemplo, de dos personas que habitan un piso de grandes dimensiones y deciden dividirlo en dos más reducidos aprovechando la posibilidad de crear un acceso independiente para cada uno de ellos. También es posible la división para la transmisión de una parte de la propiedad privativa a un piso colindante, con el fin de aumentar el tamaño de ese otro piso.

No obstante, la división de una parte privativa deberá contar con el consentimiento de todos los propietarios, con carácter previo a su ejecución.

Por otra parte, las cuotas de participación de los pisos que hayan sido objeto de ampliación y reducción tendrán que ser fijadas nuevamente, sin que las cuotas de los restantes pisos puedan ser revisadas.

___

Órganos de gobierno de la comunidad

La concurrencia de un grupo de personas en la titularidad de derechos ha hecho indispensable la creación de órganos de gestión y de administración. Y por ello se ha confiado el adecuado funcionamiento del régimen de propiedad horizontal a cuatro órganos:

— la junta de propietarios;
— el presidente y, en su caso, los vicepresidentes;
— el secretario;
— el administrador.

Todo ello sin perjuicio de que en los estatutos, o por acuerdo mayoritario de la junta de propietarios, puedan establecerse otros órganos de gobierno de la comunidad, sin que esto suponga un menoscabo de las funciones y responsabilidades frente a terceros que están atribuidas por ley a los órganos rectores de la comunidad.

En los estatutos se pueden definir las condiciones que deben reunir los órganos de gobierno de la comunidad de propietarios, así como establecerse el método de nombramiento de sustitutos; también pueden limitarse las facultades de representación del presidente y ampliarse las competencias de la junta en determinados asuntos.

La junta de propietarios

La junta de propietarios es la asamblea en la que intervienen todos los propietarios y en la que reside la toma de decisiones que afectan a la vida de la comunidad.

Se trata de un órgano necesario e imprescindible para la vida de la comunidad, ya que la voluntad comunitaria no puede emitirse sin la celebración formal de la junta de propietarios. Incluso en el supuesto de junta universal en que concurran la totalidad de los propietarios y así lo decidan, se exige la formalidad de la reunión en tal junta. En consecuencia, no serán válidos los acuerdos de los propietarios sin la consiguiente celebración de la junta.

___

📖 **¿Quién compone la junta de propietarios?**

📖 La junta de propietarios está constituida por todos los propietarios, ya sean de vivienda o de locales comerciales.

Funciones de la junta de propietarios

Admitida la necesidad de la junta de propietarios, sus funciones son las siguientes:

• *Nombrar y remover (cesar) a las personas que ejerzan los cargos de la junta.*
La junta de propietarios puede nombrar al presidente, que puede ser o no, a voluntad de la junta, secretario y administrador también, o secretario o administrador, si la junta no acuerda elegir a otras personas para dichos cargos. Asimismo puede decidir si se nombran vicepresidente o vicepresidentes, nombrarlos, establecer su orden y determinar sus funciones. También puede nombrar administrador, que puede también ser secretario si así se acuerda; y nombrar secretario si es que este cargo no ha recaído en el presidente o en el administrador.
Para la remoción de estos cargos, la junta debe tener carácter extraordinario. La junta, asimismo, puede acordar su suspensión provisional.

• *Resolver las reclamaciones que formulen los propietarios contra la actuación de los cargos de la comunidad.*

• *Aprobar el plan de gastos e ingresos previsibles y las cuentas correspondientes.*
La primera de las actuaciones viene marcada por la actuación del admi-

nistrador de la comunidad de propietarios, quien elabora un presupuesto o plan de gastos e ingresos. Este presupuesto es aprobado o rechazado por la junta; también se puede instar al administrador para que lo reforme o modifique.
La junta también debe aprobar las cuentas correspondientes: el administrador las presenta en la reunión anual de la junta y pueden aprobarse o rechazarse; en este último caso el administrador deberá rehacerlas y volver a presentarlas para su aprobación.

• *Aprobar los presupuestos y la ejecución de todas las obras de reparación de la finca, sean ordinarias o extraordinarias.*
El adecuado sostenimiento y conservación del inmueble pasa normalmente por la realización de pequeñas reparaciones que el conveniente mantenimiento de los elementos comunes exige.
Por eso es aconsejable que el administrador realice estas reparaciones normales, pero dando cuenta previa al presidente, con el fin de evitar la convocatoria de una junta extraordinaria cada vez que se plantee la necesidad de una reparación normal, por pequeña que sea, si no tiene el carácter de urgente.
Partiendo de este principio, hay que distinguir varios tipos de obras en un edificio en régimen de propiedad horizontal:

— las reparaciones ordinarias, es decir, las cubiertas con los ingresos normales del presupuesto anual

sin detraer cantidades de otros conceptos; no requieren otro acuerdo que el normal de aprobación del presupuesto y son dispuestas por el administrador;
— las reparaciones extraordinarias: son aquellas reparaciones, necesarias o no, de reparación o de otra índole, que no se pueden cubrir con el presupuesto normal y corriente.

En cualquier caso, queda claro que si se trata de una obra extraordinaria, pero necesaria para el adecuado sostenimiento y conservación del inmueble y de sus servicios, la junta de propietarios no tiene más remedio que acordar su realización, y sus facultades quedan limitadas a la elección del presupuesto, empresa que ha de realizarlas, plazos, etc., quedando todos los propietarios obligados a contribuir a ellas.

• *Aprobar o reformar los estatutos de la comunidad y determinar las normas de régimen interior.*
La aprobación o reforma de los estatutos precisa la unanimidad de los propietarios y la adecuada intervención notarial, toda vez que ha de reflejarse con inscripción en el Registro.
Cuando se trata de aprobar las normas de régimen interior, el acuerdo podrá ser adoptado por mayoría.

• *Acordar las medidas necesarias o convenientes para el mejor servicio común.*
Esta función consiste en conocer y resolver todos los demás asuntos de interés general para la comunidad. No se podrá decidir sobre una actuación privada de alguno de los propietarios que no esté prohibida. El interés general para la comunidad es, pues, el límite de su actuación.
Entre las medidas destinadas a proteger el interés general de la comunidad, pueden incluirse:

— fijación de cuotas y su variación en la participación que corresponde a cada piso o local;
— darse por enterada de las modificaciones legales que cada propietario puede hacer en su piso;
— autorizar al presidente para entablar acción de cesación contra el propietario u ocupante que realice actividades prohibidas por la ley;
— aprobación de la división material de los pisos para formar otros más reducidos e independientes, o la agregación o segregación de otros, acuerdo que precisará además el consentimiento de los titulares afectados;
— obligar al cumplimiento de las obligaciones que corresponden a cada propietario respecto a las instalaciones generales, la conservación del piso, las reparaciones y servicios de pisos, la contribución a gastos, la fijación del fondo de reserva y suscripción, en su caso, de un seguro de daños y de un contrato de mantenimiento permanente;
— autorizar construcciones de nuevas plantas;
— adoptar acuerdos con las mayorías establecidas;

— ratificar las subsanaciones de los defectos o errores del acta anterior;

— autorizar al administrador para exigir judicialmente el cumplimiento de sus obligaciones a los propietarios morosos;

— aprobar la liquidación de la deuda con la comunidad según la ley;

— decidir sobre las deudas de la comunidad.

Clases de juntas

La Ley de Propiedad Horizontal establece dos tipos de juntas: las de carácter ordinario y las de carácter extraordinario.

Las *juntas ordinarias* se celebran por lo menos una vez al año y tienen como finalidad la aprobación de los presupuestos y cuentas. La citación para la junta ordinaria anual se hará, cuando menos, con seis días de antelación.

También se convocará junta ordinaria en las demás ocasiones que lo considere conveniente el presidente, lo pidan la cuarta parte de los propietarios o un grupo que represente al menos el 25 % de las cuotas de participación. La convocatoria de las juntas la hará el presidente y, en su defecto, los promotores de la reunión.

Respecto a *las juntas extraordinarias*, la ley no indica nada con respecto a cuántas deben celebrarse, ni los temas que se deben tratar en ellas, pues sólo indica que deben celebrarse en las demás ocasiones que lo considere conveniente el presidente, lo pidan la cuarta parte de los propietarios

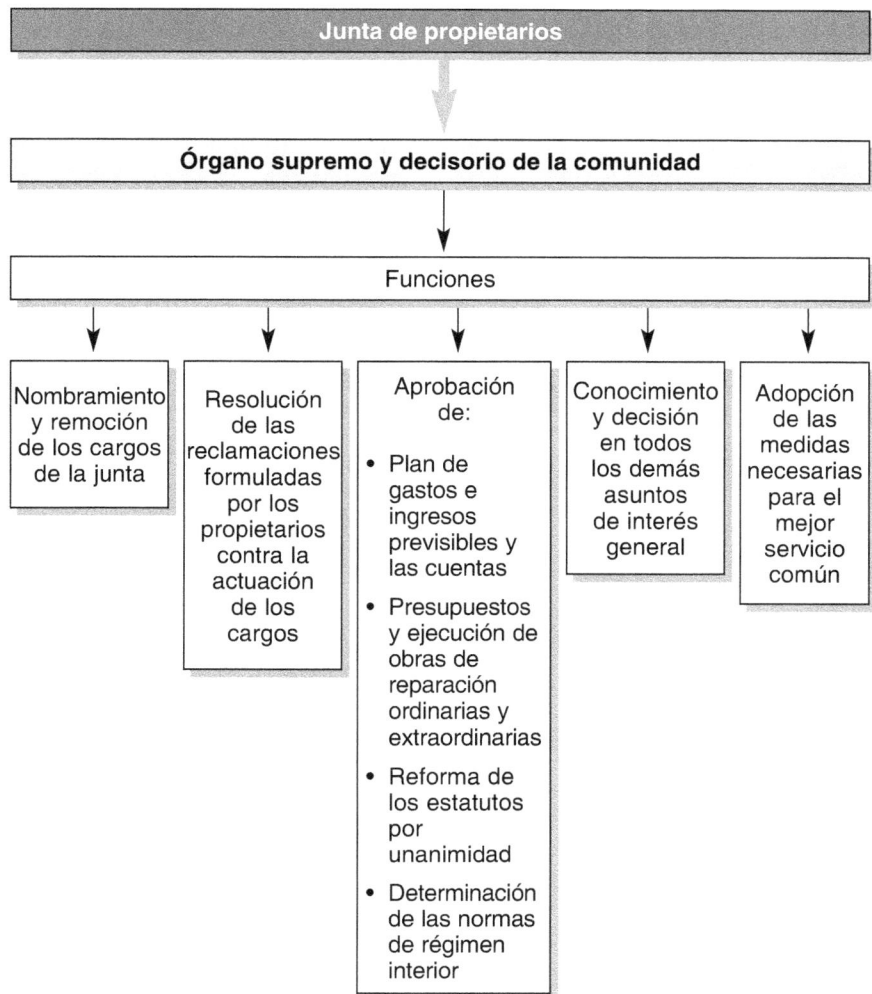

Junta de propietarios

Órgano supremo y decisorio de la comunidad

Funciones

Nombramiento y remoción de los cargos de la junta	Resolución de las reclamaciones formuladas por los propietarios contra la actuación de los cargos	Aprobación de:	Conocimiento y decisión en todos los demás asuntos de interés general	Adopción de las medidas necesarias para el mejor servicio común

Aprobación de:

• Plan de gastos e ingresos previsibles y las cuentas

• Presupuestos y ejecución de obras de reparación ordinarias y extraordinarias

• Reforma de los estatutos por unanimidad

• Determinación de las normas de régimen interior

o un grupo que representen al menos el 25 % de las cuotas de participación.

La junta extraordinaria no puede limitarse a unos temas determinados ni a unas convocatorias previamente concretas, ya que por su carácter extraordinario pueden tener que celebrarse con urgencia; sus temas pueden ser ilimitados, por lo que la ley tampoco señala un plazo para su convocatoria. Lo que sí debe cumplir es el requisito de que, al efectuarse la convocatoria, habrá de expresarse el objeto de la reunión y los asuntos que tratar.

📋 **¿Quién convoca la junta ordinaria de una comunidad de propietarios?**

📋 Las juntas ordinarias son reuniones que tienen que celebrarse necesaria y obligatoriamente, puesto que su objetivo principal es la aprobación de los presupuestos anuales y el balance de cuentas.

El presidente es el responsable de convocarlas al menos una vez al año, pero si no lo hiciera, cualquier vecino podría exigir su celebración, acudiendo incluso a las autoridades judiciales para lograrlo.

📋 **¿Cómo se convoca una reunión extraordinaria de la junta de propietarios?**

📋 Las juntas extraordinarias se convocan siempre que el presidente lo estima conveniente o siempre que lo pida un grupo de vecinos que represente al menos a la cuarta parte de los propietarios o sume la cuarta parte de las cuotas de participación. La antelación ha de ser la suficiente para que todos los interesados tengan conocimiento de la reunión, aunque no hay un plazo mínimo legal establecido.

Finalmente, haremos mención a la *junta constituyente*, que es la primera convocatoria de la junta de propietarios. En ella se llevan a cabo acuerdos como: nombrar presidente y demás órganos de gobierno de la comunidad, y poner en marcha la propia comunidad.

En esta primera reunión de la junta de propietarios se dará cuenta del nombre y apellidos de los propietarios de los pisos o locales y sus coeficientes de propiedad. También se tratarán todos los temas que figuren en la convocatoria, destacándose los siguientes:

— informar de las normas que rigen la comunidad;
— nombramiento del presidente de la comunidad;
— nombramiento del secretario y administrador de la comunidad.

Y finalmente se redactará un acta con el contenido de todos los acuerdos adoptados.

📋 **¿Quién puede convocar una junta constituyente?**

Esta primera convocatoria la puede realizar cualquier propietario de la finca.

En el caso de que no se lograse la reunión, se puede establecer un escrito dirigido al juez solicitando la celebración obligatoria de la junta anual de propietarios.

El presidente

El presidente de la comunidad debe ser elegido por los propietarios y debe ser uno de ellos; le corresponde representar a la comunidad en los asuntos que le afecten.

El Tribunal Supremo no mantiene un criterio claro a la hora de calificar jurídicamente la posición del presidente; mientras en algunas sentencias lo considera como un órgano de la comunidad a la que personifica, de modo que todo lo que él realice debe considerarse hecho por esta, en otras mantiene que la actuación representativa del presidente se encuentra entre la representación orgánica y la voluntaria, debiendo contar siempre en sus actuaciones con el acuerdo de la junta.

¿Está retribuido el puesto de presidente?

En principio, el desempeño del cargo no está retribuido, si bien los propietarios pueden acordar por unanimidad una remuneración al ejercicio de este cargo.

También es posible que los co-propietarios establezcan en los presupuestos una partida en concepto de gastos de representación, que será libremente administrada por el presidente.

Además de la función representativa, el presidente tiene otras funciones de ordenación de la comunidad, como convocar y presidir las juntas, defender los intereses de la comunidad en todos los ámbitos, ejercitar las acciones aprobadas por la junta; puede también actuar como secretario y administrador, salvo que los estatutos o la junta de propietarios establezcan que los cargos se ejercerán de forma individualizada.

Sólo puede ser presidente el propietario de un piso o local; su aceptación del cargo es obligatoria, excepto que solicite su relevo por vía judicial en el mes siguiente al nombramiento alegando alguna causa justificada. La elección se realizará por acuerdo mayoritario y ocupará el cargo durante un año, salvo que los estatutos establezcan otro plazo; también es válida la designación por turno rotatorio o por sorteo. Si ningún propietario quiere aceptar el cargo, lo nombrará el juez con carácter obligatorio tras escuchar a los interesados.

¿Cuánto dura el ejercicio del cargo de presidente?

El cargo de presidente debe ejercerse durante un año, prorrogable indefinidamente por periodos iguales, salvo que se haya pactado otro sistema en los estatutos comunitarios.

El cargo queda prorrogado hasta el momento en que se nombre un sucesor, ya que la comunidad debe tener un presidente en todo momento.

☐ **¿Puede ser destituido el presidente de una comunidad de propietarios?**

☐ Sí, por acuerdo mayoritario de la junta de propietarios convocada en sesión extraordinaria, en la que se deberá elegir también un nuevo presidente.

Es posible solicitar a un juez la destitución del presidente. Una vez decretada la destitución, para designar un nuevo presidente bastará el voto de la mayoría de los asistentes, siempre que esta represente a su vez más de la mitad del valor de las cuotas de los presentes. Si no se logra alcanzar la mayoría, el juez, a instancia de parte, al mes siguiente de la segunda junta resolverá en equidad lo que proceda en un plazo de veinte días contados desde la petición. Igualmente se

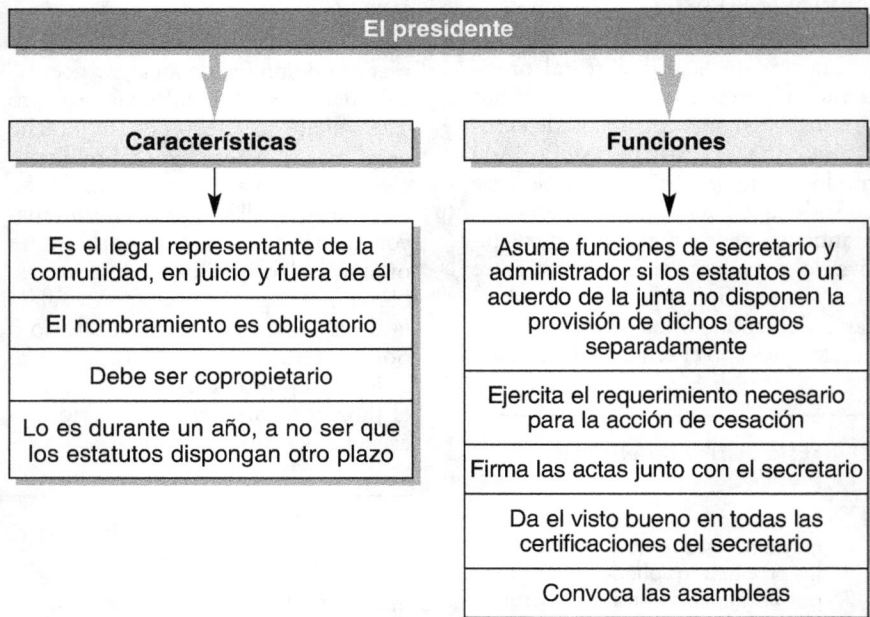

El presidente	
Características	**Funciones**
Es el legal representante de la comunidad, en juicio y fuera de él	Asume funciones de secretario y administrador si los estatutos o un acuerdo de la junta no disponen la provisión de dichos cargos separadamente
El nombramiento es obligatorio	Ejercita el requerimiento necesario para la acción de cesación
Debe ser copropietario	Firma las actas junto con el secretario
Lo es durante un año, a no ser que los estatutos dispongan otro plazo	Da el visto bueno en todas las certificaciones del secretario
	Convoca las asambleas

acudirá al juez cuando no se logre designar al nuevo presidente.

Sólo las comunidades formadas por cuatro miembros o menos pueden prescindir tanto de la figura del presidente como de la del administrador, pues en un grupo tan reducido la obligación de designar cargos puede convertirse más en una complicación que en un ayuda; en todo caso, si así lo desean o si lo dictan así sus estatutos, podrán hacerlo.

📋 **¿Hasta dónde alcanza la responsabilidad del presidente de una comunidad de propietarios?**

📋 Si el presidente incumple las funciones que tiene asignadas o se excede en sus atribuciones, la junta tendrá motivos para reclamarle por su actuación, por lo que el presidente tendrá que responder de los eventuales daños y perjuicios causados a la comunidad o a terceros.

En caso de que las decisiones perjudiciales hubieran sido acordadas por unanimidad, la junta de propietarios al completo tendrá que responsabilizarse; si el acuerdo hubiera sido acordado por mayoría, quedarían excluidos de toda responsabilidad aquellos propietarios que se opusieron al mismo.

La LPH establece que el propietario designado como presidente deberá desempeñar el cargo de forma obligatoria. No obstante, en el caso de que el presidente desee renunciar al cargo, deberá comunicar su decisión por escrito a la junta, explicando los motivos que le asisten para no desempeñar el cargo.

Para que sea efectiva dicha renuncia será necesario:

— que la junta acepte la renuncia en el marco de una nueva reunión convocada al efecto;
— que en esa reunión de la junta se elija a un nuevo presidente.

Partiendo de la base de que ni la enfermedad, ni la jubilación, ni la residencia fuera de la comunidad de propietarios eximen a un comunero de la obligación de ejercer el cargo para el que ha sido designado, puede suceder en algunos casos que las propias comunidades establezcan unas exenciones para el desempeño de los cargos de la comunidad. Cuando no haya nada establecido al respecto, sólo el juez de primera instancia del lugar donde radique la comunidad podrá eximir del cargo y nombrar un sustituto.

Para que esto sea posible, será preciso que quien desee cesar en el cargo formule su solicitud al juez dentro del mes siguiente a su acceso al cargo. El juez resolverá si el propietario designado deberá seguir en el cargo o, si procede, nombrará al propietario que sustituirá al cesante.

📋 **¿El presidente puede delegar su cargo en otra persona de su confianza?**

La comunidad de propietarios sólo puede ser representada por el presidente de la comunidad, y este no tiene facultades para delegar sus funciones. De este modo, si no asiste a la reunión de la junta de propietarios, será presidida por el vicepresidente de la comunidad si lo hubiera y asistiera a la reunión. En caso contrario, la junta elegirá quién preside la reunión, que obligatoriamente será un propietario.

En cualquier caso, lo que sí puede delegar el presidente de la comunidad es la realización de algunas pequeñas gestiones internas, pero no el cargo ni sus funciones.

Como propietario, puede delegar su voto y representación en la junta en quien prefiera, aunque no sea propietario, al igual que el resto de los condueños.

¿Quién realiza la gestión contable de la comunidad?

En un alto porcentaje, las comunidades de propietarios confían la gestión contable al presidente de la comunidad.

El presidente no necesita tener conocimientos contables para ocupar tal cargo y poderlo desarrollar con toda facilidad, pero le es imprescindible un adecuado asesoramiento; por ello, cuando el tamaño de la comunidad lo aconseje, suele solicitarse asesoramiento de un administrador de fincas.

El cargo de presidente deberá ser siempre ejercitado por uno de los copropietarios, de manera que están excluidos del cargo de presidente los inquilinos del inmueble. Por otra parte, la LPH no establece ninguna dispensa a los propietarios que no habiten en el edificio o que tengan los pisos alquilados, por lo que deberán ejercer el cargo cuando fueran elegidos.

En cualquier caso, es importante consultar los estatutos de la comunidad, ya que es posible que los mismos hayan dispensado a dichos propietarios en el cargo de presidente o en los demás órganos de gobierno.

Finalmente, tal y como se ha comentado anteriormente, si el propietario designado lo desea, podrá solicitar su relevo al juez de primera instancia, quien resolverá conforme criterios de equidad sobre su confirmación en el cargo o su relevo.

¿Qué sistema rige en las plazas de aparcamiento respecto a la designación del presidente?

En primer lugar será necesario consultar lo que se establece al respecto en los correspondientes estatutos que rigen la comunidad de propietarios. En caso de que no establezcan disposición alguna sobre el sistema de elección del presidente en el garaje, se estará a las siguientes reglas:

1. El presidente de la comunidad será nombrado por elección entre los propieta-

rios, mediante turno rotatorio o sorteo.

2. Salvo que los estatutos de la comunidad dispongan lo contrario, el nombramiento en el cargo de presidente se realizará por un año.

3. El nombramiento será obligatorio, si bien el propietario designado podrá solicitar el relevo en el mes siguiente a su designación invocando las razones que le asistan para ello. El juez resolverá según criterios de equidad, confirmando el cargo o bien designando a otro propietario.

Los vicepresidentes

Su existencia es opcional y no obligatoria. Su nombramiento será igual que en el caso del presidente. Las funciones del vicepresidente consisten en sustituir al presidente en los casos de ausencia, vacante o imposibilidad, así como asistirlo en el ejercicio de sus funciones en los términos que establezca la junta de propietarios.

El secretario

Las funciones principales del secretario son realizar las citaciones para las juntas, velar porque en ellas se cumplan los requisitos legales, levantar acta de las reuniones de la junta, reflejarlas en el libro de actas, realizar notificaciones, expedir certificaciones de los acuerdos de la junta y custodiar la documentación de la comunidad, especialmente el libro de actas.

La figura del secretario en el marco de la comunidad de propietarios, al igual que la del presidente o la del administrador, es obligatoria para las comunidades de más de cuatro miembros; es posible que la misma persona

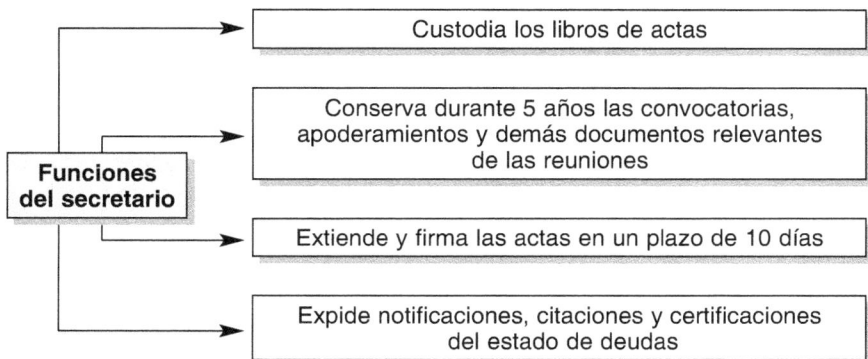

Funciones del secretario	
	Custodia los libros de actas
	Conserva durante 5 años las convocatorias, apoderamientos y demás documentos relevantes de las reuniones
	Extiende y firma las actas en un plazo de 10 días
	Expide notificaciones, citaciones y certificaciones del estado de deudas

desempeñe varios cargos simultáneamente, siempre y cuando lo admitan los estatutos comunitarios.

No es necesario que el elegido sea uno de los propietarios del inmueble: podrá ser designado como secretario una persona ajena a la comunidad.

Habitualmente, las funciones desempeñadas por este cargo están remuneradas.

El administrador

No es una figura que debe existir obligatoriamente; depende de lo que se recoja en los estatutos o de que la junta, por acuerdo mayoritario, quiera que exista. Puede ser ejercido por cualquier propietario, pero en el caso de que sea una persona física ajena a la comunidad debe acreditar cualificación profesional suficiente y legalmente reconocida.

Su nombramiento es para un año, aunque puede ser relevado de su cargo antes por acuerdo de la junta reunida en sesión extraordinaria.

Las funciones del administrador consisten en:

— velar por el buen régimen de la casa, sus instalaciones y servicios, y hacer a estos efectos las oportunas advertencias y apercibimientos a los titulares;

— preparar con la debida antelación el plan de gastos previsibles y someterlo a la junta, proponiendo los medios necesarios para hacerles frente;

— atender a la conservación y mantenimiento de la casa disponiendo las reparaciones y medidas que resulten urgentes, dando inmediata cuenta de ellas al presidente o, en su caso, a los propietarios;

— ejecutar los acuerdos adoptados en materia de obras y efectuar los pagos y realizar los cobros que sean procedentes;

— actuar, en su caso, como secretario de la junta y custodiar a disposición de los titulares la documentación de la comunidad;

— todas las demás atribuciones que le confiera la junta.

Puede desempeñar el cargo de administrador cualquier copropietario o cualquier administrador de fincas colegiado. Se elige por mayoría de la junta. Es práctica habitual que el cargo de administrador esté retribuido, dado el carácter del propio cargo y sus funciones. Normalmente, en la junta en que se elige al administrador, también se suele tratar sobre la cuantía de esta remuneración.

El administrador, por razón de su cargo, tiene responsabilidades, ha de actuar con la diligencia debida y siempre considerando los intereses de la comunidad. Si de sus actuaciones resultara daño o culpa, tanto para los intereses generales de la comunidad, los propietarios en particular, o bien para terceras personas, el administrador deberá responder tanto civil como penalmente.

Los colegios profesionales de administradores de fincas velan por los derechos de los copropietarios ante cualquier actuación irregular de estos profesionales, por lo que debe acudirse a ellos en caso de reclamación. Además, el administrador puede ser destituido por acuerdo mayoritario de la junta convocada con carácter extraordinario.

☐ **¿Quiénes pueden desempeñar los cargos de administrador y secretario de una comunidad de vecinos?**

☐ El cargo de administrador y de secretario puede recaer en la misma persona, sea un propie-

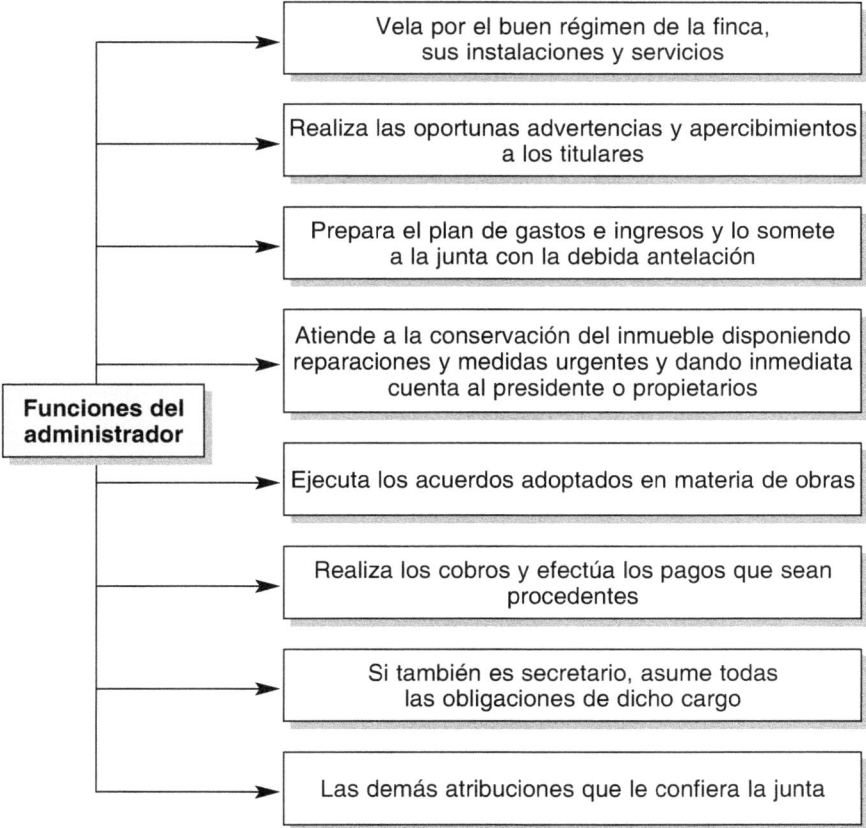

Funciones del administrador

- Vela por el buen régimen de la finca, sus instalaciones y servicios
- Realiza las oportunas advertencias y apercibimientos a los titulares
- Prepara el plan de gastos e ingresos y lo somete a la junta con la debida antelación
- Atiende a la conservación del inmueble disponiendo reparaciones y medidas urgentes y dando inmediata cuenta al presidente o propietarios
- Ejecuta los acuerdos adoptados en materia de obras
- Realiza los cobros y efectúa los pagos que sean procedentes
- Si también es secretario, asume todas las obligaciones de dicho cargo
- Las demás atribuciones que le confiera la junta

tario u otra persona ajena a la comunidad.

La LPH considera tres posibilidades para el ejercicio de este puesto:

— que sea administrador uno de los propietarios;
— que el cargo lo ocupe un profesional cualificado;
— que una corporación u otra persona jurídica se encargue del ejercicio del cargo.

El administrador no tendrá que asumir responsabilidad alguna por los daños y perjuicios que se puedan haber ocasionado por su actuación si esta obedecía a un mandato expreso de la junta de propietarios, ya que en este caso serán los propietarios los responsables.

En cualquier caso, sí tendrá que responder por los daños que haya causado en el ejercicio de su cargo de forma negligente, descuidada o imprudente. De igual modo, responderá por los daños ocasionados cuando estos se debieran a una conducta intencionadamente dañosa.

Asimismo, si la junta de propietarios adopta un acuerdo ilegal, el administrador deberá advertir a los vecinos acerca de los riesgos que dicho acuerdo entraña, sin que en ningún momento pueda negarse a darle cumplimiento; de este modo, si los propietarios desoyen las advertencias del administrador, posteriormente no le podrían pedir responsabilidades futuras por los eventuales daños que se hubieran causado, y quedaría excluido de responsabilidad alguna.

📋 **¿Por cuánto tiempo se elige al administrador de una comunidad de propietarios? ¿Su función está retribuida?**

📋 El cargo se desempeña durante un año prorrogable por periodos de igual duración o por el tiempo que señalen los estatutos; por sus propias características, es un cargo retribuido.

Celebración de las juntas

Convocatoria de una junta de propietarios

La reunión de los copropietarios de un edificio constituido en régimen de propiedad horizontal requiere normalmente una citación previa, por lo que hay que proceder a la convocatoria de la junta.

El único caso en que podrá reunirse la junta sin convocatoria previa será cuando concurran todos los propietarios y así lo decidan, supuesto que en la actualidad sólo tiene lugar en los casos de propiedad horizontal con pocos propietarios y en aquellos en los que existan relaciones de amistad o familiares.

En los demás casos, que es lo más habitual en las grandes ciudades, se exige el cumplimiento de los requisitos legales.

El convocante

Según la Ley de Propiedad Horizontal, la convocatoria debe hacerse ordinariamente por el presidente, pero permite también que sea solicitada por la cuarta parte de los propietarios o un número de estos que representen al menos un 25 % de las cuotas; y si su petición no es atendida por el presidente, autoriza que la convoquen los «promotores de la reunión». Al usar la forma disyuntiva de «número de propietarios» o «representantes del 25 % de las cuotas» puede darse el caso de que si uno solo de los copropietarios ostenta ese 25 % de la participación, pueda ser solicitante de la junta y, en su caso, convocante de la misma.

☐ **¿Quién puede convocar una reunión de la junta de propietarios?**

☐ — El presidente de la comunidad;
— todos los propietarios del inmueble;
— la cuarta parte de los propietarios del inmueble;
— cualquier propietario del inmueble en caso de que se convoque la junta constituyente (la primera convocatoria).

DILIGENCIA ACREDITATIVA DE LA COMUNICACIÓN DE UNA CONVOCATORIA DE JUNTA (EN EL TABLÓN DE ANUNCIOS)

DILIGENCIA:

Para hacer constar que después de que se acordara convocar la Junta ... [Ordinaria o Extraordinaria] de esta Comunidad para el día ... de... a las ... en primera convocatoria y a las ... en segunda convocatoria ... no puede notificarse a Don/Doña ... propietario/a de ... [vivienda, local, plaza de garaje, trastero, etc.] de este edificio, a pesar de todos los intentos que hicieron el Presidente y el Secretario de esta comunidad a lo largo de los días ... del ..., y como no ha designado otro domicilio, se procede a notificar la convocatoria de este modo.

[Indicar la fecha]
[Insertar el texto íntegro de la convocatoria, incluido el orden del día]

Firma del Secretario   Firma del Presidente de la Comunidad

PETICIÓN DE CELEBRACIÓN DE LA JUNTA

Al Sr. Presidente ...

Los abajo firmantes son copropietarios del edificio sito en ... calle ... y sus cuotas de participación superan el 25 % del total, por cuya razón e interés, al amparo del artículo 16.1 de la Ley de Propiedad Horizontal, exigen de Ud. la convocatoria de Junta Extraordinaria, para tratar como orden del día las siguientes cuestiones:

1.º ...
2.º ...
3.º ...

Al mismo tiempo, le manifiestan que en caso de no convocarla en plazo de ... días se procederá a convocarla por los mismos firmantes de la presente. Le saludan atentamente,

... [Indicar nombres, viviendas de cada uno y su porcentaje]

NOTA:

Si el presidente no convoca la junta solicitada, podrán convocarla los peticionarios anteriores.

Es conveniente añadir al final de la convocatoria lo siguiente: «Esta convocatoria se realiza por haber desatendido el Presidente la petición que le fue dirigida con fecha ... cuya fotocopia se acompaña».

Contenido de la convocatoria

La convocatoria deberá expresar quién convoca la reunión, los asuntos que se vayan a tratar y el lugar, día y hora de celebración en primera y en segunda convocatoria. Asimismo se acompañará de una relación de los propietarios que no se hallen al corriente de deudas vencidas y una advertencia de la privación del derecho de voto si concurren los requisitos previstos en la ley.

Cualquier propietario podrá solicitar que la junta de propietarios estudie y se pronuncie sobre cualquier tema de interés para la comunidad; a tal efecto preparará un escrito en el que se especifiquen claramente los asuntos que pide que sean tratados, y lo dirigirá al presidente, el cual los incluirá en el orden del día de la siguiente junta que se celebre.

INDICACIÓN DE LOS ASUNTOS QUE TRATAR

La junta anual ordinaria

En la junta anual ordinaria, que se ha de reunir una vez al año, se han de fijar necesariamente entre los asuntos que tratar:

CONTENIDO PRINCIPAL DE LAS CONVOCATORIAS A LAS JUNTAS

Las convocatorias de las reuniones de las juntas de propietarios se realizan por escrito, y en ellas se establecen:

— fecha de envío;
— identificación de la comunidad;
— identificación de la persona que convoca la reunión de la junta;
— lugar, día y hora en que se deberá celebrar la reunión en primera y en segunda convocatoria;
— indicación de si se trata de una reunión ordinaria o extraordinaria;
— impreso para la delegación de la representación;
— orden del día;
— relación de los propietarios que no estén al corriente en el pago de las deudas vencidas a la comunidad de propietarios (a los efectos de su limitación del derecho al voto);

a) *La aprobación de los presupuestos.* La obligación de contribuir a los gastos que tiene cada propietario con arreglo a su cuota de participación ha de ser objeto de un presupuesto elaborado con la debida antelación por el administrador; se somete a la junta el plan de gastos previsibles y se proponen los medios necesarios para hacerles frente.

Los gastos que se han de incluir en el presupuesto ordinario son los generales para el adecuado sostenimiento del inmueble, sus servicios, tributos, cargas y responsabilidades que no sean susceptibles de individualización.

b) *La aprobación de las cuentas.* Corresponde a la junta anual ordinaria aprobar las cuentas correspondientes.

El administrador es un mandatario de los propietarios, con un mandato concreto y determinado, y en consecuencia no puede eximirse de la obligación que le impone el Código Civil de dar cuenta de sus operaciones y abonar al mandante cuanto haya recibido en virtud del mandato, aun cuando lo recibido no se debiera al segundo. Para el cumplimiento de esta obligación de rendir cuentas, debe tener a disposición de los titulares la documentación de la comunidad.

Las juntas extraordinarias

Las juntas extraordinarias pueden ser tantas como se considere necesarias, puesto que pretender reducir el número de juntas a un número determinado sería tanto como limitar el legítimo derecho de los propietarios a deliberar cuantas veces lo estimen necesario.

En la convocatoria no basta con indicar en el orden del día «asuntos generales», ni «estudio de la situación actual de la junta o de la situación de la comunidad» u otras fórmulas vagas semejantes, sino que hay que extender la convocatoria con indicación de los asuntos que tratar, sin cuyo requisito pueden considerarse nulos los acuerdos de la junta que se refieran a asuntos que no han sido incluidos en el orden del día.

LUGAR, DÍA Y HORA
EN QUE SE CELEBRARÁ LA JUNTA

La LPH no se pronuncia al respecto del lugar de celebración de la junta, salvo que dicho lugar debe indicarse en las citaciones. Por tanto, su omisión puede dar motivo a la impugnación de la citación por falta de ese requisito esencial.

El problema puede surgir en inmuebles donde la mayoría de los propietarios decidan celebrar la junta en otra población —supuesto que se da con frecuencia en poblaciones de veraneo—, por mayor comodidad para ellos, pero con la grave incomodidad que puede suponer el desplazamiento de los propietarios que residen en la misma ciudad donde radica el inmueble. En este caso, es evidente que ese grave obstáculo es motivo para impugnar la validez de tal junta.

Otro supuesto sería la celebración de la reunión de la junta de propietarios fuera del inmueble —por ejemplo en una sala de reuniones, en un cine, etc.— pero dentro de la misma población. En este caso, deberá examinarse si la elección del lugar es un grave obstáculo para la asistencia de algún copropietario.

Para evitar problemas de este tipo, sería conveniente que en los reglamentos de régimen interior de las comunidades se previera el lugar de celebración de las reuniones de la junta. En las comunidades grandes y algunas de nueva construcción suele reservarse en la planta baja o semisótano un local destinado a ese efecto.

La Ley de Propiedad Horizontal no exige expresamente que hayan de ser hábiles la hora y el día de la celebración de la junta; no obstante, el presidente no puede señalar horas intempestivas ni días inhábiles si hay propietarios que no están conformes con ellas (también podría ser motivo de impugnación de acuerdos que se adoptasen sin su conocimiento).

📖 **¿Las reuniones de la junta de propietarios se han de realizar en horas y días hábiles?**

📖 Aunque la ley no lo exige expresamente, está claro que el presidente no puede señalar horas intempestivas ni días inhábiles si hay propietarios que no están de acuerdo.

De este modo, la convocatoria de reuniones en horas intempestivas o días inhábiles podrá servir de base para la impugnación de acuerdos que se adoptasen sin el conocimiento de estos propietarios que se hubieran opuesto a la celebración de la reunión por tal motivo.

📖 **¿Dónde deberá celebrarse la reunión de la junta de propietarios?**

📖 La LPH no especifica en qué lugar debe convocarse la reunión de la junta, por lo que en principio se puede afirmar que será el señalado en el título constitutivo o en los estatutos. En otro caso, en el lugar que designe el presidente o los promotores de la reunión.

Los plazos de la convocatoria

La citación para la junta ordinaria anual se hará, al menos, con seis días de antelación, y para las extraordinarias, con la que sea posible para que pueda llegar a conocimiento de todos los interesados. La junta podrá reunirse válidamente aun sin la convocatoria del presidente, siempre que concurran la totalidad de los propietarios y así lo decidan. Es posible modificar en los estatutos el plazo de antelación para las juntas ordinarias, siempre y cuando no baje de los seis días que establece la LPH.

Para algunos autores, el plazo de antelación para las juntas ordinarias, al no ser de carácter procesal, ha de computarse teniendo en cuenta tanto los días hábiles como los inhábiles; por el contrario, otros autores consideran que tiene efectos análogos a los de tipo procesal.

El plazo de los seis días se contará desde que el presidente notifique a los propietarios por escrito la citación para la junta.

Si en la citación está prevista una primera y una segunda convocatoria, entre ambas debe transcurrir un intervalo mínimo de media hora; es posible ampliar el intervalo entre una y otra a más de 24 horas, e incluso puede ampliarse a varios días. No obstante, sería posible admitir la impugnación si se dedujera que la ampliación del intervalo se llevó a cabo para evitar la votación de determinados titulares, sabiendo previamente que les era imposible concurrir a la junta por cualquier circunstancia.

Si en la citación no se previó la segunda convocatoria y no se celebró la primera, debe existir una nueva convocatoria con los mismos requisitos que la primera. No es necesario, en este caso, la antelación de seis días, sino de tres, a la fecha de la reunión; esta última deberá ser convocada dentro de los ocho días siguientes a la fecha de la junta no celebrada.

Para las juntas extraordinarias rigen las mismas normas que son aplicables a las juntas ordinarias, con la salvedad anteriormente expuesta: la citación debe efectuarse con la antelación que sea posible para que pueda llegar a conocimiento de todos los interesados.

___

☐ **¿Cuándo se celebrará la reunión de la junta en segunda convocatoria?**

☐ Si a la reunión de la junta de propietarios no concurren, en primera convocatoria, la mayoría de los propietarios que represente a su vez la mayoría de las cuotas de participación, se procederá a una segunda convocatoria de la misma sin sujeción a quórum. La junta se reunirá en segunda convocatoria en el lugar, día y hora indicados en la primera citación, pudiendo celebrarse el mismo día si hubiese transcurrido media hora de la anterior. En su defecto, podrá ser nuevamente convocada, dentro de los ocho días naturales siguientes, cursándose en este caso las citaciones con una antelación mínima de tres días.

___

☐ **¿Cabe conceder un plazo mayor para las juntas ordinarias si el domicilio de algún propietario se encuentra en otra población?**

☐ La doctrina mayoritaria ha afirmado que sí es posible, pues parte de una aplicación analógica de lo dispuesto en la LPH en cuanto a las reuniones extraordinarias, ya que estas se convocarán «con la antelación que sea posible para que pueda llegar a su conocimiento».

Puede suceder que la convocatoria sea defectuosa, es decir, que la citación contenga errores o que sea incompleta, por ejemplo, si no se respetan los plazos que median entre la entrega de la citación y la celebración de la asamblea; en este supuesto, los propietarios que no asistieron a la reunión de la junta de propietarios no quedan vinculados a los acuerdos adoptados; sin embargo, si esos acuerdos se les comunican correctamente, según las formalidades legales, y estos propietarios no impugnan en el plazo legal, deberán someterse a lo acordado.

Si todos los propietarios se reúnen de forma improvisada, sin que medie una convocatoria en regla, pueden adoptarse acuerdos válidos, pues la presencia de todos los vecinos basta para legitimar las votaciones.

Citaciones y notificaciones

La Ley de Propiedad Horizontal no establece la forma que debe adoptar la citación a efectos de convocatoria, por lo que puede utilizarse la notarial, la realizada por carta certificada, el telegrama, etc. Lo fundamental es demostrar que esta citación se ha llevado a cabo para evitar posibles impugnaciones alegando un defecto de convocatoria. De ahí que se recomienda que la citación se realice notarialmente o por telegrama cuando la importancia de los asuntos que tratar lo merezca. En otros casos, se recomienda la carta certificada, cuidando de notificar después de modo claro y fehaciente el acuerdo adoptado.

La citación, por tanto, debe realizarse por escrito; es aconsejable que se haga por duplicado recogiendo la firma del propio interesado o de un familiar, empleado, arrendatario o incluso el portero del inmueble —si no se encuentra a nadie en el piso o local— advirtiéndole de la obligación de hacerla llegar al destinatario.

La jurisprudencia ha considerado válida una citación que ha sido realizada personalmente a través de las convocatorias publicadas en el tablón de edictos instalado en el inmueble, sin que la falta de notificación especial de los acuerdos anule su contenido; la norma contenida en los estatutos los declara obligatorios para todos los condueños, aunque no hayan asistido a la sesión.

El Tribunal Supremo admite la junta que es convocada por el presidente a través del administrador de la comunidad, y distingue entre el acuerdo de la convocatoria, que ineludiblemente corresponde al presidente, y el llevar a la práctica este acuerdo, que puede hacerlo el secretario o administrador por delegación.

En todo caso, la citación la debe firmar el presidente, el secretario o administrador por delegación de aquel, o los propietarios promotores. Las cita-

CONVOCATORIA DE JUNTA DE PROPIETARIOS

DON ..., Presidente de la Junta de Propietarios correspondiente al edificio en régimen de propiedad horizontal sito en la calle ..., de la localidad de ..., convoca a los propietarios a la JUNTA GENERAL ORDINARIA, que tendrá lugar el próximo día ... de ... de ... a las ... horas en primera convocatoria y a las ... en segunda, en el vestíbulo de la finca, con el siguiente orden del día:

1. Lectura y aprobación, si procede, del acta de la reunión anterior.
2. Examen y aprobación, si procede, del estado de cuentas del ejercicio de ...
3. Presupuesto del año ... y aprobación si procede.
4. Renovación de cargos de la Junta Rectora.
5. Ruegos y preguntas.

V.° B.°   El Secretario
El Presidente

NOTAS IMPORTANTES

a) Conforme a lo dispuesto en el artículo 16.2 de la Ley de Propiedad Horizontal, se hace constar que por no hallarse al corriente en el pago de la deuda vencida a la Comunidad, se advierte que serán privados del derecho de voto, si se dan los supuestos previstos en el artículo 15.2, los siguientes propietarios:

Titular	Departamento	Coeficiente
...	...	...

b) La reunión se celebrará legalmente en segunda convocatoria cualquiera que sea el número de propietarios presentes o representados. Si un propietario no asiste ni está representado, su voto podría considerarse favorable al acuerdo adoptado por la mayoría, transcurridos 30 días naturales desde la comunicación de los acuerdos sin manifestar su discrepancia.

ciones por escrito se entregarán en el domicilio que hubiera designado cada propietario y, en su defecto, en el piso o local a él perteneciente.

📃 **¿Dónde ha de notificar el presidente la convocatoria de una junta cuando el propietario no reside en la comunidad?**

📃 Todo propietario tiene derecho a que se le notifique la convocatoria de las reuniones de la junta de propietarios en su domicilio. A estos efectos será válida la notificación realizada o intentada en el domicilio sito en el inmueble en que la comunidad radique, salvo que el propietario en cuestión haya comunicado al presidente o al secretario de la comunidad, por cualquier medio fehaciente, un domicilio distinto en que deban practicarse las notificaciones y emplazamientos; en ese caso, será en este último domicilio en el que deberán practicarse estas notificaciones al propietario interesado.

La fijación de un domicilio a efectos de citación tiene como base una sentencia del Tribunal Supremo, según la cual, para «los efectos procesales, no se entiende por domicilio exclusivamente el real y efectivo o de hecho, sino que lo es también el que las partes hayan fijado en el contrato». Esa misma sentencia del Tribunal Supremo clarifica que el requisito del domicilio tiene una doble finalidad: garantizar que el destinatario recibe la notificación o citación, y asegurar al que hace la citación o requerimiento que no habrá entorpecimientos en los trámites por cambios de residencia o mala fe.

Aun cuando la designación del domicilio sea equivocada o falsa, o cuando las calles o edificios hayan desaparecido, se hayan transformado o hayan variado su nombre o numeración, se sobreentiende que sigue vigente el domicilio fijado.

Ocurre con bastante frecuencia que algunos propietarios asistentes a las juntas, con objeto de evitar discusiones o porque advierten que no van a lograr su objetivo, prefieren marcharse antes de que terminen. Al respecto, el Tribunal Supremo ha declarado que quien conociendo la petición y el acuerdo que se proyecta no manifiesta una voluntad discrepante, queda vinculado por el mismo.

Cuando las citaciones se han producido sin el debido cumplimiento de las formalidades legales podemos distinguir varios supuestos:

a) Si a pesar de no cumplirse los requisitos formales asisten a la junta los propietarios afectados o sus representantes, las citaciones han de estimarse como válidas.

b) Si no se cumpliesen esos requisitos, los propietarios no asistentes no quedarán obligados por los acuerdos que se adopten. Pero si esos acuerdos se adoptan y son notificados a dichos propietarios ausentes sin que estos se opongan dentro del plazo de los treinta días

COMUNICACIÓN DEL DOMICILIO DONDE SE DESEAN RECIBIR LAS CITACIONES Y NOTIFICACIONES

Sr. D. ...
Secretario de la Comunidad de Propietarios
Calle ...
[Población y Código Postal]

[Lugar y fecha]

Muy Señor mío:

El motivo de la presente es para indicarle que como propietario del [piso, local, trastero, plaza de garaje, etc.] del edificio sito en la calle ..., número ..., de ..., le comunico que para recibir las citaciones, notificaciones y comunicaciones en general que me dirija la comunidad de propietarios de ese edificio, designo como domicilio el del piso sito en la calle ... n.° ... de ...

Fdo:
[Nombre y apellido y DNI]

Firma

de un modo fehaciente o por la presentación de la correspondiente impugnación, también habrán de quedar firmes y producirán todos sus efectos.

La ley establece que es obligación de los propietarios comunicar al secretario de la comunidad, por cualquier medio que permita tener constancia de su recepción, el domicilio a efectos de citaciones y notificaciones de toda índole. Si esto no se produce, se tendrá por domicilio para citaciones y notificaciones el piso o local perteneciente a la comunidad, surtiendo efectos jurídicos las entregadas al ocupante del mismo.

Citaciones y notificaciones

Lugar

- El domicilio situado en España que haya designado el propietario
- Si no hay domicilio designado: la vivienda o local del edificio
  - Es válida la realizada al ocupante del mismo

Subsidiariamente

- Se entiende como realizada la notificación o citación si se coloca en el tablón de anuncios habilitado al efecto

Si intentada una citación o notificación al propietario fuese imposible localizarlo en el lugar prevenido, se entenderá realizada mediante la comunicación correspondiente en el tablón de anuncios de la comunidad, siempre y cuando esté visible y sea de uso general habilitado a tal efecto, con diligencia expresiva de los motivos por los que se procede a esta forma de notificación, firmada por el secretario y con el visto bueno del presidente.

La ley también impone al secretario de la comunidad la obligación de custodiar los libros de actas de la junta de propietarios y la obligación de conservar en un plazo de cinco años las convocatorias, comunicaciones, apoderamientos y demás documentos relevantes de las reuniones.

Aunque la ley no lo prevé, lo más prudente será siempre realizar todas las comunicaciones por un medio que deje constancia de su recepción; puede tratarse de una comunicación personal realizada por el secretario en la que conste la firma del propietario, bien a través de correo con acuse de recibo, o por burofax certificado y con acuse de recibo.

Asistencia a las juntas

La convocatoria tiene por finalidad que los distintos propietarios de los pisos y locales asistan a la junta y contribuyan a formar la voluntad colectiva de la comunidad.

Los propietarios podrán asistir a la junta personalmente o por medio de un representante legal o voluntario —mandatario o apoderado—, teniendo en cuenta que en el caso de asistencia por medio de apoderado no es necesario un poder notarial, sino que bastará un escrito firmado por el propietario para acreditar tal representación.

La asistencia a la junta de propietarios será personal o por representación voluntaria, bastando para acreditarla un escrito firmado por el propietario representado.

Si el piso o local pertenece en pro indiviso a varios propietarios, estos deberán designar a uno de ellos para asistir a la junta. Si está en usufructo, corresponderá al nudo propietario la asistencia a la junta y el ejercicio del derecho de voto en la misma.

En tales casos, el nudo propietario se entiende representado por el usufructuario, salvo que se trate de adoptar acuerdos que requieran unanimidad o acuerdos de obras y mejoras extraordinarias, caso en el que la delegación a favor del usufructuario deberá ser expresa.

⬜ **¿Qué se tiene en cuenta en el momento de computar los votos?**

⬜ Por cada piso hay un único voto. Si una persona es propietaria de varios pisos, tiene un solo voto, pero la cuota de participación es la suma de todos los pisos que tenga en propiedad.
Cuando se trata de reclamar algo a un propietario, el voto de este no se computa.

DELEGACIÓN DE VOTO

En mi calidad de propietario del departamento ... de la Comunidad de Propietarios ... y al no serme posible la asistencia personal a la reunión, convocada para el próximo día 22 de febrero de 2003, y conociendo el Orden del Día de la misma, por la presente delego mi voz y voto a favor del Sr./Sra.: ... [adjuntar fotocopia del DNI de la persona autorizante].

En ..., a ... de ... de ....

Por tanto, si algún piso o local pertenece a diferentes propietarios, estos nombrarán un representante para asistir y votar en las juntas, con lo que será suficiente que acuda uno solo de los propietarios. Si no pudieran acudir, podrán designar a otro vecino para que les represente.

Limitaciones en el derecho de voto

La reforma de la LPH ha introducido una importante novedad que modifica el principio general según el cual todos los propietarios tienen derecho a participar en la junta y a votar.

Así, el derecho al voto que asiste a todos los propietarios ha sido limitado: los morosos han perdido el derecho a voto en las juntas hasta que no paguen sus deudas o las consignen judicialmente; conservan, sin embargo, el derecho a asistir a la asamblea y a participar en las deliberaciones.

Los propietarios que en el momento de iniciarse la junta no se encontrasen al corriente de pago de todas las deudas y no las hubiesen impugnado o consignado legalmente, podrán participar en sus deliberaciones, pero no tendrán derecho a voto.

Por tanto, los propietarios que al iniciarse la reunión de la junta adeuden a la comunidad cuotas vencidas, sólo tendrán derecho a votar si han impugnado judicialmente esas cuotas pendientes o las han consignado notarial o judicialmente.

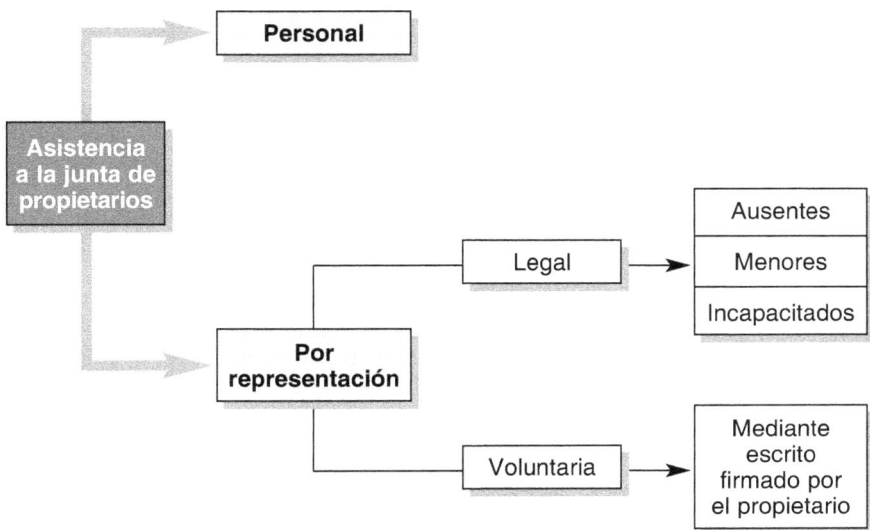

La adopción de acuerdos
por la junta de propietarios I

Los acuerdos de las juntas no constituyen propiamente reglas o normas de la comunidad, salvo cuando aprueban los estatutos —por unanimidad— o el reglamento de régimen interior —por mayorías—; sin embargo, ocasionalmente los acuerdos de las juntas deciden sobre aspectos concretos de trascendencia comunitaria, obligan a los comuneros, temporal o permanentemente, mientras el contenido del acuerdo no se revoque.

Los acuerdos que son susceptibles de entrar en este apartado son aquellos que se refieren a las mismas materias que pueden ser objeto de tratamiento tanto por los estatutos como por el reglamento de régimen interior, que ambos recogen sistemáticamente contemplando de la manera más amplia posible la conveniencia comunitaria.

Sin embargo, nada impide que, por carecer de estatutos o de reglamento de régimen interior o por darse un supuesto que ellos no habían previsto, la junta de propietarios supla tales carencias mediante la adopción de acuerdos concretos cuya vigencia puede mantenerse indefinidamente, tanto porque así se acuerde como porque su contenido se refiera a una situación de futuro de duración indefinida. Lo que no impide, obviamente, que estos acuerdos puedan ser dejados sin efecto, modificados o sustituidos por otros tan pronto como la junta lo decidiera con el quórum legalmente señalado.

La LPH regula la toma de decisiones de la comunidad a través de su órgano más representativo: la junta de propietarios. Esa voluntad comunitaria se forma mediante los acuerdos de la junta de propietarios, que se sujetan fundamentalmente a cuatro normas básicas:

— la unanimidad;
— las mayorías especiales;
— la mayoría simple;
— la decisión judicial.

Los acuerdos válidamente adoptados obligan a todos los copropietarios, y sus consecuencias jurídicas y económicas afectan también a todos, independientemente de la opinión, voto o voluntad individual de cada uno de ellos.

El principio general de unanimidad. Excepciones

La modificación del régimen de mayorías para la adopción de acuerdos constituye, sin ninguna duda, la principal innovación de la Ley de Propiedad Horizontal en lo que se refiere a las relaciones de vecindad, y posiblemente sea también una de las más esperadas por los ciudadanos que cada día han soportado situaciones abusivas por parte de convecinos, sin que existieran mecanismos judiciales suficientemente ágiles y efectivos para su corrección.

Antes de la reforma, en los supuestos en que la ley exigía la unanimidad y, por lo tanto, confería un derecho de veto a cada vecino, se hacía necesario hasta ahora alegar y acreditar un abuso de derecho para impedir las conductas más lesivas con las que una minoría no perseguía los intereses de la comunidad, sino simplemente un perjuicio malicioso e irracional de otros convecinos, generalmente una amplia mayoría.

Así, la nueva LPH ha optado por armonizar la convivencia vecinal pacífica en las comunidades y el derecho de propiedad individual —o de aprovechamiento horizontal— de cada uno de sus integrantes.

La Ley de Propiedad Horizontal dicta las reglas sobre la adopción de acuerdos:

1. La unanimidad sólo será exigible para la validez de los acuerdos que impliquen la aprobación o modificación de las reglas contenidas en el título constitutivo de la propiedad horizontal o en los estatutos de la comunidad.

El establecimiento o supresión de los servicios de ascensor, portería, conserjería, vigilancia u otros servicios comunes de interés general, incluso cuando supongan la modificación del título constitutivo o de los estatutos, requerirá el voto favorable de las tres quintas partes del total de los propietarios que, a su vez, representen las tres quintas partes de las cuotas de participación. El arrendamiento de elementos comunes que no tenga asignado un uso específico en el inmueble requerirá igualmente el voto favorable de las tres quintas partes del total de los propietarios que, a su vez, representen las tres quintas partes de las cuotas de participación, así como el consentimiento del propietario directamente afectado, si lo hubiere.

Sin perjuicio de lo dispuesto en los artículos 10 y 11 de esta ley, la realización de obras o el establecimiento de nuevos servicios comunes que tengan por finalidad la supresión de barreras arquitectónicas que dificulten el acceso o movilidad de personas con minusvalía, incluso cuando impliquen la modificación del título constitutivo, o de los estatutos, requerirá el voto favorable de la mayoría de los propietarios que, a su vez, representen la mayoría de las cuotas de participación.

A los efectos establecidos en los párrafos anteriores de esta norma, se computarán como votos favorables los de aquellos propietarios ausentes de la junta, debidamente citados, quienes una vez informados del acuerdo adoptado por los presentes, conforme al procedimiento establecido en el artículo 9, no manifiesten su discrepancia por comunicación a quien ejerza las funciones de secretario de la comunidad en el plazo de 30 días naturales, por cualquier medio que permita tener constancia de la recepción.

Los acuerdos válidamente adoptados con arreglo a lo dispuesto en esta norma obligan a todos los propietarios.

2. La instalación de las infraestructuras comunes para el acceso a los servicios de telecomunicaciones regulados en el Real Decreto Ley 1/1998, de 27 de febrero, o la adaptación de los existentes, así como la instalación de sistemas, comunes o privativos, de aprovechamiento de la energía solar, o bien de las infraestructuras necesarias para acceder a nuevos suministros energéticos colectivos podrá ser acordada, a petición de cualquier propietario, por un tercio de los integrantes de la comunidad que representen, a su vez, un tercio de las cuotas de participación.

Los acuerdos de la junta de propietarios pueden ser aprobados por unanimidad —cuando todos los copropietarios presentes están de acuerdo con el mismo— o por mayoría —en este caso habrá propietarios que voten en contra o se abstengan—.

Cuando los acuerdos no puedan lograrse por estos procedimientos, porque las discusiones en la reunión de la junta de propietarios llegan a tal punto que no avanzan en ninguna dirección —bien sea por la inasistencia a las reuniones que impide la adop-

ción de algún acuerdo, o la formación de mayorías válidas—, el procedimiento a seguir es el denominado *juicio de equidad*.

En este juicio, el juez, a instancia de cualquier propietario, suplirá los acuerdos de la junta, decidiendo por ella e inclinando la balanza en una u otra dirección.

El régimen general para que la junta de propietarios adopte acuerdos está regido por la LPH, y se desglosa en las siguientes reglas:

1. *Aprobación o modificación de las reglas contenidas en el título constitutivo de la propiedad horizontal o en los estatutos de la comunidad.* Este tipo de acuerdos, como son la modificación de las cuotas de participación o del sistema de reparto de gastos comunes, las obras que modifiquen el título constitutivo o los estatutos, la aprobación o modificación de estatutos o la división o segregación de pisos, requieren unanimidad.

2. *Acuerdos que no afecten al título constitutivo ni a los estatutos.* Este tipo de acuerdos, como son la aprobación de ingresos y gastos, el nombramiento y cese de cargos, la aprobación de obras de mejora o la decisión de ejercer acciones judiciales, se aprueban por mayoría.

3. *Supuestos especiales:*
   3.1. *El establecimiento o supresión de los servicios de ascensor, portería, conserjería, vigilancia u otros servicios comunes de interés general, aunque supongan*

la modificación del título constitutivo o los estatutos: requerirán el voto favorable de 3/5 partes del total de los propietarios que, a su vez, representen las 3/5 partes de las cuotas de participación.

3.2. *El arrendamiento de elementos comunes que no tengan asignado un uso específico en la finca:* requerirá la misma mayoría y el consentimiento del propietario afectado.

3.3. *La realización de obras o el establecimiento de nuevos servicios comunes que supongan la supresión de barreras arquitectónicas que dificulten el acceso o movilidad de minusválidos:* requerirán el voto favorable de la mayoría de los propietarios que representen a su vez la mayoría de las cuotas de participación, aunque modifiquen el título constitutivo o los estatutos.

3.4. *La instalación de infraestructuras comunes para el acceso a servicios de telecomunicación o la adaptación de los existentes, así como la instalación de sistemas comunes o privativos de aprovechamiento de energía solar, o para acceder a nuevos suministros energéticos colectivos:* podrán ser acordados, a petición de cualquier propietario, por 1/3 de los miembros de la comunidad que representen a su vez 1/3 de cuotas de participación. Pero no se podrá repercutir el coste de la adaptación o instalación ni de sus mantenimientos a los propietarios que no hubiesen votado expresamente a favor. Si posteriormente solicitasen su acceso a ellos, deberán abonar el importe que les hubiese correspondido, actualizado con el interés legal del dinero.

Una importante cuestión que resuelve la Ley de Propiedad Horizontal es la que se plantea cuando, ante un acuerdo que exige unanimidad, votan en este sentido todos los propietarios presentes y representados, pero el quórum de asistencia y participación no era de todos los copropietarios ni el del 100 % de las cuotas de participación.

En este caso, se establece la posibilidad de conseguir lo que se denomina *unanimidad tácita* o *consentimiento presunto*, distinguiendo entre la presencia física y la presencia legal de los no asistentes, notificados con posterioridad y siempre que se cumplan los siguientes requisitos:

a) Citación en regla a todos los propietarios en el domicilio que hayan designado en España; en otro caso se les debe notificar en el piso o local correspondiente.

b) Celebración válida de la junta.

c) Aprobación por unanimidad de los asistentes del acuerdo o acuerdos de que se trate.

d) Notificación a los no asistentes de modo fehaciente y detallado del

Régimen de mayorías para adopción de acuerdos en la junta de la comunidad de propietarios

Modificación de los estatutos →	Aprobación por unanimidad

Establecimiento o supresión de servicios (ascensor, portería, conserjería, vigilancia, etc.) y arrendamiento de elementos comunes →	3/5 partes del total de propietarios que deben representar 3/5 partes de las cuotas

Eliminación de barreras arquitectónicas →	Mayoría de los presentes que representen la mayoría de las cuotas

Instalación de nuevos sistemas de telecomunicaciones, aprovechamiento de energía solar, sistemas energéticos colectivos, etc. →	1/3 parte de las cuotas (los propietarios que voten en contra no estarán obligados al pago de estos servicios)

Acuerdos de ordinaria administración →	Mayoría absoluta en primera convocatoria
	Mayoría simple en segunda convocatoria

NOTAS:

1. Se entiende que los propietarios ausentes votan favorablemente a los acuerdos adoptados siempre que no manifiesten su oposición por cualquier medio que permita su constancia en el plazo de treinta días naturales desde que se les informó de tales acuerdos.

2. En segunda convocatoria serán válidos los acuerdos adoptados por la mayoría de asistentes que representen a su vez la mayoría de las cuotas presentes.

acuerdo adoptado por los presentes, es decir, la realizada por notario, la judicial, en un acto de conciliación, y también la llevada a cabo por medio de convocatoria publicada en el tablón de anuncios instalado en el inmueble, por telegrama e, incluso, por una simple carta si a ella contesta el destinatario. La notificación detallada no precisa la transcripción literal, sino que basta con que se haga saber de una manera fehaciente el acuerdo sin dar lugar a confusión o equívocos.

e) El transcurso del plazo de un mes, a contar desde dicha notificación sin manifestar discrepancia.

Como puede deducirse, la LPH ha satisfecho las exigencias de la sociedad, que había puesto de manifiesto que la inasistencia de un solo propietario negligente era suficiente para entorpecer acuerdos de indudable necesidad común, y se ha dado un gran paso en atender los intereses de la mayoría dando cabida al consentimiento presunto.

☐ **¿Qué acuerdos de la junta de propietarios requieren unanimidad?**

☐ Los acuerdos que impliquen la aprobación o modificación de las reglas contenidas en el título constitutivo (la escritura) o en los estatutos si los hubiese.
De los acuerdos que deben adoptarse por unanimidad, destacamos los siguientes:

— establecimiento de las cuotas de participación de los pisos o locales;
— modificación del sistema de cuotas de participación por uno de partes iguales;
— división de un piso o local;
— supresión de servicios de la finca;
— alteración de elementos comunes, por ejemplo la piscina, escaleras, calefacción central, etc.;
— cualquier modificación de lo establecido en las escrituras o estatutos;
— elevación de nuevas plantas y cualquier obra o construcción en la estructura o zonas comunes del edificio, excepto aquellas que tengan por objeto la supresión de barreras arquitectónicas para la movilidad de personas con discapacidad.

Aprobación y modificación del título constitutivo

Para la validez de los acuerdos que implican la aprobación inicial de las reglas del título constitutivo de la propiedad horizontal se requiere siempre unanimidad.

Cuando se constituye el régimen de propiedad horizontal, el título constitutivo ha de ser necesariamente una escritura pública, con la concurrencia de todos los interesados y acuerdo unánime de todos ellos. Normalmente, esta escritura se otorga por el propietario único del edificio antes de iniciar las ventas de los distintos pisos o locales. En ese caso, es obvia la unanimidad. Lo mismo ocurre en el supuesto de ser varios propietarios en indivisión del inmueble. La unanimidad y la necesaria comparecencia en escritura pública de todos es evidente.

En ninguno de los anteriores supuestos es aplicable el consentimiento tácito que prevé la LPH, sencillamente porque la propiedad horizontal todavía no existe.

También se precisa la unanimidad para proceder a la modificación o alteración del título constitutivo o de los estatutos de la comunidad. Sin embargo, en este caso sí es posible el consentimiento tácito o presunto.

📃 **¿Qué acuerdos modifican el título constitutivo de la propiedad horizontal o los estatutos de la comunidad?**

📃 Aquellos acuerdos que se refieren a la modificación de las cuotas de participación o del sistema de reparto de gastos comunes, los acuerdos para la realización de obras en el edificio que conlleven una alteración en la estructura del edificio —y por consiguiente, una modificación del título constitutivo o los estatutos—, los acuerdos para la división o segregación de pisos, etc.

Todos estos acuerdos requieren siempre la aprobación por unanimidad.

Alteraciones en la estructura del edificio

La construcción de nuevas plantas y cualquier otra alteración de la estructura del edificio o de las cosas comunes afectan al título constitutivo y deben someterse al régimen establecido para sus modificaciones.

Para ello, es necesario que exista un acuerdo unánime de los propietarios que fije la naturaleza de la modificación, las alteraciones que origine en la descripción de la finca y de los pisos o locales, la variación de cuotas y el titular o titulares de los nuevos locales o pisos.

Se produce una alteración en la estructura del edificio en los siguientes casos:

— división material de pisos o locales para formar otros más reducidos o independientes;
— aumento o agrupación de otros colindantes del mismo edificio;
— disminución de los pisos o locales por segregación de alguna parte. Se exigirá unanimidad en el acuerdo de la junta cuando se vean afectados los elementos comunes;
— elevación de nuevas plantas.

La jurisprudencia ha ampliado la relación anteriormente expuesta, entre otros, a los siguientes supuestos:

— abertura de comunicación con edificio contiguo;
— conversión en privativa la vivienda del portero;

— transformación de jardín en aparcamiento;
— instalación de tubos o chimeneas por patio de luces;
— transformación de un patio en elemento privativo;
— cambio de destino de locales comunitarios;
— instalación de aparatos de aire acondicionado en fachada, muro exterior, azotea o patio interior del edificio;
— unión material de dos locales de la misma propiedad;
— cerramiento de modo definitivo de terraza privativa;
— desafectación de la terraza como elemento común.

Además del acuerdo unánime de los propietarios, este tipo de obras deberá ajustarse a las ordenanzas municipales y a las leyes que afectan a determinados edificios.

La realización de alteraciones en la configuración externa del inmueble, o de su estructura, puede obligar a actualizar lo establecido en el título constitutivo; por eso, quien pretenda la realización de tales obras deberá recabar el consentimiento unánime de todos los propietarios del inmueble en cuanto a los siguientes aspectos:

— la determinación de la naturaleza exacta de la modificación;
— el nuevo reparto de las cuotas de participación si es que el tipo de alteración lo requiere;
— las formas de pago establecidas para las obras.

Si a la junta convocada al efecto no asisten todos los propietarios, los ausentes disponen de un plazo de treinta días naturales para mostrar su oposición. Si transcurre este plazo sin que hayan manifestado su discrepancia, el acuerdo entrará en vigor.

¿Qué modificaciones en la estructura del edificio no precisan de un nuevo reparto de cuotas?

Alteraciones de poca importancia, tales como modificaciones en las puertas de acceso a los pisos, construcción de una marquesina, la abertura o el tapiado de puertas y ventanas en la fachada, etc.

En cualquier caso, si bien estas modificaciones no alteran las cuotas de participación, sí requieren el consentimiento unánime de los propietarios del inmueble.

¿Es necesaria la unanimidad para autorizar a unos vecinos que desean dividir su piso en dos apartamentos?

La división de un piso en otros, o la agregación de un piso a otros pisos, se debe acordar por unanimidad de la junta de propietarios, es decir, será necesario que todos los propietarios presentes o representados en la junta previamente convocada a tal efecto estén conformes con el acuerdo y que no exista oposición alguna dentro del plazo legalmente establecido.

La comunidad, una vez aprobada la modificación, desarrollará un texto de segregación fijando los coeficientes de participación que serán posteriormente inscritos en el Registro de la Propiedad.

Acuerdos ordinarios de administración

La adopción de los acuerdos ordinarios de administración, es decir, los no comprendidos en los apartados anteriores, están regulados por la ley.

Para la validez de estos acuerdos bastará —en primera convocatoria— el voto de la mayoría del total de propietarios que, a su vez, representen la mayoría de las cuotas de participación.

En segunda convocatoria será suficiente la mayoría simple o relativa de propietarios asistentes, siempre que esta represente, a su vez, más de la mitad del valor de las cuotas de los presentes.

La diferencia entre la adopción de un acuerdo en primera o segunda convocatoria reside en que si el acuerdo se acuerda en primera convocatoria deben asistir la mayoría de los propietarios que representen, a su vez, la mayoría de las cuotas de participación; los tomados en segunda convocatoria se adoptan sin sujeción al quórum de asistencia.

📋 **¿Cómo se adoptan los acuerdos de ordinaria administración que no afectan al título constitutivo ni a los estatutos?**

📋 Este tipo de acuerdos, como son la aprobación de los presupuestos de ingresos y gastos, el nombramiento y cese de cargos, la aprobación de obras de mejora o la decisión de ejercer acciones judiciales, se aprueban por mayoría.

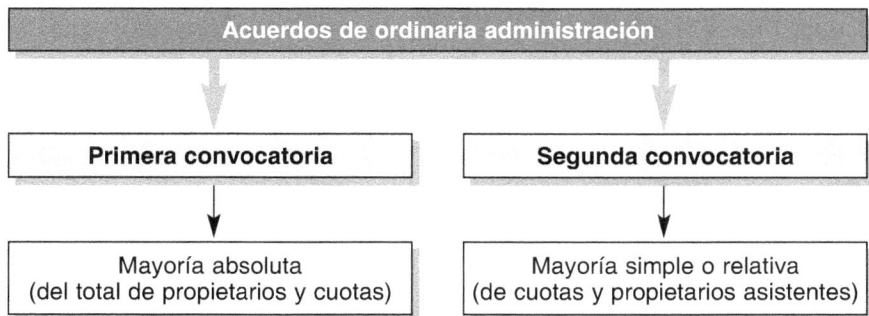

Acuerdos de ordinaria administración	
Primera convocatoria	**Segunda convocatoria**
Mayoría absoluta (del total de propietarios y cuotas)	Mayoría simple o relativa (de cuotas y propietarios asistentes)

La adopción de acuerdos
por la junta de propietarios II

La instalación o supresión de servicios comunes de interés general

La Ley de Propiedad Horizontal dispone textualmente:

> El establecimiento o supresión de los servicios de ascensor, portería, conserjería, vigilancia u otros servicios comunes de interés general, incluso cuando supongan la modificación del título constitutivo o de los estatutos, requerirá el voto favorable de las tres quintas partes del total de los propietarios que, a su vez, representen las tres quintas partes de la cuota de participación.

Esta norma se configura como una primera excepción a la regla general de la unanimidad en los acuerdos de la junta de propietarios, que simplifica la adopción de los acuerdos al requerir una mayoría sustancialmente inferior.

Los servicios comunes de interés general

La ley establece una serie de ejemplos concretos que no constituyen una enumeración exhaustiva de los servicios comunes de interés general. Son los servicios de ascensor, portería, conserjería y vigilancia (sin duda alguna se trata de los servicios más frecuentemente establecidos en las comunidades de propietarios); sin embargo, hay innumerables servicios que encajan en la definición legal, como son, por ejemplo, las piscinas comunitarias, aparcamientos, sistemas de aire acondicionado, calefacción, etc.

Por definición, el concepto *servicio común* alude a cualquier elemento personal (portero, conserje, vigilante, jardinero, etc.) o inmobiliario (ascensor, piscina, portero automático, etc.) capaz de proporcionar alguna utilidad adicional a la edificación dividida horizontalmente.

Para que concurra el denominado *interés general* es necesario que la utilidad o el provecho del servicio no quede limitado a unos pocos propietarios, sino que afecte globalmente a todos ellos.

Ningún propietario puede exigir nuevas instalaciones de las ya existentes, ya que para el establecimiento de estas será necesario el voto favorable de las tres quintas partes del total de los propietarios que, a su vez, representen las tres quintas partes de la cuota de participación.

Cuando se adopten válidamente acuerdos para realizar innovaciones no exigibles y cuya cuota de instalación exceda del importe de tres mensualidades ordinarias de gastos comunes, el disidente no quedará obligado ni tampoco se modificará su cuota. Y si el disidente desea en cualquier momento participar en la mejora, tendrá que abonar su cuota en los gastos de realización y mantenimiento además del correspondiente interés legal.

La comunidad, en caso de que se llegue al acuerdo de realizar nuevas instalaciones, servicios o mejora, no podrá repercutir su coste ni los gastos derivados de la cuota de conservación a todos aquellos propietarios que expresaron su voto en contra, aunque, no obstante, si solicitasen el acceso a los servicios de telecomunicaciones, suministros energéticos o uso de estas nuevas instalaciones en general, podrán autorizárselo, siempre y cuando abonen el importe que les hubiera correspondido, debidamente actualizado, con la aplicación del interés legal correspondiente.

☐ **¿Qué acuerdos de la junta de propietarios pueden ser aprobados por mayoría de tres quintos?**

☐ Aquellos acuerdos destinados

al establecimiento o supresión de servicios de ascensor, portería, conserjería, vigilancia u otros servicios comunes de interés general, así como el arrendamiento de elementos comunes que no tengan asignado un uso específico en el inmueble, habrán de ser acordados por la junta de propietarios por mayoría de tres quintas partes de los propietarios que representen, a su vez, las tres quintas partes de las cuotas de participación del total del inmueble.

De este modo, la instalación del ascensor y el establecimiento de servicios de portería, conserjería y vigilancia, u otros servicios comunes considerados de interés general, pueden acordarse en los siguientes términos:

• Si el acuerdo obtiene, por lo menos, el voto favorable de las tres quintas partes de los propietarios que representen a su vez las tres quintas partes de las cuotas de participación, el acuerdo permitirá el establecimiento de estos servicios obligando a toda la comunidad, incluidos los propietarios disidentes, que deberán contribuir económicamente a la creación y mantenimiento del nuevo servicio.

• Si el acuerdo obtuviera sólo el voto de la mayoría de los propietarios, se podrían instaurar estos servicios tratando la cuestión como si de una innovación o mejora se tratara. De este modo, los propietarios disidentes quedarían exentos de participar económicamente siempre y cuando la cuota de instalación que les correspondiera superara la suma de tres mensualidades ordinarias de gastos comunes.

• Finalmente, si los partidarios de crear este nuevo servicio están en minoría, estos podrán considerar la posibilidad de reclamarlo como mejora necesaria y «requerida para la habitabilidad del inmueble», siempre y cuando se den las circunstancias que permiten calificarlas de ese modo.

📋 **¿Qué acuerdos de la junta pueden ser aprobados por la mayoría de los propietarios?**

📋 Por mayoría total de los propietarios de la finca, que representa la mayoría de las cuotas de participación, se adoptarán los siguientes acuerdos:

— realización de obras o servicios para suprimir barreras arquitectónicas que dificulten el acceso o movilidad a personas con discapacidad, incluso cuando impliquen la modificación del título constitutivo o de los estatutos;
— nombramiento del presidente, secretario, administrador, portero y personal de limpieza;
— uso de los elementos comunes;
— obras de conservación;
— reparaciones;
— aprobación de presupuestos

y cuentas de gastos;
— aprobación de todo aquello que se pueda alterar sin contradecir lo dispuesto en el título constitutivo ni en los estatutos.

En segunda convocatoria serán válidos los acuerdos adoptados por la mayoría de los asistentes, siempre que esta represente, a su vez, más de la mitad del valor de las cuotas de los presentes.

Eliminación de barreras arquitectónicas

La reforma de la ley en 1999 y en 2003 ha llevado aparejado un avance importante en cuanto a la legislación sobre barreras arquitectónicas. A la luz de la vigente normativa, la realización de obras o el establecimiento de nuevos servicios comunes que tengan por finalidad la supresión de barreras arquitectónicas que dificulten el acceso o movilidad de personas con minusvalía, incluso cuando impliquen la modificación del título constitutivo o de los estatutos, requerirá el voto favorable de la mayoría de los propietarios que, a su vez, representen la mayoría de las cuotas de participación.

La comunidad, a instancia de los propietarios en cuya vivienda vivan, trabajen o presten sus servicios altruistas o voluntarios personas con discapacidad, o mayores de setenta años, vendrá obligada a realizar las obras de accesibilidad de los elementos comunes que sean necesarias para un uso adecuado a su discapacidad o para la instalación de dispositivos mecánicos y electrónicos que favorezcan su comunicación con el exterior, cuyo importe total no exceda de tres mensualidades ordinarias de gastos comunes.

Cuando se adopten válidamente acuerdos para la realización de obras de accesibilidad, la comunidad quedará obligada al pago de los gastos aun cuando su importe exceda de tres mensualidades ordinarias de gastos comunes.

📖 **¿Cuál es la mayoría exigida para crear una rampa que permita la entrada a un discapacitado?**

📖 Cuando un acuerdo de la junta de propietarios tenga por finalidad suprimir las barreras arquitectónicas que dificultan el acceso o movilidad de personas con discapacidad, será suficiente el voto favorable de la mayoría de los propietarios que, a su vez, representen la mayoría de las cuotas de participación.

📖 **¿Pueden los discapacitados imponer que se eliminen las barreras arquitectónicas con cargo a la comunidad?**

📖 La comunidad, a instancia de los propietarios en cuya vivienda vivan, trabajen o presten sus servicios altruistas o voluntarios personas con discapacidad,

vendrá obligada a realizar las obras de accesibilidad de los elementos comunes que sean necesarias para un uso adecuado a su discapacidad o para la instalación de dispositivos mecánicos y electrónicos que favorezcan su comunicación con el exterior, cuyo importe total no exceda de tres mensualidades ordinarias de gastos comunes. Cuando se adopten válidamente acuerdos para la realización de obras de accesibilidad, la comunidad quedará obligada al pago de los gastos aun cuando su importe exceda de tres mensualidades ordinarias de gastos comunes.

Las innovaciones o mejoras

Hasta la reforma de la ley, la incorporación de mejoras en los elementos comunes de la propiedad horizontal distinguía entre:

a) *Mejoras útiles.* Los servicios o mejoras requeridos para la adecuada conservación y habitabilidad del inmueble se aprobaban por mayoría. Todos los propietarios estaban obligados a financiar estas mejoras.

b) *Mejoras suntuarias.* Las nuevas instalaciones, servicios o mejoras no requeridos para la adecuada conservación y habitabilidad del inmueble debían ser acordados por unanimidad o por mayoría, según afectaran o no al título constitutivo (por ejemplo, afectan al título los que comportan una alteración de la estructura o fábrica del edificio o de las cosas comunes). Estos acuerdos revestían una particularidad: aunque, en principio, los acuerdos vinculaban a todos, el disidente no estaba obligado a contribuir al pago de la innovación si su cuota excedía del importe de una mensualidad ordinaria de gastos comunes, aunque no se le pudiera privar de la ventaja; si después deseaba participar en la innovación, podía hacerlo conforme a la ley.

La principal modificación incorporada en esta materia por la LPH se refiere a que, a diferencia del anterior sistema, en la actualidad es posible que se produzcan alteraciones en la estructura o fábrica del inmueble o en los elementos comunes sin el acuerdo unánime de los propietarios, simplemente por mayoría cualificada.

Asimismo, se ha ampliado el límite de una mensualidad a tres mensualidades, con el que queda fijada la responsabilidad de los propietarios disidentes.

La comunidad tiene la obligación de mantener la finca en buen uso y conservación. Por ello está obligada a la realización de cuantas obras sean necesarias para el adecuado sostenimiento y conservación del inmueble y de sus servicios, de modo que reúna las debidas condiciones estructurales, de estanqueidad, habitabilidad y seguridad.

Se distinguen dos tipos de reparaciones en función de su carácter ordinario o extraordinario:

a) *Las reparaciones ordinarias.* Son consecuencia del normal uso del edificio; pueden llevarse a cabo sin necesidad de llegar a un acuerdo previo con los copropietarios, simplemente por iniciativa del administrador de la finca. Sería el caso de una avería en el ascensor del edificio. Para su reparación basta con que la empresa de mantenimiento del ascensor intervenga a instancias del administrador, que pagará con el dinero depositado en el fondo de reserva destinado expresamente a ese fin.

b) *Las reparaciones extraordinarias.* Tienen como finalidad poner remedio a los daños causados por un hecho imprevisto, como una explosión, una inundación o un incendio. En estos casos, el administrador adoptará las medidas urgentes para evitar males mayores; una vez finalizada su actuación, deberá dar cuenta inmediatamente a la junta de las medidas provisionales adoptadas. También es posible que un vecino se vea obligado a realizar una reparación en el inmueble por la vía de urgencia pagando los costes de su bolsillo. El vecino que actúa de este modo tiene derecho a que la comunidad le reintegre el dinero desembolsado por el bien común.

Además de las obras de reparación, la LPH prevé la realización de innovaciones, también denominadas *mejoras.*

Las innovaciones introducen cambios y mejoran la dotación del inmueble, convirtiéndolo en un lugar más moderno, seguro, cómodo y, en ocasiones, más lujoso. Por su carácter tan variado, podemos distinguir:

a) *Las innovaciones requeridas para la adecuada conservación y habitabilidad del inmueble.*

Este tipo de innovaciones permite que los vecinos se beneficien de los adelantos técnicos que se introducen en las nuevas construcciones, evitándose las incomodidades y los riesgos que comportan las viejas instalaciones.

Estas innovaciones pueden ser exigidas por cualquier vecino. La petición puede salir adelante con el voto de la mayoría de los propietarios; pero si no la obtuviera, el vecino interesado puede acudir al juez de primera instancia alegando que estas obras son necesarias para la adecuada conservación y habitabilidad del inmueble, y que son acordes con el rango del edificio, es decir, que la innovación interesada respeta la calidad y precio de los acabados existentes en el edificio.

Si el juez resuelve dictando que las innovaciones reclamadas son requeridas para la conservación y habitabilidad del inmueble, estas innovaciones pueden ser impuestas al resto de los vecinos.

🖵 ¿Cómo se financian las innovaciones requeridas para la adecuada conservación y habitabilidad del inmueble?

🖵 Este tipo de innovaciones han de ser financiadas por el conjunto de los vecinos, al margen de que hayan mostrado o no su discrepancia a la realización de tales obras.

Los pagos se harán en proporción a las cuotas de participación asignadas o con arreglo a un sistema de pago establecido para ese caso concreto.

🖵 ¿Qué mayoría es necesaria para proceder al cambio de los bajantes de los desagües de aguas una finca?

🖵 La LPH obliga a las comunidades de propietarios a realizar cuantas obras sean necesarias para el adecuado sostenimiento y conservación de la finca y de sus servicios, de modo que el edificio deberá reunir las condiciones de estanqueidad, estructurales, de habitabilidad y seguridad.

Para la realización de obras de reparación o conservación del edificio, basta el acuerdo de la mayoría de los propietarios que, a su vez, representen la mayoría de las cuotas de participación.

Los gastos generados por la realización de este tipo de obras irán a cargo de cada uno de los propietarios en proporción a sus respectivas cuotas de participación en la comunidad, y todos están obligados al pago.

b) *Las innovaciones no requeridas para la adecuada conservación y habitabilidad del inmueble, o no acordes con su rango.*

Estas innovaciones no son exigibles por ninguno de los vecinos; es decir, cualquier propietario puede solicitarlas al resto de los vecinos, pero no puede imponerlas, lo que sí podría hacer en el supuesto de que se tratara de mejoras necesarias.

Para su aprobación es necesario que la mayoría de los propietarios acuerden su realización. Estos propietarios deben asimismo representar más de la mitad de las cuotas de participación.

Puede suceder que una innovación deje inservible una parte del edificio para el uso y disfrute de uno o varios de los vecinos, o que les cause una grave incomodidad. En ese caso, la realización de las obras requerirá el expreso consentimiento del vecino o vecinos afectados.

Si las obras para realizar estas innovaciones son aprobadas por unanimidad, todos los propietarios contribuirán según sus cuotas de participación o según los pactos que se hayan acordado al efecto.

Si las obras se aprueban por mayoría simple, podemos encontrarnos en uno de estos dos supuestos:

— la cuota de instalación que corresponde abonar al disidente excede de tres mensualidades ordinarias de los gastos comunes: el vecino disidente queda exento del pago de la innovación;
— la cuota de instalación que corresponde abonar al disidente no excede de tres mensualidades: el disidente está obligado a abonar su cuota de instalación; queda obligado a contribuir a la creación de la mejora y también a su mantenimiento.

📃 **¿Todos los propietarios pueden hacer uso de las mejoras o innovaciones?**

📃 Distinguimos dos supuestos:

a) Cuando la mejora —ya sea por su situación o bien por su destino— no puede aislarse. Todos los vecinos, incluidos los que no contribuyeron a su financiación, tendrán derecho a usarla y a participar en la reglamentación de su uso.

b) Cuando la mejora es susceptible de ser usada por quienes votaron a favor de su realización y financiaron las obras.

En este caso, los disidentes sólo podrán beneficiarse de la mejora y participar en su reglamentación si abonan la parte que les hubiera correspondido en la instalación, así como los gastos que se originen en lo sucesivo según su cuota de participación.

Infraestructuras de telecomunicaciones y suministros energéticos

La instalación de infraestructuras comunes para el acceso a servicios de telecomunicación o la adaptación de los ya existentes, así como la instalación de sistemas de aprovechamiento de energía solar o para acceder a nuevos suministros energéticos colectivos, podrán ser acordados, a petición de cualquier propietario, por un tercio de los miembros de la comunidad que representen a su vez una tercera parte de las cuotas de participación. Pero no se podrá repercutir el coste de la adaptación o instalación ni de su mantenimiento a los propietarios que no hubiesen votado expresamente a favor.

Si posteriormente solicitasen el acceso a los mismos, deberían abonar el importe que les hubiese correspondido actualizado con interés.

¿Qué acuerdos de la junta pueden ser aprobados por un tercio de los propietarios?

— La instalación de infraestructuras comunes para el acceso a los servicios de telecomunicación regulados en el Real Decreto Ley 1/1998, de 27 de febrero, o la adaptación de los servicios ya existentes en la comunidad;
— la instalación de sistemas comunes o privados de sistemas de aprovechamiento de energía solar;

— la adaptación de las infraestructuras existentes para acceder a nuevos suministros de energía.

El coste de estos nuevos servicios solamente será satisfecho por aquellos vecinos que voten a favor. No obstante, si con posterioridad se solicitase el acceso a estos servicios de telecomunicaciones o a los suministros energéticos, y ello requiriera aprovechar las nuevas infraestructuras o las adaptaciones realizadas en las preexistentes, podrá utilizarse siempre que abonen el importe que les hubiera correspondido, debidamente actualizado con el correspondiente interés legal.

¿Es necesario el voto favorable de la mayoría de los propietarios para instalar una antena parabólica en la comunidad?

Para este tipo de acuerdos basta el voto favorable de un tercio de los propietarios que representen un tercio de las cuotas de participación de la comunidad. Pero entonces no se podrá repercutir la cuota del gasto en aquellos propietarios que hubiesen votado en contra.

Aun así, si los que votaron en contra solicitan tener acceso al servicio, deberán pagar la parte del gasto que les hubiera correspondido pero actualizada con el interés legal.

Requisitos para la validez de los acuerdos de la junta

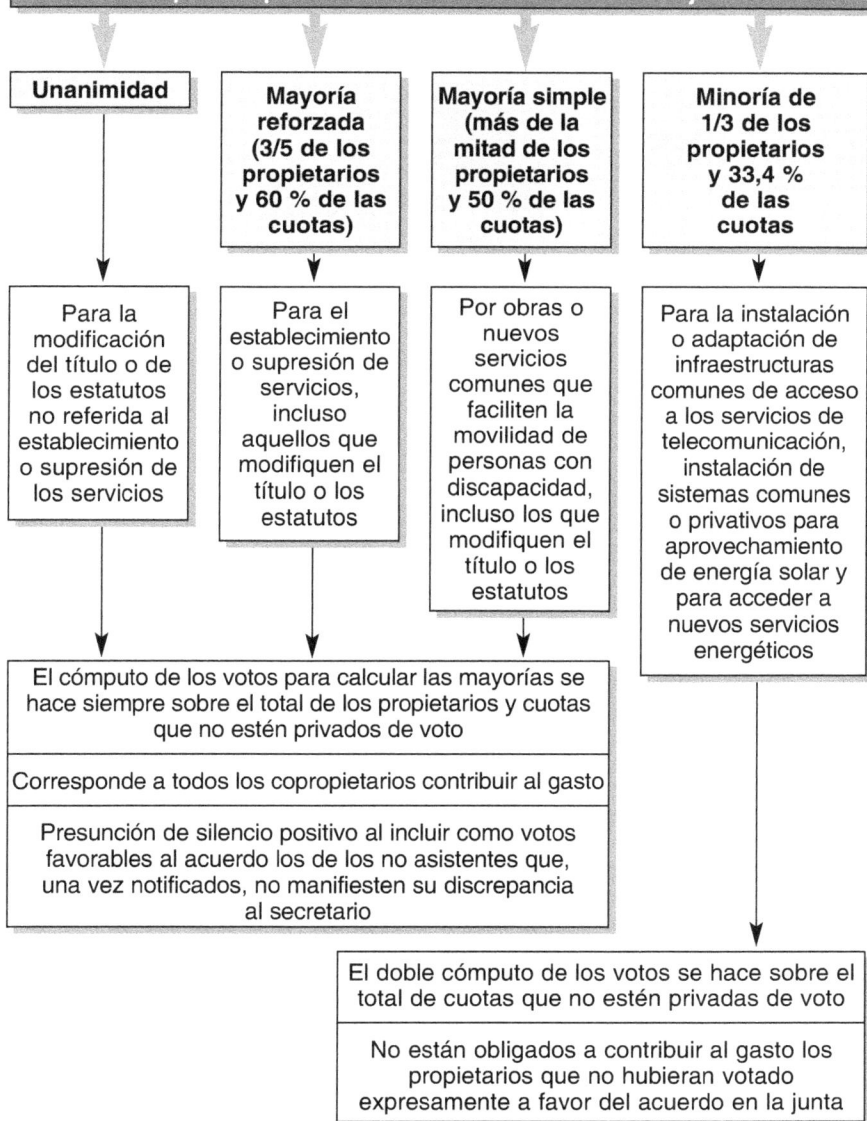

Unanimidad	**Mayoría reforzada (3/5 de los propietarios y 60 % de las cuotas)**	**Mayoría simple (más de la mitad de los propietarios y 50 % de las cuotas)**	**Minoría de 1/3 de los propietarios y 33,4 % de las cuotas**
Para la modificación del título o de los estatutos no referida al establecimiento o supresión de los servicios	Para el establecimiento o supresión de servicios, incluso aquellos que modifiquen el título o los estatutos	Por obras o nuevos servicios comunes que faciliten la movilidad de personas con discapacidad, incluso los que modifiquen el título o los estatutos	Para la instalación o adaptación de infraestructuras comunes de acceso a los servicios de telecomunicación, instalación de sistemas comunes o privativos para aprovechamiento de energía solar y para acceder a nuevos servicios energéticos

El cómputo de los votos para calcular las mayorías se hace siempre sobre el total de los propietarios y cuotas que no estén privados de voto

Corresponde a todos los copropietarios contribuir al gasto

Presunción de silencio positivo al incluir como votos favorables al acuerdo los de los no asistentes que, una vez notificados, no manifiesten su discrepancia al secretario

El doble cómputo de los votos se hace sobre el total de cuotas que no estén privadas de voto

No están obligados a contribuir al gasto los propietarios que no hubieran votado expresamente a favor del acuerdo en la junta

127

Régimen jurídico de las actas

Las actas: naturaleza, redacción y contenido

En el ámbito del derecho privado, tradicionalmente se ha definido *acta* como aquel documento en el que se recogen hechos, acontecimientos, declaraciones de voluntad o cualquier otro evento con trascendencia jurídica con el fin de facilitar una prueba fehaciente de los mismos.

El acta es esencialmente un documento privado, ya que viene firmada por el presidente y el secretario de la comunidad o por todos los propietarios asistentes. Sin embargo, viene admitiéndose también el acta notarial, es decir, aquella acta autorizada por notario —fedatario público— a requerimiento de los órganos de gobierno de la comunidad o de los propietarios asistentes a la junta.

El acta notarial no alcanza la condición de documento público aunque sea incorporada a un libro diligenciado por el registrador de la propiedad, como es el libro de actas de una comunidad de propietarios, ya que la intervención del notario no afecta a la categoría jurídica del documento.

La nueva LPH ha modificado de manera esencial lo relativo a la documentación de los acuerdos de la junta de propietarios mediante las correspondientes actas. También regula detalladamente las circunstancias mínimas que deben contener las actas de la junta de propietarios.

Los elementos que deben contener necesariamente todas las actas de juntas de propietarios son:

a) *La fecha y el lugar de celebración.* El acta de la junta de propietarios debe expresar el lugar donde se celebra la reunión y la fecha de la misma, es decir, hora, día, mes y año de celebración, que deben coincidir con los indicados en la convocatoria de la junta. El lugar no se refiere únicamente a la ciudad, sino también al lugar concreto de celebración, que debe coincidir con el de la convocatoria.

b) *El autor de la convocatoria.* Debe expresarse en el acta quién ha hecho la convocatoria, así como la relación de propietarios que la hayan promovido. Recordemos que la convocatoria de la junta de propietarios debe hacerla el presidente o, en su defecto, aquellos propietarios que promuevan la reunión. En la convocatoria deberá figurar el nombre del presidente si es él quien convoca la reunión de la junta, o bien, en su caso, los nombres de los propietarios que la promuevan. Asimismo, hay que tener en cuenta que cabe también una reunión de la junta de propietarios sin previa convocatoria, siempre que estén presentes la totalidad de los propietarios y estén de acuerdo en celebrarla.

Las normas de redacción y firma del acta de la junta de propietarios son imperativas, por lo que no cabe intervención de otras personas que no sean el presidente y el secretario de la comunidad, quienes deben autorizar y firmar dichas actas, sin que la falta de este requisito sea subsanable. No obstante, los órganos de gobierno de la comunidad o cualquier propietario —en los casos de convocatoria no presidencial— pueden requerir la asistencia de notario para levantar acta de presencia y constituir una prueba de lo acontecido en la junta de propietarios. Este documento público no se podrá incorporar al libro de actas de la junta, ya que no se trata de un acta en sentido escrito.

c) *Su carácter ordinario o extraordinario y la indicación sobre su celebración en primera o segunda convocatoria.* Debe expresarse en el acta de la junta si la reunión se ha cele-brado en primera convocatoria o si ha tenido lugar en segunda convocatoria por no existir el quórum suficiente en la primera. Si bien el carácter de la junta puede deducirse de los acuerdos adoptados en la propia junta, es importante consignar si el acuerdo ha sido adoptado en primera o segunda convocatoria, puesto que el quórum de asistencia y votación es distinto.

Recordemos que la convocatoria ha de expresar el día y la hora de la primera convocatoria y de la segunda. Ambas pueden tener lugar el mismo día, con una diferencia mínima de media hora entre ambas.

d) *Relación de todos los asistentes y sus respectivos cargos, así como los propietarios representados con indicación de sus cuotas de participación.* El acta debe recoger la relación de los propietarios que asisten personalmente a la junta y los que asisten representados por otra persona, debiendo indicarse el nombre y apellidos del propietario, la vivienda o local de que es propietario y la cuota de participación que le corresponde en la comunidad. Estos datos son importantes a fin de determinar la validez del quórum de asistencia y de votación.

Asimismo, también debe identificarse a los propietarios privados del derecho de voto, con indicación de su persona y cuota no computable a los efectos de alcanzar las mayorías que sean legalmente exigidas.

e) *El orden del día.* Debe recogerse en el acta el orden del día de la junta, de conformidad con lo que conste en la convocatoria de la misma. Es requisito elemental que los acuerdos que se adopten por la junta de propietarios se refieran exclusivamente a los puntos indicados en el orden del día de la reunión. Cualquier acuerdo adoptado fuera del orden del día es susceptible de impugnación y, por tanto, puede ser declarado nulo.

f) *Los acuerdos adoptados, con indicación, en caso de que fuera relevante para la validez del acuerdo, de los nombres de los propietarios que hubieran votado a favor y en contra, así como de las cuotas de participación que respectivamente representen.* Los acuerdos de la junta de propietarios se reflejarán en un libro de actas diligenciado por el registrador de la propiedad en la forma que reglamentariamente se disponga.

El acta deberá cerrarse con las firmas del presidente y del secretario al terminar la reunión o dentro de los diez días naturales siguientes. Una copia del acta se remitirá después a todos los propietarios.

Los defectos o errores que contenga el acta serán subsanables antes de la siguiente junta, aunque desde el cierre del acta los acuerdos adoptados serán ejecutivos, salvo que la ley previera lo contrario.

CONTENIDO DEL ACTA

El acta de cada reunión de la junta de propietarios deberá expresar, al menos, las siguientes circunstancias:

— fecha de entrega de la última citación;
— fecha y lugar de celebración de la reunión;
— autor de la convocatoria y, en su caso, los propietarios que la hubieran promovido;
— carácter ordinario o extraordinario;
— indicación sobre su celebración en primera o segunda convocatoria;
— relación de todos los asistentes y sus respectivos cargos, así como de los propietarios representados, con indicación, en todo caso, de sus cuotas de participación;
— orden del día de la reunión: una relación ordenada de los asuntos discutidos;
— acuerdos adoptados, con indicación, en caso de que ello fuera relevante para la validez del acuerdo, de los nombres de los propietarios que hubieran votado a favor y en contra de los mismos, así como de las cuotas de participación que respectivamente representen;
— las observaciones que se juzguen dignas de mención.

Las actas serán transcritas al correspondiente libro de actas por el secretario de la comunidad, indicando el nombre de los propietarios que hubiesen votado a favor y en contra de cada acuerdo, así como de las cuotas de participación que representen respectivamente.

Con el fin de evitar la consumación de acuerdos ilegales, cualquier copropietario puede impugnar el acta o algún acuerdo por vía judicial. Si no hubiese estado presente en la junta pese a haber sido adecuadamente citado, dispone de un plazo de treinta días naturales para impugnar el acuerdo desde que se le notifique. En caso contrario se entiende como voto favorable.

☐ **¿Quién levanta el acta de una reunión de la junta de propietarios?**

☐ Corresponde al propio presidente, si no existiese secretario nombrado al efecto, la redacción del acta, porque es a dicho presidente a quien corresponde actuar como secretario si los estatutos no determinan otra cosa o los propietarios no acuerdan elegir a otras personas.

☐ **¿Basta con que el acta sea firmada por el presidente y el secretario?**

☐ La mayor parte de las actas están simplemente firmadas por el presidente y el secretario, y a

lo sumo, por dos propietarios más a los que se denomina delegados de los restantes.

Esta práctica habitual no es correcta, ya que el acta, precisamente por ser tal, ha de ir firmada por todos los asistentes, y debe entenderse que si no está firmada por todos, cualquiera de ellos podría impugnarla si no se le hubiera notificado el acuerdo adoptado, pues el plazo de caducidad se cuenta desde esa notificación.

Comunicación de los acuerdos a los propietarios ausentes

El acta de la reunión de la junta de propietarios debe remitirse a los propietarios presentes y a los ausentes por los procedimientos establecidos en la ley. La notificación a los propietarios no asistentes se debe realizar de modo fehaciente y detallando el acuerdo adoptado por los presentes. Se distingue entre:

— *la formal notificación fehaciente*, es decir, la realizada por un notario o la realizada en un acto de conciliación;
— *la fehaciencia de la notificación*, es decir, cuando la notificación se lleva a cabo por medio de convocatoria publicada en el boletín de anuncios instalado en el inmueble, por telegrama e incluso se admite la notificación por simple carta si a ella contesta el destinatario.

ACTA DE JUNTA
DE PROPIETARIOS

En ..., a ...

Se celebra una reunión extraordinaria de la Junta de Propietarios correspondiente a la Comunidad de Propietarios del edificio ...

La Junta ha sido convocada por el Presidente de la Junta de Propietarios, Don ..., a instancia de los propietarios que se indican a continuación:

...

...

La reunión tiene lugar en segunda convocatoria por no existir quórum suficiente en la primera convocatoria.

Asisten personalmente a la Junta los siguientes propietarios:

Don ..., propietario de la vivienda ..., con una cuota de ...

Don ..., propietario de la vivienda ..., con una cuota de ...

Asisten a la Junta por medio de representante los siguientes propietarios:

Don ..., propietario de la vivienda ..., con una cuota de ..., representado por Don ..., propietario de la vivienda ...

El orden del día de la Junta, de acuerdo con la convocatoria efectuada, es el siguiente:

1.° ...

2.° ...

Después de debatir sobre los asuntos incluidos en el orden del día, la Junta de Propietarios ha adoptado los siguientes acuerdos:

1.° ...

Votan a favor Don ... y Don ..., que representan en conjunto el ... por ciento de las cuotas de participación en la comunidad.

Votan en contra del acuerdo adoptado Don ... y Don ..., que representan en conjunto el ... por ciento de las cuotas de participación en la comunidad.

Efectuada la votación, el Presidente de la Junta de Propietarios proclama el resultado de la misma y el Secretario lee en voz alta esta acta en presencia de los asistentes, tras lo cual firman al pie del acta el Presidente y el Secretario de la Junta de Propietarios.

Firma del Presidente   Firma del Secretario

NOTIFICACIÓN DE ACUERDOS AL PROPIETARIO AUSENTE

Sr. D. ... propietario del piso ... de la casa ...

Muy Sr. mío:
Cumpliendo lo prevenido en el párrafo segundo de la norma tercera del artículo 19 de la Ley de Propiedad Horizontal, le notifico que en la Junta celebrada el día ..., a la que fue previamente convocado y no asistió personalmente ni por delegación, se adoptó en primera [o segunda] convocatoria por mayoría [o unanimidad, en su caso] lo que a continuación se detalla:

1.° ... [transcripción literal del acuerdo o acuerdos adoptados]

Asimismo se le informa de que todos los acuerdos aquí relacionados le vincularán tácitamente, de conformidad con lo previsto en la citada ley, si en el plazo de treinta días a partir de que reciba la presente notificación no manifestara de forma fehaciente su disconformidad.
Atentamente,

En la ciudad de .., a ... de ...

Firmado: el Presidente

Recibí el original

Firmado: el propietario

NOTIFICACIÓN FEHACIENTE DEL ACUERDO ADOPTADO POR LA JUNTA AL PROPIETARIO AUSENTE UTILIZANDO EL ACTO DE CONCILIACIÓN

Al Juzgado [de Primera Instancia o de Paz, del lugar en que radique el inmueble].

Don ..., Presidente de la Junta de Propietarios del inmueble ..., con domicilio en ..., ante el Juzgado comparezco y como mejor proceda en derecho, DIGO:

Que pido se cite a celebrar la correspondiente conciliación a Don ..., con domicilio en ..., para que se dé por notificado y se avenga a reconocer:

1. Que con fecha ... fue convocada Junta general de propietarios [ordinaria o extraordinaria] con objeto de discutir el siguiente orden del día: [transcripción literal]. Junta a la que no asistió ni personalmente ni por delegación.
2. Que en dicha Junta se adoptó el siguiente acuerdo [o acuerdos]: ... [transcripción].
3. Que se dé por notificado de dicho acuerdo al amparo de lo previsto en el párrafo segundo de la norma tercera del artículo 19 de la Ley de Propiedad Horizontal.

Por lo expuesto,

SUPLICO AL JUZGADO que teniendo por presentada esta papeleta de demanda con sus copias, se digne señalar día y hora para la celebración del correspondiente acto de conciliación, procediendo a citar a las partes, y expida certificación literal de lo que allí suceda.

En ... a .... de ....

Fdo.: el Presidente

La notificación detallada no implica que se transcriban literalmente los acuerdos adoptados en el documento que sirva de notificación al propietario ausente, sino que es suficiente con que se ponga en su conocimiento el acuerdo con palabras suficientemente expresivas y sin dar lugar a confusión o equívocos.

La importancia de esta comunicación reside en que los copropietarios conozcan la redacción definitiva del acta y su contenido, y con ello, puedan tomar las medidas que consideren oportunas para, en su caso, impugnar los acuerdos.

📋 **¿Cómo se pueden conseguir las mayorías necesarias cuando a la junta de propietarios asisten muy pocos vecinos?**

📄 La actual LPH establece la obligación que tiene todo propietario de notificar a la comunidad un domicilio a efectos de notificaciones; de no hacerlo, serán válidas las notificaciones que se practiquen en el piso o local en cuestión.

Los votos de los propietarios no asistentes se considerarán como favorables si, una vez notificados del acuerdo, no manifiestan su discrepancia en el plazo de treinta días naturales. Por tanto, es muy importante para los propietarios de segundas viviendas —en lugares costeros o de montaña—, comunicar un domicilio para notificaciones, el de su lugar de residencia, para evitar que sean válidas las notificaciones que se practiquen en la segunda vivienda, normalmente desocupada.

Cierre del acta: subsanación y validez

El acta deberá cerrarse con las firmas del presidente y del secretario al terminar la reunión o dentro de los diez días naturales siguientes. Desde su cierre, los acuerdos serán ejecutivos, salvo que la ley previera lo contrario.

En el caso en que en la reunión de la junta se acuerde el nombramiento de presidente y secretario, serán los salientes quienes firmen el acta, ya que fueron ellos quienes presidieron la reunión.

El plazo de diez días establecido para llevar a cabo la redacción del acta de la junta obedece a que, en la práctica, difícilmente se redactan las actas al finalizar la reunión. Así se evita que transcurra un plazo excesivo en la redacción del acta e, incluso, la acumulación de actas sin redactar.

Además de la firma del presidente y del secretario, puede suceder que el acta esté firmada por alguno o algunos de los propietarios, por ejemplo en los supuestos en que sea necesario el consentimiento expreso de alguno de ellos.

El acta de las reuniones se remitirá a los propietarios de acuerdo con el procedimiento establecido en la ley.

Serán subsanables los defectos o errores del acta siempre que la misma exprese inequívocamente la fecha y lugar de celebración, los propietarios asistentes, presentes o representados, y los acuerdos adoptados, con indicación de los votos a favor y en contra, así como las cuotas de participación, y se encuentre firmada por el presidente y el secretario. Dicha subsanación deberá efectuarse antes de la siguiente reunión de la junta de propietarios, que deberá ratificarla. Esto obedece al hecho de que el acta debe reflejar la realidad de la reunión; si existe discrepancia, se hace necesaria la rectificación, sin perjuicio de las acciones por daños y perjuicios producidos, si los hubiera, como consecuencia del error.

Régimen jurídico de las actas	
Redacción	Por el presidente y el secretario
Notificación	A todos los propietarios
Cierre	Con la firma del presidente y el secretario (al término de la reunión o dentro de los 10 días siguientes)
Ejecutoriedad	A partir del cierre
Rectificaciones	De defectos o errores. Posterior ratificación en la siguiente junta
Custodia	Corresponde al secretario

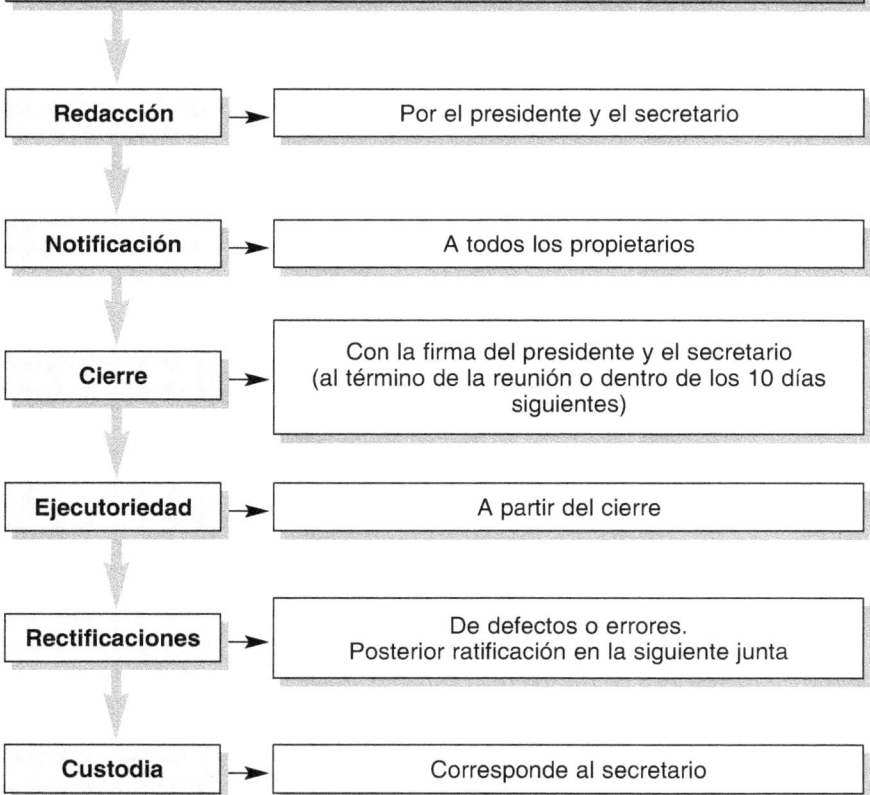

En la práctica, la rectificación la efectuarán el presidente y el secretario, mediante diligencia a continuación del acta. Esta diligencia deberá ir firmada por los dos.

El libro de actas. Custodia de la documentación de la junta

En el libro de actas debe transcribirse el contenido íntegro del acta de cada sesión celebrada con la totalidad de acuerdos adoptados. Este libro garantiza que los copropietarios pueden disponer de los elementos precisos para el ejercicio de las acciones que la ley les reconoce. Sin embargo, la falta de constancia no implica la inexistencia del acuerdo, sino la necesidad de probarlo de una manera mucho más complicada. Por eso, su existencia no es indispensable para las cuestiones relacionadas con la validez o nulidad de las juntas, del acta correspondiente y los acuerdos.

El presidente de la comunidad es el responsable del libro de actas. Por eso, responderá personalmente por los perjuicios que se pudieran ocasionar a la comunidad o a los copropietarios en el caso de no existir tal libro de actas.

El secretario custodiará el libro de actas de la junta de propietarios. Asimismo, deberá conservar durante el plazo de cinco años las convocatorias, comunicaciones, apoderamientos y demás documentos relevantes de las reuniones.

La conservación conlleva la obligación de facilitar a cualquier copropietario que lo requiera la consulta de la documentación. También pueden los propietarios solicitar certificado de los documentos en custodia.

El cumplimiento de los acuerdos de la comunidad

La LPH dispone que los acuerdos de la comunidad de propietarios son plenamente ejecutivos; por tanto, ha de llevarse a cabo su cumplimiento, incluso en el caso de que algún propietario haya impugnado judicialmente el citado acuerdo. Tal hecho no suspenderá su ejecución, salvo si el juez cautelarmente así lo dispone a solicitud del impugnante, y previa audiencia a la comunidad.

Por tanto, en el caso de que algún propietario incumpliera un acuerdo o cuando haya de exigirse el acuerdo tomado contra una persona que no sea propietaria, deberá la comunidad, una vez agotadas las vías amistosas, promover el procedimiento judicial correspondiente para exigir su cumplimiento. La obligación de exigir el cumplimiento corresponde al presidente de la comunidad, que es quien, a su vez, ostenta la representación legal de la comunidad.

A cualquier reclamación judicial instada por la comunidad debe acompañarse:

— certificación del acta de la junta de propietarios;

CERTIFICACIÓN DE ACTA

Don ..., secretario y administrador de la comunidad de propietarios del edificio sito en .., calle ..., de ...

CERTIFICO:

Que en el Libro de Actas de la Comunidad, debidamente diligenciado, obra al folio ..., el acuerdo que literalmente transcrito dice lo siguiente:

... [transcripción del acuerdo]

Y para que así conste donde proceda, expido la presente certificación, con el V.° B.° del Presidente, que lo es actualmente Don ..., en la ciudad de ..., a ... de ... de .....

Fdo.: el Secretario

V.° B.°
Fdo.: el Presidente

— copia fehaciente de que dicho señor resulta ser propietario de algún piso o local en el edificio;
— certificación del acta de la junta en la que se decidió promover el pleito y otorgar poderes al presidente para que, a su vez, los otorgara a procuradores y abogado;
— en caso de que el objeto del procedimiento fuera reclamar cantidades adeudadas, se necesitará la certificación de la deuda.

Eficacia e invalidez
de los acuerdos de la junta

La voluntad de la comunidad formada en la reunión de la junta se impone a todos los propietarios, pero la LPH les concede el derecho a impugnar los acuerdos si estos son contrarios a la ley o a los estatutos de la comunidad, cuando sean gravemente lesivos para la comunidad en beneficio de uno o varios propietarios, o cuando supongan un grave perjuicio para algún propietario que no tenga la obligación de soportarlo o hayan sido adoptados con abuso de derecho.

La reforma de la LPH ha llevado a cabo una importante transformación en el régimen impugnatorio de los acuerdos de la junta general, ya que la Ley de 1960 distinguía dos causas de invalidez:

— la vulneración de las normas legales o estatutarias;
— el carácter gravemente perjudicial del acuerdo.

En el primer supuesto, la decisión de la junta era sometida a los tribunales a través del *proceso declarativo* correspondiente. En el segundo caso, el acuerdo se sometía al denominado *juicio de equidad*, de carácter extrajudicial, en el cual el juez dictaba una resolución sustitutiva del acuerdo de la junta, que era ejecutivo e inapelable —como todos los acuerdos de la junta—, sin perjuicio del derecho de las partes a promover judicialmente la acción que pudiera corresponderles, es decir, impugnar la resolución sustitutiva ante la jurisdicción ordinaria.

La nueva LPH de 1999 equipara legalmente los diversos motivos de impugnación de los acuerdos de la junta, de modo que en todos los casos su impugnación se llevará a cabo vía judicial y según lo establecido en la legislación procesal general.

¿Quién puede impugnar los acuerdos de la junta?

No todos los propietarios están capacitados para impugnar acuerdos. Sólo pueden impugnarlos las siguientes personas:

— los propietarios que hubiesen salvado su voto en la junta en la que se adoptó el acuerdo, es decir, aquellos

propietarios que en la reunión de la junta manifestaron su disconformidad con el acuerdo;
— los propietarios que estuviesen ausentes de la junta en la que se adoptó el acuerdo;
— los propietarios a quienes se hubiese privado injustificadamente de su derecho de voto.

Por otra parte, los morosos pierden el derecho a impugnar hasta que no paguen a la comunidad lo que adeudan o hasta que consignen judicialmente su deuda; sólo podrán ejercer ese derecho cuando se trate de impugnar un acuerdo de la junta de propietarios para establecer o alterar las cuotas de participación.

Tal y como se anunció, tres son las causas de impugnación de los acuerdos adoptados:

— acuerdos contrarios a la ley o a los estatutos de la comunidad de propietarios;
— acuerdos lesivos para la comunidad;
— acuerdos que suponen un grave perjuicio para algún propietario.

Acuerdos contrarios a la ley o a los estatutos de la comunidad de propietarios

Son impugnables los acuerdos adoptados por la junta de propietarios que infrinjan el texto de la LPH o alguna de las disposiciones de los estatutos de la comunidad. El plazo de caducidad para la impugnación de este tipo de acuerdos es de un año.

No obstante, el Tribunal Supremo establece la distinción entre los acuerdos cuya ilegalidad es susceptible de subsanación por efecto de la caducidad de la acción de impugnación, y otros cuya ilegalidad conllevaría la nulidad radical o absoluta sin posibilidad alguna de convalidación por el plazo de caducidad.

Así, son actos anulables —o susceptibles de subsanación por el transcurso del plazo de caducidad— aquellos acuerdos cuya ilegalidad venga determinada por cualquier infracción de algún precepto de la LPH o de los estatutos de la comunidad.

Mientras que son nulos de pleno derecho, y por tanto, insubsanables por el transcurso del tiempo, aquellos acuerdos que infringen cualquier otra ley imperativa o prohibitiva que no tenga establecido un efecto distinto para el caso de contravención, por implicar un fraude a la ley. Estos acuerdos no estarían sometidos a plazos de caducidad.

El plazo de caducidad se cuenta desde la fecha del acuerdo, salvo para los propietarios que no estuvieron presentes en la junta, caso en el que los plazos comienzan a contarse desde la fecha en que les sea notificado el acuerdo.

Serán los tribunales quienes decidirán qué criterios se seguirán para considerar un acuerdo radicalmente nulo y, por tanto, no sujeto a plazo de caducidad, y qué acuerdos deben considerarse con una nulidad subsanable y, por tanto, sujetos al plazo de caducidad del año.

A continuación se relacionan algunos supuestos comprendidos en esta causa de impugnación:

— la citación es incompleta o contiene una información errónea; por ejemplo, cuando en el orden del día no se mencionan algunos de los asuntos importantes que se abordarán en la reunión de la junta de propietarios;
— no se respeta el plazo obligatorio entre la entrega de la última citación y la celebración de la reunión de la junta de propietarios;
— no se respeta el quórum o se adoptan acuerdos con una proporción distinta a la requerida legalmente; por ejemplo, si se adopta por mayoría simple un acuerdo que debería haberse adoptado necesariamente por unanimidad;
— el acta no refleja fielmente lo acontecido en la asamblea; por ejemplo, no menciona como asistente a uno de los propietarios que asistió a la reunión;
— se contraviene la LPH, el título constitutivo, los estatutos o el reglamento de régimen interior; por ejemplo, cuando se pretende impedir el uso de un elemento común a algunos de los propietarios del inmueble;
— se contravienen otras leyes distintas a la LPH, a la moral o al orden público, o se defrauda la ley; por ejemplo, cuando los vecinos, incluso mediante acuerdo adoptado por unanimidad, se proponen construir un aparcamiento sin solicitar autorización administrativa.

Acuerdos lesivos para la comunidad

Tal y como se indicó, la LPH anterior a la reforma establecía un procedimiento extrajudicial, denominado *de equidad*, para resolver los casos en que los propietarios que representaban por lo menos la cuarta parte de las cuotas de participación estimaban gravemente perjudicial para ellos el acuerdo adoptado por la mayoría.

La actual LPH suprime el procedimiento de equidad, y traslada toda impugnación al procedimiento judicial correspondiente.

Acuerdos que suponen un grave perjuicio para un copropietario

El fundamento de esta causa de impugnación reside en la confluencia de intereses que se da en toda comunidad de propietarios, donde hay una suma de intereses personales que se imponen porque son mayoría, y una suma de intereses personales que deben soportar el acuerdo mayoritario porque son minoría. No obstante, esa obligación de someterse a la mayoría tiene unas limitaciones legales que impiden el abuso del derecho o el ejercicio antisocial del mismo.

En aquellos casos en los que los acuerdos sean gravemente lesivos para la comunidad o supongan un grave perjuicio para algún copropietario o se hayan adoptado con abuso de derecho, y en los casos en que los acuerdos supongan un grave perjuicio para algún propietario que no tenga obligación jurídica de soportarlo o se hayan adoptado con abuso de derecho, la LPH establece un plazo de tres meses para la impugnación judicial de los mismos.

Al igual que en los casos de impugnación de acuerdos contrarios a la ley, los plazos se cuentan desde la fecha de la adopción del acuerdo, salvo para los propietarios que no estuvieron presentes en la junta, caso en el que los plazos comienzan a contarse desde la fecha en que les notifiquen el acuerdo.

Un ejemplo de este tipo de acuerdos sería el caso de un propietario que desea convertir su piso en dos apartamentos, para lo que precisa el acuerdo unánime de la junta de propietarios que autorice las obras. Pues bien, cada vez que ese propietario somete el asunto a la junta de propietarios se encuentra con la oposición sistemática de uno de los vecinos, quien, por su manifiesta enemistad con el propietario interesado en la división del piso, veta cualquier acuerdo autorizante. Este acuerdo puede estar adoptado con abuso de derecho.

📋 **¿En qué plazos pueden impugnarse los acuerdos de la junta?**

🖥 La impugnación puede efectuarse en los siguientes plazos:

— si se trata de acuerdos contrarios a la ley o a los estatutos, en el plazo de un año;
— en el resto de los casos, en el plazo de tres meses.

Los plazos se cuentan desde la fecha de la adopción del acuerdo, salvo para los propietarios que no estuvieron presentes en la junta, caso en el que los plazos comienzan a contarse desde la fecha en que les notifiquen el acuerdo.

Documentación
de las comunidades

El libro de actas de la junta de propietarios

Si bien es cierto que las comunidades de propietarios pueden llevar los documentos, libros y registros que crean conveniente, en la LPH se prefiere que sólo se lleve uno obligatoria y correctamente, y evitar consignar una larga relación de documentos, libros y registros que podrían conducir a una situación de infracción.

Dice la LPH que los acuerdos de la junta de propietarios se reflejarán en un libro de actas diligenciado por el registrador de la propiedad.

La solicitud de diligencia se realiza mediante instancia, en la que se expresará:

— la identidad del solicitante y la afirmación de que actúa por encargo del presidente de la comunidad;
— la identificación de la comunidad de propietarios y, en su caso, los datos de su identificación registral;
— las fechas de apertura y cierre del último libro de actas o la afirma-ción, bajo la responsabilidad del solicitante, de que no ha sido antes diligenciado ningún otro libro.

Con la instancia debe acompañarse el libro encuadernado o móvil (con folios separables) con las hojas numeradas con caracteres indelebles y sin haber sido utilizado, es decir, con sus hojas en blanco. El libro de actas debe estar foliado con el fin de evitar interpolaciones o sustracciones.

Presentada la instancia y el libro, se practicará en el Diario el correspondiente asiento de presentación, en el que se hará constar la fecha de la presentación, la identificación del solicitante y de la comunidad de propietarios.

El registrador, dentro de los cinco días siguientes a la solicitud o de los quince días si existiera justa causa, practicará la diligencia solicitada. Contra la denegación del registrador a practicar la diligencia, cabe el recurso directamente, durante quince días hábiles, ante la Dirección General del Registro y del Notariado.

El libro de actas deberá ser custodiado por el secretario de la comunidad. El secretario también deberá conservar, durante el plazo de cinco años, las convocatorias, comunicaciones, apoderamientos y demás documentos relevantes de las reuniones.

La práctica demuestra que los libros se llevan bien o mal, o que no se llevan, pero esto no depende del rigor de las sanciones ni de la efectividad de los acuerdos, sino de la importancia o complejidad del edificio y del modo en que los copropietarios tracen los cauces por los que deban discurrir los asuntos de la comunidad.

La inexistencia del libro de actas no implica necesariamente la nulidad de los acuerdos adoptados por la junta, siempre que sea posible acreditar suficientemente su existencia mediante otros medios de prueba.

Los acuerdos de las reuniones que celebre la junta de propietarios deben reflejarse en un libro de actas —puede adquirirse en cualquier papelería— que deberá estar diligenciado por el Registrador de la Propiedad en la forma que legalmente está establecido.

Todas las reuniones de la junta de propietarios deberán inscribirse en este libro, serán redactadas por el secretario de la junta (que habitualmente es el administrador), haciendo constar al menos las siguientes circunstancias:

— la comunidad de propietarios;
— fecha y lugar de celebración;

DOCUMENTOS RECOMENDADOS

A pesar de que la LPH ha seguido el criterio de libertad de documentación y sólo requiere el libro de actas, es conveniente disponer de los siguientes documentos:

— una relación de propietarios, con nombres, apellidos, domicilio fijado para notificaciones y teléfono, y demás datos necesarios para su localización;
— el llamado *libro del edificio*, donde se recoge toda la documentación referente al edificio, planos, emplazamiento de los servicios, especificaciones técnicas, redes de instalaciones, sistemas de seguridad existentes, etc., así como los documentos oficiales de los servicios, seguros, declaraciones, etc.;
— talonario de recibos, con matriz, para los cobros;
— uno o varios libros de contabilidad, donde se anoten los ingresos y los gastos;
— los recibos pagados.

Los Gobiernos autonómicos con competencia en la materia han establecido los documentos obligatorios en el marco de su comunidad. Así, en Cataluña, se ha establecido que todos los edificios terminados a partir del 7 de abril de 1993 han de llevar el denominado *llibre de l'edifici* —libro del edificio—, que tendrá las características anteriormente expuestas. Los edificios existentes con anterioridad sólo deberán llevar este libro a partir de la realización de obras de rehabilitación.

— hora de inicio y finalización;
— autor de la convocatoria y, en su caso, los propietarios que la hubiesen promovido;
— carácter ordinario o extraordinario y la indicación sobre su celebración en primera o segunda convocatoria;
— nombre y apellidos de todos los asistentes y sus respectivos cargos, así como de los propietarios representados, con indicación, en todo caso, de su cuota de participación; y de los no asistentes que se hayan excusado;
— orden del día de la reunión;
— contenido y resultado de los asuntos tratados;
— firma del presidente y del secretario.

Las actas deberán ser custodiadas por el secretario, y se deberán conservar por un plazo no inferior a cinco años.

Documentos de la gestión contable de la comunidad

• *Los presupuestos.* La forma más fácil y clara de conocer la situación del gasto en cada momento es la administración por presupuesto, que debe ser aprobado en asamblea general de propietarios, para posteriormente realizar la liquidación y reparto a propietarios y poder emitir las cuotas. Distinguimos dos tipos de presupuestos:

— presupuesto ordinario: contempla todas las partidas de gastos que se consideran normales durante el ejercicio y se les aplica el importe aproximado;
— presupuesto extraordinario: son aquellos gastos puntuales y no frecuentes que la junta de propietarios acuerda realizar; se sufragan mediante *derramas* o cuotas extras según acuerdo.

• *El balance de comprobación.* Es el documento que refleja la situación económica global de la comunidad en cada momento y dentro del actual ejercicio.

En el *activo* se indica:

— saldos de efectivo existentes en la cuenta corriente a fecha de apertura del ejercicio actual;
— importe pendiente de cobro de propietarios deudores, proveniente del ejercicio anterior;
— importe total de saldos a favor de propietarios acreedores, por diferencia entre los ingresos realizados y los cargos por cuotas a sus propiedades;
— las distintas emisiones de cuotas globales puestas al cobro a propietarios;
— ingresos que se hayan producido ajenos a cuotas ordinarias de propietarios, tales como: intereses de la cuenta corriente, prestaciones de servicios, etc.

En el *pasivo* se indica:

— saldo efectivo existente en la cuenta corriente de la comunidad;

— importe pendiente de cobro por cuotas de propietarios;
— importe a favor de propietarios;
— importe total de pagos realizados del presente ejercicio.

• *Los datos comparativos de pagos.* Relación de todas las partidas y subpartidas del presupuesto del actual ejercicio con los importes presupuestados, pagos efectuados hasta la fecha y el porcentaje de pago consumido con respecto al presupuesto.

• *Gastos por subpartidas.* Relaciones de cada una de las distintas subpartidas que componen el presupuesto, con indicación de fecha de cada pago, concepto, número de orden, importe, tres últimas cifras del cheque con el que se ha realizado el pago y suma arrastrada del importe total consumido después de cada pago. Como resultado se indica el importe presupuestado, el gasto efectuado y el déficit o superávit actual de la subpartida.

• *Pendiente de cobro.* Listado actualizado pendiente de cobro de copropietarios, con la propiedad, el propietario y el importe.

• *Libro contable.* Libro que contiene todos los datos contables habidos durante el ejercicio económico transcurrido, con el que se puede verificar cualquier apunte habido a lo largo del año transcurrido.

• *Otra documentación.* Todas las documentaciones precisas para la correcta administración, tales como: nóminas, seguros sociales, impresos de retenciones de IRPF, certificaciones, etc.

___

¿Quién puede consultar el libro de actas?

Todos los propietarios tienen derecho a consultar el libro de actas y a recibir una copia de cualquiera de las actas que contiene —aunque para ello haya de pagar un precio módico—. Los inquilinos y demás personas, sin embargo, no tienen derecho a obtener una copia, a no ser que así lo ordene el juez.

___

Número de identificación fiscal

La utilización del número de identificación fiscal (NIF) se sitúa en el ámbito de los deberes de colaboración e información de la Ley Tributaria. El Tribunal Constitucional ha declarado que la legitimidad del deber de información tributaria se sustenta en la Constitución.

La regulación del NIF por la ley establece que «toda persona física o jurídica, así como las entidades sin personalidad a las que se refiere la Ley General Tributaria, tendrá un NIF para sus relaciones de naturaleza o con trascendencia tributaria».

De este modo, el deber de disponer de un NIF no únicamente incumbe a las personas físicas y jurídicas, sino también a las entidades sin personalidad que establece la Ley General Tributaria, entre otras, las comunidades de propietarios, los fondos de pensiones, los fondos de inversión mobiliaria y las uniones temporales de empresas.

El NIF será obligatorio en todas las declaraciones tributarias, las comunicaciones a las administraciones tributarias y en todas las relaciones que tengan naturaleza o trascendencia tributaria, tales como nóminas, escrituras, cuentas bancarias, etc.

El NIF debe solicitarse a la Agencia Estatal de Administración Tributaria, mediante la presentación de la correspondiente Declaración Censal ante la Administración que corresponda al domicilio fiscal de la comunidad. Esta declaración debe acompañarse de fotocopia del Documento Nacional de Identidad del firmante de la declaración censal, que podrá ser tanto el presidente de la comunidad, como el secretario o el administrador. También deberá presentarse el libro de actas de la comunidad, debidamente legalizado por el Registro de la Propiedad, con la primera acta de constitución de la comunidad, o copia de dicha acta de constitución reflejada en la escritura de división horizontal.

La ley establece la exigibilidad del NIF en todo el territorio español, sin perjuicio de los regímenes de concierto o convenio económico. La regulación del NIF en Navarra se contiene en la Ley Foral 3/88 y en el Decreto Foral 182/1990; en Guipúzcoa, el NIF se rige por el Decreto Foral 39/90, y en Álava, por el Decreto Foral 988/90.

El incumplimiento del deber de suministrar o conocer el NIF lleva consigo consecuencias negativas, como sanciones tributarias. Para las comunidades de propietarios, constituye una «infracción simple» el incumplimiento de utilizar y de comunicar el NIF.

Certificado de riesgos laborales

La prevención de riesgos laborales es un tema de actualidad que también afecta a las comunidades de propietarios. El hecho de que sean entes sin ánimo de lucro no les exime de cumplir la normativa vigente, y como cualquier otra empresa, las comunidades están sujetas a esta normativa y expuestas a posibles sanciones en caso de incumplimiento.

La Ley de Prevención de Riesgos Laborales obliga al empresario a realizar la prevención de riesgos laborales mediante las medidas que sean necesarias con el objetivo de garantizar la protección de la seguridad en el trabajo y la salud de los trabajadores a su servicio.

Resulta lógico pensar que, ante la ausencia de la figura del empresario, esta responsabilidad, en el ámbito de las comunidades de propietarios, se traslada a sus representantes: presidente de la comunidad o administrador.

Las condiciones de trabajo deben ser tales que no supongan una amenaza para la salud y para la integridad física de los trabajadores. En conclusión, no tienen que provocar ni favorecer la aparición de accidentes y enfermedades.

En cuanto a la organización de esta prevención de riesgos laborales en las comunidades de propietarios existe una total remisión al ámbito general, es decir, la manera de establecer la protección de la salud de los trabajadores es igual a la establecida para aquellas entidades jurídicas en las que existe la figura del empresario. Obviamente, en las comunidades no existe empresario, pero la labor que este debe desarrollar tendrá que ser asumida por el presidente o administrador de la comunidad al ser sus legales representantes.

Evidentemente, sólo deberemos fijarnos en lo establecido por la Ley de Prevención de Riesgos Laborales —en adelante LPRL— en aquellas comunidades en las que haya contratados, al menos, un trabajador. A continuación comprobaremos cómo el número de personas contratadas limita las posibilidades de organización de la prevención en la empresa o comunidad.

La LPRL distingue los siguientes órganos especializados en la labor preventiva:

— el empresario (presidente o administrador), en aquellos casos en que la empresa o comunidad tenga menos de seis trabajadores, desarrolle de forma habitual su tra-

---

DELEGADOS DE PREVENCIÓN

Aquellas empresas o comunidades de propietarios que tengan más de cinco trabajadores deberán contar con los denominados *delegados de prevención*. Su número varía en proporción al número de trabajadores. De esta manera:

- De 6 a 30 trabajadores..El delegado de personal
- De 31 a 49..1
- De 50 a 100...2
- De 101 a 500...3
- De 501 a 1.000..4
- De 1.001 a 2.000...5
- De 2.001 a 3.000...6
- De 3.001 a 4.000...7
- De 4.001 en adelante 8

Por último, continuando con la organización preventiva de la empresa, la LPRL establece que a partir de 50 trabajadores deberá constituirse un Comité de Seguridad y Salud en el Trabajo.

bajo en la empresa y tenga la capacidad necesaria para ello;
— uno o más trabajadores designados para desarrollar funciones preventivas, aunque no es necesario que estas actividades tengan carácter exclusivo;
— servicios ajenos a la empresa para realizar determinadas actividades preventivas;
— servicio de prevención propio.

Además, el empresario puede, consultando previamente a los trabajadores, designar unidades especiales, como por ejemplo: personal encargado de lucha contra incendios, servicios médicos de empresa, etc.

Hasta aquí hemos expuesto los diversos órganos de prevención que pueden existir en una empresa o comunidad en función del número de trabajadores que integren la misma. Ahora bien, la LPRL introduce diversos mecanismos para asegurar que en la práctica se respetarían las normas de protección de la salud de los trabajadores. Son los siguientes:

— en el Reglamento de los Servicios de Prevención se prevé en qué casos puede el empresario asumir personalmente la prevención. En este sentido, según la actividad desarrollada por la empresa, aunque no supere los cinco trabajadores, el empresario no podrá ostentar la actividad preventiva de manera exclusiva;
— se establece también la necesidad de una auditoría de prevención cuando el empresario considere que es autosuficiente para garantizar la protección de los trabajadores con sus propios recursos;
— en el mismo Reglamento también se obliga a establecer servicios preventivos propios y los requisitos que tienen que cumplir;
— se establece que las entidades especializadas en servicios de prevención ajenos deben tener la correspondiente acreditación.

De la lectura de todo lo anteriormente mencionado podemos deducir que en aquellas comunidades de propietarios que tengan contratado algún trabajador, las funciones de prevención podrán ser asumidas por el representante de la comunidad. Bastará con seguir las normas y recomendaciones de las leyes y reglamentos en materia de prevención de riesgos laborales para salvaguardar la responsabilidad que pudiera derivarse de un accidente de trabajo en las instalaciones de la comunidad.

Obligaciones de los propietarios I. Deberes legales de convivencia

Los deberes de los copropietarios pueden ser clasificados en dos grandes categorías: los deberes derivados del uso de los elementos privativos y comunes, y los deberes de contenido económico.

• Los deberes de los copropietarios derivados del uso de los elementos privativos y comunes pueden enumerarse del siguiente modo:

— abstención de modificación de elementos constructivos si son comunes; o si aun siendo privativos, menoscaban o alteran la seguridad, estructura general, configuración, estado exterior del edificio o afectan a derechos de otro propietario;
— comunicación al presidente de la comunidad de las actividades anteriores si se está en el segundo supuesto, y si se está en el primero y la reparación es urgente, al administrador;
— prohibición de realizar actividades ilícitas, molestas, nocivas, insalubres o peligrosas;
— respeto a las instalaciones generales y demás elementos comunes, ya sean de uso general o privativo —incluidos o no en el piso o local—, usándolos adecuadamente y evitando en todo momento causar daños o desperfectos;
— obligación de conservar el estado de su propio piso o local e instalaciones privativas, en términos que no perjudiquen a la comunidad o a los demás propietarios, resarciendo de los daños que pudieran ocasionarse por su descuido o el de las personas por quienes deba responder el propietario;
— deber de tolerancia de las reparaciones y servidumbres que requiera la conservación del inmueble comunitario o la creación de servicios de interés general, incluso si han de producirse en ámbito privado y debe entrarse en su piso o local; se tiene derecho a que la comunidad resarza de los daños y perjuicios sufridos;
— observar la diligencia debida en el uso del inmueble y en sus relaciones con los demás titulares y responder ante estos de las infracciones cometidas y de los eventuales daños causados.

• Los deberes de contenido económico serán objeto de estudio más adelante, pero a modo de aproximación diremos que son básicamente:

— deber de contribución, con arreglo a la cuota de participación, a los gastos generales para el adecuado sostenimiento del inmueble, sus servicios, cargas y responsabilidades que no sean susceptibles de individualización;

— deber de contribución a la dotación del fondo de reserva de la comunidad para atender las obras de conservación y mejora de la finca. Este fondo estará dotado con una cantidad no inferior al 5 % de su último presupuesto ordinario. Con cargo a este fondo de reserva, la comunidad podrá suscribir un contrato de seguro que cubra los daños causados en la finca, o un contrato de mantenimiento permanente del inmueble y sus instalaciones generales;

— deber de comunicar un lugar al secretario para notificaciones y citaciones en España. En caso contrario, se considerará como tal el piso o local de la comunidad, surtiendo plenos efectos las entregadas a los ocupantes del mismo. Si no pudiese realizarse de ese modo, se tendrá por practicada colocando la comunicación en el tablón de anuncios de la comunidad o en lugar visible de uso general.

— deber de comunicar a quien ejerza las funciones de secretario de la comunidad, por cualquier medio que deje constancia de su recepción, la titularidad de la vivienda o local. El que incumpla esta obligación seguirá respondiendo de las deudas con la comunidad de forma solidaria con el nuevo titular, salvo que se tenga conocimiento del cambio de titularidad por otros medios;

— deber de desempeño del cargo de presidente de la comunidad cuando por turno le corresponda.

🔲 **¿Tiene obligación de limpiar la escalera un propietario que no reside en el edificio si los vecinos han acordado que cada semana se ocupe un propietario?**

🔲 Si los estatutos o normas de régimen interior del edificio han impuesto la obligación de la limpieza de la escalera a todos los propietarios, aquel que no resida en el edificio también estará obligado a su cumplimiento.

El propietario que no resida en el edificio tendrá las mismas obligaciones en cuanto a la limpieza de la escalera que los demás vecinos, siempre y cuando los estatutos o normas de régimen interior no establezcan la exoneración de la limpieza de la escalera a los vecinos que no residan en el inmueble.

Deberes relativos al uso de los elementos comunes

El propietario de cada piso o local tiene un derecho de copropiedad sobre todos los elementos comunes. Esta copropiedad sobre los elementos comunes que corresponde a cada dueño se configura como un derecho indivisible e inseparable de los pisos o locales, de manera que las partes en copropiedad no son, en ningún caso, susceptibles de división, y sólo podrán ser enajenadas, gravadas o embargadas juntamente con la parte privativa de la que son anejo inseparable.

Por virtud de este derecho de copropiedad, los dueños de los diferentes pisos o locales podrán usar y disfrutar de esos elementos y servicios comunes no sólo hasta la cuantía de su cuota, sino sirviéndose de ellos totalmente, siempre que lo hagan conforme a su destino, sin perjudicar el interés de la comunidad ni impedir el uso de los demás partícipes.

Por tanto, el propietario del piso o del local está facultado para el uso y goce de tales elementos comunes, pero también tiene limitaciones en su derecho de copropiedad sobre ellos y se le imponen obligaciones específicas que inciden en su propiedad privativa, que son las que se indican a continuación:

• *Respetar las instalaciones generales o en provecho de otro propietario incluidas en su piso.*

Es obligación de todo propietario respetar las instalaciones generales de la comunidad y demás elementos comunes, ya sean de uso general o privativo, estén o no incluidos en su piso o local, usándolos adecuadamente y evitando en todo momento que se

causen daños o desperfectos. Esta obligación hace referencia tanto a las instalaciones generales de la finca como a las particulares de otro propietario que por alguna razón se encuentren en el piso.

📋 **¿Puede el propietario de un local de negocios tomar el agua potable de la toma de la comunidad?**

📋 Cualquier propietario de un local de negocios que forme parte de la comunidad está obligado a realizar la toma de agua potable directamente de la calle, sin que por ninguna razón puedan realizar la acometida de agua potable directamente de la comunidad. Deberá instalar un contador independiente al contador de la comunidad.

• *Observar la diligencia debida en el uso del inmueble y en sus relaciones con los demás titulares.*

Todo propietario ha de mantener en buen estado de conservación su propio piso e instalaciones privativas, en términos que no perjudiquen a la comunidad o a los otros propietarios, así como observar la diligencia debida en sus relaciones con los demás titulares, resarciendo los daños que ocasione por su descuido o el de las personas por quienes deba responder.

El buen funcionamiento de una comunidad de propietarios descansa sobre el principio de mutua tolerancia. En esencia puede decirse que está vedado el ejercicio de actividades que afecten directamente a la propiedad del vecino o que, de alguna manera, tengan en ella un influjo superior al tolerable; además, debe respetarse un uso razonable del inmueble y mantenerse un trato correcto con los demás propietarios.

• *Prohibición de efectuar alteraciones en los elementos comunes.*

A cada condueño le está prohibido efectuar alteraciones en los elementos comunes. Dichas obras requieren acuerdo unánime de los copropietarios, y cada uno de ellos individualmente puede exigir su interrupción o demolición, así como el resarcimiento de los daños causados, cuando la junta no actúe. Esta regla tiene una excepción: no precisa la unanimidad para la supresión de barreras arqui-

tectónicas a favor de personas discapacitadas.

Un propietario no puede realizar en el inmueble alteración alguna, y si advierte la necesidad de hacer reparaciones urgentes, tendrá que comunicárselo al administrador sin más dilaciones.

Deberes relativos al uso de la propiedad separada. Actividades prohibidas

La LPH atiende al principio general del respeto al derecho de cada propietario a la libre disposición de su propiedad privativa, siempre y cuando se atenga a los límites derivados de la copropiedad sobre los elementos comunes.

De este principio resulta que el propietario de cada piso podrá modi-

---

ALGUNAS CONSIDERACIONES SOBRE LAS OBRAS URGENTES EN ELEMENTO COMÚN

Aunque no se haya constituido formalmente, la comunidad de propietarios existe desde que se dan las circunstancias previstas en los artículos 392 y 396 del Código Civil, es decir, desde que los diferentes pisos o locales de un edificio o las partes de ellos susceptibles de aprovechamiento independiente, por tener salida propia a un elemento común de aquel o a la vía pública, sean objeto de propiedad separada, llevando inherente un derecho de copropiedad sobre los elementos comunes del edificio.

Por eso, en el caso de que se haya producido un daño en un elemento común, el propietario que haya abonado el importe de la reparación podrá reclamar la parte que corresponda a los demás propietarios en proporción a sus respectivas cuotas de participación.

Un último apunte: el requerimiento del Ayuntamiento por los desperfectos existentes no aprueba su urgencia ni su necesidad, aunque sí supondrá un importante indicio que puede permitir justificar la reclamación del propietario que las ha ejecutado.

CARTA DE UN PROPIETARIO DIRIGIDA AL ADMINISTRADOR, PARA LA REPARACIÓN URGENTE DE UN ELEMENTO COMÚN

D. ...
Calle ..., n.° ..., piso ..., puerta ...
En la ciudad de .., a ... de ... de ...

Sr. D. ....
Administrador de la finca de ...
Calle ..., n.° ...
De ...

Muy Sr. mío:

En cumplimiento de lo dispuesto en el párrafo segundo del artículo 7.1 de la vigente Ley de Propiedad Horizontal, le comunico que el cañizo del piso ..., puerta ..., de esta finca, del que soy propietario, está cediendo de un modo alarmante, por lo que temo que se derrumbe repentinamente en caso de fuertes lluvias; por esa razón considero que la reparación tiene un carácter urgente, y ruego que se haga lo necesario para que se realice a la mayor brevedad posible y con cargo a los fondos de la comunidad, por razón de ser la cubierta un elemento común, según indican los estatutos de la comunidad y el artículo 1 de la Ley de Propiedad Horizontal (artículo 396 del Código Civil).

En espera de ser atendido a la mayor brevedad posible y en bien de la comunidad, le saluda atentamente,

Firmado: [el propietario]

ficar sus elementos arquitectónicos, instalaciones y servicios dentro de su propiedad, siempre que no altere la seguridad del edificio, su estructura general, su estado exterior o perjudique los derechos de otro propietario.

Cualquier obra que implique la alteración en una estructura del edificio o en los elementos comunes requiere autorización de la comunidad, adoptada de forma unánime en reunión de la junta de propietarios.

Al hablar de alteración de la estructura o de los elementos comunes nos referimos a una modificación de la estructura general del edificio, de su configuración o estado exterior, quedando incluida la estética del edificio, no en relación exclusiva con terceros ajenos al inmueble, sino principalmente a los propietarios de viviendas del mismo edificio.

Esta categórica prohibición de alteración de los elementos comunes es un principio que no se puede infringir ni tan siquiera en el caso de reparaciones urgentes. En este supuesto, el propietario del piso deberá comunicar la deficiencia al presidente de la comunidad de propietarios.

Los estatutos de las comunidades de propietarios establecen cuál debe ser el uso y destino del edificio, tanto en lo que respecta a los pisos y locales como a las instalaciones comunes; así, pueden disponer en cuanto a las propiedades privativas algunas limitaciones que la ley no prevé, por ejemplo:

— pueden establecer que los pisos sólo pueden destinarse a vivienda y no pueden tener otros destinos, como son la consulta o sede de actividades profesionales; ni tampoco como pensión donde alojar huéspedes de pago, al menos por encima de determinado número;

— también pueden limitar el número de personas que habite una vivienda aparte del propietario;

— en cuanto a los locales de negocios, puede prohibirse en los estatutos la instalación de un determinado tipo de negocios o pequeñas industrias cuyas actividades se consideren insalubres, peligrosas o contrarias a las buenas costumbres, aparte de las que la ley prohíbe en general;

— también es posible que los estatutos prohíban la instalación de maquinaria molesta o que establezcan las condiciones para que se haga uso de ella (horarios, insonorización, etc.).

La LPH impone a cada uno de los dueños de los pisos o locales las siguientes obligaciones:

• *Mantener en buen estado de conservación su propio piso o local e instalaciones privativas.*

El propietario debe mantener en buen estado de conservación el piso o el local y sus instalaciones privativas, pues lo contrario puede perjudicar a la comunidad o a otros propietarios; también debe resarcir los daños que ocasione por su descuido o el de las personas por quienes él deba responder.

Así, la ley limita que el propietario pueda hacer lo que quiera con su apartamento, pues debe conservarlo y mantenerlo en buen estado. Esta obligación se extiende a todas las personas por quienes deba responder el propietario, es decir, a todas las personas vinculadas con él, como puede ser el ocupante del piso, el inquilino, incluso las personas vinculadas por una relación laboral, por ejemplo, el servicio doméstico.

• *Obligación de consentir en su piso las reparaciones que exija el servicio del inmueble y permitir las servidumbres imprescindibles requeridas para la creación de servicios comunes de interés general acordados por la junta.*

Sin embargo, tiene derecho a que la comunidad le resarza de los daños y los perjuicios sufridos.

De este modo, el propietario debe consentir la entrada en su piso o local para dar solución a los problemas que se hayan podido crear.

Asimismo, el propietario de un apartamento tiene la obligación de permitir en él las servidumbres imprescindibles, y en el caso de que no haya acuerdo para decidir si son imprescindibles o no, se estará a lo que diga un perito en la materia.

Estas servidumbres imprescindibles, requeridas por la creación de servicios comunes o instalaciones de interés general, suelen someter a uno o varios vecinos en beneficio del conjunto de la vecindad, y van acompañadas de una indemnización por los daños y perjuicios que pudieran ocasionar.

• *Permitir la entrada en su piso o local a los efectos del apartado anterior.*

En cuanto a la obligación de facilitar la entrada en su piso o local por parte del propietario, se ha de señalar que esta obligación está limitada al momento en que le vaya bien al propietario, quien señalará el día y hora para la entrada en el apartamento, a no ser que se tratara de algo muy urgente e imprescindible.

En el caso de que el propietario se negase a cumplir con esta obligación puede suceder que sea obligado a resarcir por los posibles daños y perjuicios ocasionados a la comunidad y, además, se le puede imponer por decisión judicial.

📋 **¿Qué trámites se han de seguir cuando el propietario de un piso no permite la entrada en él para localizar el origen de una avería, por ejemplo en las canalizaciones de agua, y proceder a la reparación de los daños?**

📋 El propietario deberá ser requerido formalmente para que cese en su negativa a permitir la entrada en su piso; si persistiera en su actitud, la comunidad deberá emprender la correspondiente acción judicial que permita el acceso de la comunidad al interior de la vivienda para realizar las actuaciones necesarias en la localización de la avería.

Todo ello sin perjuicio de la reclamación judicial que se

pueda dirigir al vecino por los eventuales daños que pudieran haberse causado por su actuación obstructiva.

• *Prohibición de desarrollar actividades no permitidas en los estatutos, actividades ilícitas, molestas, nocivas, insalubres o peligrosas.*

A las anteriores obligaciones hay que añadir la prohibición contenida también en la ley, que establece lo siguiente:

Al propietario y al ocupante del piso o local no les está permitido desarrollar en él o en el resto del inmueble actividades prohibidas en los estatutos, que resulten dañosas para la finca o que contravengan las disposiciones generales sobre actividades molestas, insalubres, nocivas, peligrosas o ilícitas.

La ley regula también el procedimiento que hay que seguir si se infringe dicha prohibición, estableciendo que el presidente de la comunidad, a iniciativa propia o de cualquiera de los propietarios u ocupantes, requerirá a quien realice las actividades prohibidas el cese inmediato de las mismas, bajo apercibimiento de iniciar las acciones judiciales procedentes.

Si el infractor persistiera en su conducta, el presidente, previa autorización de la junta de propietarios debidamente convocada al efecto, podrá entablar *acción de cesación* a través de procedimiento judicial.

Una vez presentada y acreditada la demanda, tendrá que incluirse la certificación de acuerdo de la junta para iniciar el pleito, y tras su presentación, el juez podrá acordar la cesación inmediata de la actividad prohibida bajo apercibimiento de incurrir en delito de desobediencia.

La demanda se dirigirá contra el propietario del piso o contra el inquilino en caso de que esté alquilado. Si la sentencia estima la causa de su interposición, podrá disponer no sólo de la cesación indefinida de la actividad, sino incluso la cuantía por los daños y perjuicios causados a la comunidad, y la privación a usar la vivienda o local por un tiempo no superior a tres años, en función de la gravedad de la infracción. Si el causante es un inquilino, la sentencia puede declarar extinguido el contrato de arrendamiento, así como el inmediato *lanzamiento* del arrendatario.

¿Qué debemos hacer si en un piso de la comunidad se descubren actividades ilícitas o peligrosas?

Cuando en la finca se lleven a cabo actividades contrarias a los estatutos, dañosas para la finca, peligrosas, incómodas o insalubres, la representación de la comunidad requerirá a quien realice las actividades prohibidas la inmediata cesación de las mismas. Si el aviso no fuese atendido, entonces la comunidad puede pedir al juez que se le prive temporalmente del uso de la vivienda.

Obligaciones de los propietarios II. Obligaciones económicas

Contribución al sostenimiento de los gastos generales

Todo condueño está obligado a participar, con arreglo a la cuota de participación fijada en el título o a lo especialmente establecido, en los gastos generales de mantenimiento del inmueble que no sean imputables a uno o varios pisos.

Se consideran gastos generales los que no sean susceptibles de individualización, sin que la no utilización de un servicio exima del cumplimiento de las obligaciones de sostenimiento correspondientes.

Si bien la no utilización de un servicio no exime de la contribución, el Tribunal Supremo admite como válidas las exenciones estatutarias de contribuir a determinados gastos generales, siempre que sean individualizables entre departamentos concretos del edificio y se trate de servicios o elementos que en absoluto sean utilizados por los propietarios que queden exentos del pago.

No obstante, los tribunales interpretan restrictivamente estas cláusulas de exención, de modo que si recaen, por ejemplo, sobre gastos de conservación, se entienden referidos sólo al mantenimiento, pero no a los gastos de sustitución, ya que estos últimos producen un incremento de valor que beneficia a todos los propietarios.

☐ ¿Es posible eximir a algún propietario de la contribución de algunos gastos comunes?

☐ Los elementos comunes son irrenunciables, por lo que los dueños de pisos o locales no pueden transmitir su condición de copropietarios sobre ellos. Por eso, todos los propietarios tienen obligación de contribuir a los gastos comunes que se generen. No obstante, en el título constitutivo de la propiedad horizontal o en los estatutos de la comunidad es posible que se recojan exenciones, como eximir a los propietarios de los locales de la contribución a los gastos de ascensor, limpieza de escalera, etc. También pueden los copropietarios por unanimidad acordar tales exenciones.

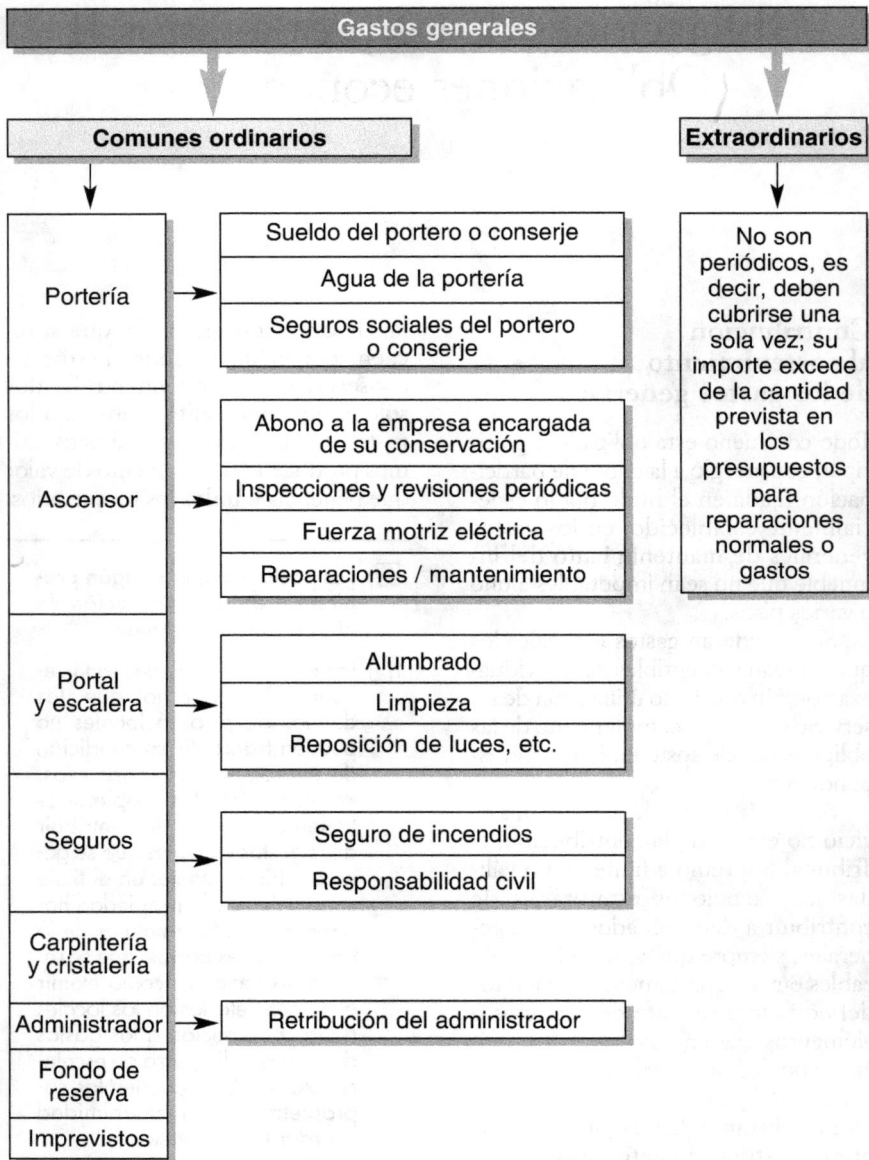

Gastos generales

Comunes ordinarios

Portería
- Sueldo del portero o conserje
- Agua de la portería
- Seguros sociales del portero o conserje

Ascensor
- Abono a la empresa encargada de su conservación
- Inspecciones y revisiones periódicas
- Fuerza motriz eléctrica
- Reparaciones / mantenimiento

Portal y escalera
- Alumbrado
- Limpieza
- Reposición de luces, etc.

Seguros
- Seguro de incendios
- Responsabilidad civil

Carpintería y cristalería

Administrador
- Retribución del administrador

Fondo de reserva

Imprevistos

Extraordinarios

No son periódicos, es decir, deben cubrirse una sola vez; su importe excede de la cantidad prevista en los presupuestos para reparaciones normales o gastos

☐ **¿Existen gastos concretos a los que obligatoriamente deban contribuir todos los propietarios sin que quepa posibilidad de pactar exenciones?**

☐ Sí. La aportación al fondo de reserva, así como la aportación a los gastos derivados de las obras en las conducciones generales de gas, los gastos del servicio de portería y la calefacción central, si existiera desde un origen en el inmueble, son gastos que deben financiar todos los vecinos, sin que quepa pacto alguno de exención.

La jurisprudencia también ha admitido que junto a la cuota de participación en la propiedad de los elementos comunes exista otra cuota de participación en los gastos comunes. Incluso cabe la posibilidad de que existan diversas cuotas de gastos, distintas de la cuota de participación, aplicables a cada tipo de gasto común que genere la comunidad. El único requisito necesario es que las cuotas de gastos distintas de la cuota de participación hayan sido fijadas en los estatutos de la comunidad, bien inicialmente o en un momento posterior mediante acuerdo unánime de todos los propietarios.

La propiedad horizontal existe desde el mismo instante de la enajenación de un piso, local o departamento susceptible de aprovechamiento independiente, aun cuando tenga lugar en documento privado, y desde ese momento surge la obligación de contribuir a los gastos de conservación de la cosa común. El hecho de no haber celebrado reunión alguna encaminada a poner en funcionamiento la gestión de la comunidad es irrelevante para que la obligación exista, y cualquier copropietario puede obligar a los demás a participar en los gastos comunes.

☐ **¿Qué sucede cuando un propietario no paga los recibos correspondientes a los gastos de las partes comunes?**

☐ De no conseguirse el cobro de los recibos, el administrador o el presidente podrán exigir judicialmente el pago de la deuda a través del procedimiento monitorio. Para este procedimiento será competente el juez de primera instancia del domicilio del deudor o del lugar donde se encuentre la finca; no es necesaria la asistencia de abogado ni de procurador.

Antes de iniciar el procedimiento judicial, la junta de propietarios deberá convocar una reunión extraordinaria e incluir en el orden del día una referencia expresa de aprobación de la cuenta de liquidación del propietario moroso y aprobarla por mayoría. Una vez aprobada la deuda, la junta facultará al presidente para que pueda ejercer las acciones judiciales oportunas. En el mismo acto, la junta emitirá el correspondiente certificado aprobatorio del acuerdo adoptado donde se indique claramente la deuda del propietario moroso. Ese certificado será título suficiente para solicitar el embargo preventivo de todos los bienes del propietario.

El proceso judicial se inicia con una simple petición que puede realizarse en un formulario que proporciona el mismo juzgado, acompañado de la certificación del acuerdo de la junta aprobando la liquidación de la deuda. A la cantidad que se reclame podrá añadirse la derivada de los gastos del requerimiento previo de pago, siempre que conste documentalmente su realización y se acompañe a la solicitud el justificante de tales gastos.

Para garantizar el crédito a favor de la comunidad de propietarios, se proclama la afectación real del piso o local para el pago de los gastos producidos en el último año y la parte vencida de la anualidad corriente, cualquiera que fuese su propietario actual y el título de su adquisición, siendo además el crédito preferente a cualquier otro.

Sin embargo, la Audiencia Provincial de Madrid, en sentencia de 16 de junio de 1976, aclara lo siguiente: «...la que padece la carga, por ser real, es la cosa misma, a diferencia de los gastos generales que no sean del año último y parte vencida de la anualidad corriente, que entraña una obligación personal, sin que para la efectividad de tal obligación esté especialmente afectado el piso».

Esto explica la obligación de informar sobre los gastos pendientes que pesan sobre quien transmite un piso o local a título oneroso —es decir, por venta, permuta o dación en pago—; de no hacerlo así, el transmitente está obligado a responder por la carga no aparente de los gastos a cuyo pago esté afecto el piso o local.

Así, al transmitirse el piso o local, deberá el transmitente declarar hallarse al corriente en el pago de los gastos o, en su caso, expresar lo que adeuda, ya que el adquiriente de una vivienda o local en régimen de propiedad horizontal responde con el propio inmueble adquirido de las cantidades adeudadas a la comunidad para el sostenimiento de los gastos generales, hasta el límite de los que resulten imputables a la parte vencida de la anualidad en la cual tenga lugar la adquisición y al año natural inmediatamente anterior.

Todos los gastos comunes de la comunidad, como la luz de la escalera, los relativos al ascensor, patios, garajes comunales, etc. serán abonados por los propietarios en función de las características de los pisos o locales y del uso que hagan de los elementos comunes. Así, en la fase de elaboración del título constitutivo se prevé lo que cada propietario deberá aportar a los gastos mediante la asignación de los coeficientes de participación.

Esta asignación no es inamovible, ya que los propietarios pueden modificarla siempre que lo hagan por medio de un acuerdo unánime.

PARTIDAS DE GASTOS COMUNES MÁS HABITUALES

Los gastos comunes son aquellos que tienen origen en el «adecuado sostenimiento del inmueble, sus servicios, tributos, cargas y responsabilidades». Así, las partidas de gastos comunes más frecuentes son:

— gastos necesarios para la reparación y mantenimiento de los elementos comunes producidos por el uso y el transcurso del tiempo;
— gastos para subsanar deficiencias de los elementos comunes con innovaciones o mejoras;
— gastos para el abastecimiento de agua y energía del edificio, así como de los combustibles necesarios para el mantenimiento de los elementos comunes (gasóleo para la calefacción central, luz del portal, etc.);
— gastos comunes para el pago de los servicios del personal contratado para la limpieza, la administración de la finca, la portería, etc.;
— pago de los impuestos y contribuciones urbanas;
— seguro de daños y de responsabilidad civil de la finca;
— gastos derivados de la interposición de acciones judiciales contra un miembro de la comunidad o contra un tercero, por el incumplimiento de las obligaciones que tienen con respecto a la casa y a sus vecinos;
— indemnizaciones de la comunidad a alguno de sus miembros (por ejemplo, por causa de un daño causado en su propiedad privativa);
— el fondo de reserva.

Los propietarios también podrán pactar —siempre por unanimidad— la existencia de cuotas especiales para determinados gastos, exenciones en casos específicos, etc.

La manera más habitual de contribuir a los gastos de la comunidad de propietarios es mediante una cuota establecida en euros, que se abonará mensual o trimestralmente, y que dependerá tanto del coeficiente de propiedad que se establezca en las escrituras como del presupuesto de gastos del inmueble.

❑ **Si en una finca hay un único contador de agua, ¿es posible instalar un contador individual para cada piso?**

❑ La LPH establece la obligación de cada propietario de contribuir a los gastos comunes que no sean susceptibles de individualización. Dado que el gasto del agua es perfectamente individualizable, si un vecino desea instalar un contador privativo, podrá ejercer su derecho de individualización del gasto.

Así, de la factura total del agua que se pague al suministrador se descontará el consumo de los propietarios que tengan contadores individuales, y se procederá al reparto de la cantidad restante entre los demás vecinos que no tengan contador.

Para proceder a la instalación de contadores individuales no es necesaria autorización alguna de la junta de propietarios, pero sí es conveniente que el propietario que desea ejercer el derecho a individualizar el gasto lo comunique a la junta a los efectos de dar oportunidad a que lo instalen otros propietarios que así lo deseen.

Lógicamente, el importe del contador y los gastos que ocasione la instalación deberán ser abonados por cada uno de los propietarios que instalen un contador individual.

En lo que se refiere a los locales comerciales, a pesar de que habitualmente no tienen acceso directo al portal de la escalera del edificio y no hacen uso de los elementos comunes del inmueble —como pueden ser el ascensor, los servicios de portería o conserjería—, ello no quiere decir que estén excluidos de las obligaciones y beneficios que les corresponda por razón de su participación en la comunidad de propietarios.

En este sentido, la LPH establece que la no utilización de los servicios e instalaciones comunes no exime al propietario del pago de los gastos generales.

No obstante, en el título constitutivo de la propiedad horizontal o en los estatutos de la comunidad pueden existir exenciones a los locales en materia de contribución a los gastos de la comunidad. En cualquier caso, si estos no establecen nada sobre el parti-

---

LOS RECIBOS DE LOS GASTOS COMUNES

Los recibos deberán contener, como mínimo, los siguientes datos:

— identificación de la comunidad de propietarios;
— identificación del local o piso;
— datos de la persona que se hace cargo del pago;
— periodo al que corresponde el recibo;
— vencimiento del recibo;
— importe total.

En el caso de tratarse de un recibo extraordinario para la realización de una determinada obra, deberá indicarse en dicho recibo.

El cobro de los recibos puede realizarse directamente por el secretario o administrador de la finca o domiciliarse en un banco o caja de ahorros.

cular, los locales deberán contribuir también en los gastos de acuerdo con su cuota de participación en el total del edificio.

Pago de las derramas para mejoras

Ningún propietario puede exigir nuevas instalaciones, servicios o mejoras no requeridos por la adecuada conservación, habitabilidad y seguridad del inmueble, según su naturaleza y características.

Cuando se adopten válidamente acuerdos para realizar innovaciones no exigibles y cuya cuota de instalación exceda del importe de tres mensualidades ordinarias de gastos comunes, el disidente no resultará obligado ni se modificará su cuota, incluso en el caso de que no pueda privársele de la mejora o ventaja.

Las derramas para el pago de mejoras en el inmueble serán a cargo de quien sea propietario cuando el pago deba hacerse efectivo, no a quien es propietario en el momento de tomar el acuerdo la junta. Por tanto, tal obligación corresponde al propietario, independientemente de los pactos privados que puedan existir con terceros, arrendatarios, precaristas, ocupantes, etc.

Queda, pues, aclarada una cuestión que plantea múltiples conflictos, ya que el certificado obligatorio para la transmisión del inmueble consigna el estado de deudas con la comunidad, pero no hace referencia expresa a los pagos comprometidos para la ejecución de obras posteriores a la fecha de la transmisión.

Teniendo esto en cuenta a la hora de adquirir un inmueble se evitarán situaciones en las que el adquiriente, de buena fe, se encuentra con que está obligado al pago de unas obras que han sido aprobadas sin su conocimiento previo.

🗋 **En una finca de 40 años de antigüedad cuya fachada precisa una rehabilitación urgente, ¿es posible llevar a cabo la reparación si uno de los propietarios se opone?**

🗋 No existe impedimento alguno para que se lleven a cabo las reparaciones que sean necesarias y urgentes; es más, ante tales desperfectos, la comunidad está obligada a realizar esas obras.

Concretamente, la LPH establece que «será obligación de la comunidad la realización de las obras necesarias para el adecuado sostenimiento y conservación del inmueble y sus servicios, para que reúna las debidas condiciones estructurales, de estanqueidad, habitabilidad y seguridad. (...) Al pago de los gastos derivados de la realización de las obras de conservación a que se refiere el presente artículo estará afecto el piso o local en los mismos términos y condiciones que los establecidos en el artículo 9 para los gastos generales». Así pues, el pago de estas obras es obligatorio para todos los propietarios del inmueble, de modo que la propia LPH prevé la posibilidad de afectar el piso del propietario moroso para garantizar el pago de la cantidad que le corresponda por la ejecución de esas obras necesarias. Existe, por tanto, la posibilidad de embargar, mediante una reclamación judicial, el piso de quien se niegue al pago de las derramas creadas por este tipo de obras, quedando el inmueble afecto como garantía de pago de esas cantidades.

En conclusión: los gastos generados para atender este tipo de obras de conservación irán a cargo de cada uno de los propietarios, en proporción a las cuotas de participación asignadas.

Aceptación del cargo de presidente

La comunidad de propietarios es una colectividad organizada a pesar de que carece de la consideración de persona jurídica. En el esquema legal de su organización, la ley admite la posibilidad de dos sistemas distintos según el número de propietarios.

Cuando el número de propietarios no exceda de cuatro, la ley permite que puedan acogerse, si expresamente así lo convienen en los estatutos, al régimen de administración general de la comunidad previsto en el Código Civil; es decir, mayoría para los actos de administración y unanimidad para los de disposición.

Si el número de propietarios excede de cuatro, se sigue el sistema de organización fijado en la LPH y basado en el funcionamiento de un órgano colectivo, la junta de propietarios, y de unos órganos individuales, el presidente, el secretario y el administrador.

El presidente debe ser elegido por los propietarios y entre ellos.

La LPH prevé tres posibilidades en cuanto al procedimiento de designación el presidente:

a) *Elección:* Cuando en el marco de una reunión de la junta de propietarios convocada al efecto, dichos propietarios aprueban por mayoría el nombramiento de uno de ellos para el cargo de presidente.

b) *Turno rotatorio:* El sistema rotatorio era muy habitual en las comunidades de propietarios antes de la reforma de 1999; con él se pretende que todos los propietarios se involucren en la gestión de la comunidad, ya sea para evitar la falta de candidatos al cargo, bien para evitar la perpetuación de un propietario en el mismo.

Este procedimiento opera subsidiariamente respecto al de elección y puede establecerse desde un inicio, por los estatutos de la comunidad o decidirse por acuerdo mayoritario de la junta de propietarios.

No existe en la LPH un derecho a acceder al cargo, por lo que la junta podrá libremente excluir a un propietario en concreto sin necesidad de justificarlo. No obstante, alguna jurisprudencia ha limitado los acuerdos restrictivos de las juntas de propietarios cuando se consideran abusivos o contrarios a los derechos fundamentales; así, por ejemplo, la Audiencia Provincial de Madrid anuló en una sentencia el acuerdo que excluía a las personas jubiladas del cargo de presidente.

c) *Sorteo:* El sorteo es otra modalidad de designación prevista en la LPH, que también puede venir impuesta por los estatutos o acordarse por la junta de propietarios mediante acuerdo mayoritario.

Al margen del procedimiento elegido, la designación del presidente no requiere la aceptación del propietario nombrado, ni siquiera es necesaria su presencia en la reunión de la junta de propietarios en que se proceda a su designación.

El nombramiento del cargo será obligatorio, de modo que si el propietario designado no desea tal nombramiento, sólo podrá eludir sus obligaciones alegando justa causa —la elección reiterada o abusiva, la imposibilidad, una mala aplicación de la regla rotatoria, etc.— ante el juez de primera instancia en el plazo de un mes desde su designación.

El incumplimiento del deber de desempeñar el cargo lleva aparejado que el propietario será responsable de los perjuicios que se produzcan en la comunidad como consecuencia del incumplimiento de su deber con la propia comunidad.

Certificación del estado de deudas

La lucha contra la morosidad es uno de los principales ejes que han impulsado la reforma de la anterior LPH, pues se trataba de una de las necesidades reivindicadas por las comunidades de propietarios, carentes de mecanismos legales ágiles para el resarcimiento de sus créditos.

A estos efectos, la actual LPH establece una serie de medidas preventivas de garantía, entre las que se encuentran:

1. La creación de un fondo de reserva para atender las obras de conservación y reparación de la finca al que deberán contribuir todos los copropietarios con arreglo a su respectiva cuota.
2. La concesión de un carácter preferente a los créditos a favor de la comunidad que se deriven de las cuotas pendientes de pago por los copropietarios y que sean imputables a la parte vencida de la anualidad en curso y a la anualidad inmediatamente anterior.
3. Afectación del piso o local al cumplimiento de la obligación de pago de los gastos generales: el adquiriente de una vivienda o local responde con el inmueble adquirido de las cantidades adeudadas a la comunidad por los anteriores pro-

pietarios, hasta el límite de las cantidades vencidas imputables a la anualidad en que tenga lugar la adquisición y al año natural inmediatamente anterior.

4. Responsabilidad solidaria del transmitente que no comunique el cambio de titularidad a la comunidad, el cual vendrá obligado a responder de las deudas que se devenguen con posterioridad a la transmisión.

5. La publicidad en instrumento público de las cantidades adeudadas en caso de transmisión.

Esta última garantía conlleva que en el instrumento público mediante el cual se transmita la vivienda o local, el propietario transmitente deberá declarar hallarse al corriente en el pago de los gastos generales de la comunidad, o bien manifestar la cantidad que adeuda, debiendo acreditar sus declaraciones con la aportación de la correspondiente certificación sobre el estado de deudas con la comunidad. Sin la referida certificación expedida por la comunidad no podrá autorizarse el otorgamiento de la escritura pública.

La certificación será emitida en el plazo máximo de siete días naturales desde su solicitud por quien ejerza las funciones de secretario, con el visto bueno del presidente, quienes responderán, en caso de culpa o negligencia, de la exactitud de los datos consignados y de los perjuicios causados por el retraso en su emisión. De este modo, el adquiriente de una vivienda o local en régimen de propiedad horizontal, incluso con título constitutivo en el Registro de la Propiedad, responde con el propio inmueble adquirido de las cantidades adeudadas a la comunidad, para el sostenimiento de los gastos generales, por los anteriores titulares hasta el límite de los que resulten imputables a la parte vencida de la anualidad en la cual tenga lugar la adquisición y al año natural inmediatamente anterior. El piso o local estará legalmente afecto al cumplimiento de esta obligación.

¿Tiene el comprador de un piso la obligación de abonar los gastos de comunidad pendientes?

En el momento de otorgar la escritura de compraventa, el vendedor tiene la obligación de aportar una certificación del secretario y del presidente de la junta de propietarios en la que conste si el piso está al corriente en el pago de las cuotas o cuál es la cantidad que se adeuda.

Sin esta certificación, el notario no autorizará la escritura, salvo que el comprador libere al vendedor de esta obligación.

El piso, sea cual sea el propietario, responde de los gastos del año natural y del anterior; de esta forma, la comunidad sólo podrá exigir al nuevo comprador los recibos pertenecientes al año en curso y al anterior. De las deudas más antiguas no responden ni el nuevo titular ni el piso. Para estas deudas la co-

CERTIFICACIÓN DE ESTAR AL CORRIENTE EN EL PAGO DE LAS CUOTAS

DON ..., con Documento Nacional de Identidad número ..., como Secretario de la Junta de Propietarios del edificio en régimen de propiedad horizontal sito en la calle ... número ... de la localidad de ..., cuyo CIF es el número ...,

CERTIFICO lo siguiente a los efectos prevenidos en el artículo 9.1 *e* de la vigente Ley de Propiedad Horizontal:

Que Don ..., propietario de la vivienda identificada como ..., enclavada en el edificio en régimen de propiedad horizontal mencionado en el encabezamiento de esta certificación, no adeuda cantidad alguna a la Comunidad de Propietarios como consecuencia de su obligación de contribuir a los gastos generales para el adecuado sostenimiento del inmueble, sus servicios, cargas y responsabilidades que no sean susceptibles de individualización.

Se expide en ..., a ...

El Secretario de la Junta   V.° B.° del Presidente

CERTIFICACIÓN DE COMUNIDAD ACREDITATIVA DE QUE EXISTEN CUOTAS PENDIENTES DE PAGO

DON ..., con Documento Nacional de Identidad número ..., como Secretario de la Junta de Propietarios del edificio en régimen de propiedad horizontal sito en la calle ... número ... de la localidad de ..., cuyo CIF es el número ...,

CERTIFICO lo siguiente a los efectos prevenidos en el artículo 9.1 *e* de la vigente Ley de Propiedad Horizontal:

Que Don ..., propietario de la vivienda identificada como ..., enclavada en el edificio en régimen de propiedad horizontal mencionado en el encabezamiento de esta certificación, adeuda a la Comunidad de Propietarios la cantidad de ... EUROS, como consecuencia de su obligación de contribuir a los gastos generales para el adecuado sostenimiento del inmueble, sus servicios, cargas y responsabilidades no susceptibles de individualización.

Se expide en ..., a... de... de ...

El Secretario de la Junta   V.º B.º del Presidente munidad deberá ejercitar su acción contra el anterior propietario.

☐ **En caso de adquisición de un piso en una subasta judicial, ¿quién deberá abonar las deudas existentes?**

☐ El actual propietario deberá abonar los gastos correspondientes al año anterior a la adquisición del piso, teniendo en cuenta que la fecha en la que se produjo esa adquisición es la fecha en que el juez dictó el auto correspondiente, y no la fecha de la celebración de la subasta.

Comunicación de la transmisión de la propiedad separada

Otra de las novedades introducidas por la reforma de la LPH ha sido el establecimiento de una consecuencia jurídica para la obligación de comunicar a la comunidad de propietarios la transmisión de la propia titularidad de un piso o local.

La LPH prevé la obligación de «comunicar a quien ejerza las funciones de secretario de la comunidad, por cualquier medio que permita tener constancia de su recepción, el cambio de titularidad de la vivienda o local». La novedad viene introducida en cuanto a la sanción que la ley establece en caso de incumplimiento:

«Quien incumpliera esta obligación seguirá respondiendo de las deudas con la comunidad devengadas con posterioridad a la transmisión de forma solidaria con el nuevo titular, sin perjuicio del derecho de aquel a repetir sobre este».

La comunicación puede realizarse en cualquier forma, siempre y cuando permita tener constancia de su recepción. Debe tratarse de una comunicación expresa, que refleje, como mínimo, los datos relativos al nuevo titular, el piso o local y la fecha de adquisición; el adquirente debe, asimismo, comunicar un domicilio a efectos de citaciones y notificaciones, pudiendo realizar tal notificación en la misma comunicación.

Es importante poder acreditar la fecha de la comunicación de la transmisión, porque las deudas por las que se responde son las devengadas hasta el momento en que la comunidad tenga conocimiento de la transmisión de la propiedad.

En defecto de comunicación expresa, para exonerar al transmitente es suficiente que la comunidad haya tenido conocimiento del cambio de titularidad por cualquiera de las siguientes vías:

— porque cualquiera de los órganos de gobierno haya tenido conocimiento de ello por cualquier medio o por actos concluyentes del nuevo propietario;
— porque la transmisión resulte notoria, es decir, pública, conocida por todos.

COMUNICACIÓN
DE CAMBIO DE TITULARIDAD

Sr. D. ...
Secretario de la Comunidad de Propietarios
Calle ...
[Población.....   Código Postal.....]

[Lugar y fecha]

Muy señor mío:

Por la presente, pongo en su conocimiento que con fecha .... he procedido a transmitir [la vivienda, el local, la plaza de garaje] en el edificio de esa comunidad, de la que es usted secretario, a Don ..., con DNI número ...., todo ello de conformidad y a los efectos del artículo 9.1 *i* de la Ley de Propiedad Horizontal.

Y le rogaría que, a partir de esta fecha, no me pasase los recibos de la comunidad que están domiciliados.

Atentamente,

Fdo:
[Nombre y apellidos]
[Número de carnet de identidad]

Derechos de los propietarios

El derecho de cada propietario sobre su piso o local en régimen de propiedad horizontal se configura como un derecho singular y exclusivo, por lo que podría pensarse que puede equipararse a la propiedad ordinaria. Sin embargo, esta conclusión no refleja la realidad, ya que el ejercicio de las facultades que integran ese derecho está sometido a limitaciones (estudiadas en capítulos anteriores) que no son usuales en el dominio ordinario.

Por otra parte, al llevar aneja esta propiedad privativa una copropiedad sobre los elementos y servicios comunes, la trama de derechos y obligaciones que se le imponen a cada propietario horizontal se extiende también a aquellos.

Derecho de enajenación

Al copropietario le corresponde un derecho exclusivo de propiedad, es decir, un derecho sobre un espacio suficientemente delimitado y susceptible de aprovechamiento independiente. Se trata de un derecho que permite que cada propietario disponga libremente de su derecho exclusivo de propiedad privativa, pudiendo hacer con su apartamento lo que considere conveniente; así, puede arrendarlo, donarlo, venderlo, etc.

La enajenación se configura como un derecho del propietario de transmitir su derecho de propiedad a otra persona, bien a título oneroso o lucrativo, y puede ser por actos ínter vivos o mortis causa. El nuevo propietario deberá respetar y cumplir los estatutos de la comunidad, así como el reglamento de régimen interior si existiera.

El derecho de enajenación únicamente está limitado si el piso está alquilado y existe en él un arrendatario, pues la Ley de Arrendamientos Urbanos le concede al arrendatario un derecho de tanteo y un derecho de retracto en caso de venta.

El derecho de tanteo es un derecho de adquisición preferente: el propietario que vende deberá notificar fehacientemente al inquilino la decisión de vender la vivienda, el precio ofrecido y las condiciones esenciales de la transmisión, y el nombre, domicilio y circunstancias del comprador;

el inquilino tendrá un plazo de sesenta días para comprar la vivienda o el local en esas condiciones y precio. Si en ese plazo el inquilino no manifiesta su decisión de compra, el vendedor podrá vender libremente al nuevo comprador, pero siempre que lo haga por el mismo precio y condiciones comunicadas al inquilino.

En caso de que el propietario vendiese a un tercero sin comunicarlo al inquilino, si la venta no se ajustase a los requisitos legalmente establecidos, si se alterasen las condiciones de la venta, o si se vendiese por un precio inferior al comunicado, el inquilino podría ejercitar el derecho de retracto en el plazo máximo de sesenta días desde que recibió la notificación, es decir, podrá comprar la vivienda al nuevo comprador reembolsándole el precio de la venta y todos los gastos del contrato.

Los estatutos de la comunidad nunca podrán impedir que los propietarios de los pisos los transmitan con libertad; no obstante, sí pueden limitar parcialmente esta libre disposición estableciendo derechos de tanteo y retracto a favor de la comunidad.

Así, si los estatutos establecen un derecho de tanteo a favor de la comunidad, cuando un vecino ponga a la venta su piso deberá fijar un precio y unas condiciones invariables y comunicárselas no sólo a los compradores ajenos a la finca, sino también al resto de vecinos. En este caso, si alguno de los copropietarios está interesado en la compra, tendrá preferencia respecto a los compradores ajenos a la finca.

Si hay varios candidatos, el que ofrezca el precio más elevado será quien tendrá preferencia; asimismo, en caso de igualdad de ofertas, se dará preferencia al vecino cuyo piso linde con el que se venda.

Pero también puede suceder que el vendedor prescinda del ofrecimiento del tanteo a la comunidad vendiendo el piso directamente a una persona ajena a la misma o bien alterando las condiciones que había ofrecido para el tanteo —por ejemplo, comunicando a sus vecinos un precio más elevado del que realmente ofertó al tercero—; en este caso, la venta puede ser declarada nula para que así los vecinos que estén interesados en la adquisición ejerzan su derecho de retracto y compren el piso irregularmente vendido.

En cualquier caso, debe recordarse que si el piso en venta está alquilado, la primera opción de compra la tendrá el inquilino del piso.

Derecho a gravar el piso o apartamento

El propietario de un piso o local en régimen de propiedad horizontal tiene derecho, si lo considera conveniente, a gravar el inmueble del modo que le convenga.

• *La hipoteca.*
La Ley Hipotecaria autoriza expresamente la hipoteca en los pisos o locales de un edificio que se rige por el régimen de propiedad horizontal.

La hipoteca es un derecho real de garantía de una obligación, constituido sobre bienes inmuebles: dichos bienes permanecen en posesión de su dueño, pero el acreedor puede pedir su venta pública y resarcirse con su precio si no se cumple la obligación garantizada.

La hipoteca no exige, como otros derechos reales de garantía, que se produzca un desplazamiento de la posesión de bien gravado al acreedor garantizado; por el contrario, su característica principal es que los bienes quedan en poder del hipotecante para que pueda continuar utilizándolos, explotándolos y disfrutando de sus frutos y rentas.

• *El arrendamiento.*

El propietario de un piso o de un local de negocios en régimen de propiedad horizontal tiene un derecho de libre disposición sobre su piso o sobre su local.

Puede alquilar el inmueble, si así lo desea, siempre y cuando con ese acto no se infrinja la norma establecida en la LPH en cuanto al uso y destino de la vivienda o local; todo ello, teniendo en cuenta las prohibiciones formuladas en la ley, que prohíben al ocupante la realización de actividades no permitidas en los estatutos, actividades dañosas para la finca o que contravengan las disposiciones generales sobre actividades molestas, insalubres, nocivas, peligrosas o ilícitas.

Los estatutos de la comunidad de propietarios no pueden prohibir el arrendamiento de un piso o local, pero sí pueden delimitar cuál ha de ser el número máximo de inquilinos que ocupen un piso.

• *El usufructo.*

La ley permite al propietario disponer de su derecho y transmitir su disfrute constituyendo un usufructo sobre el piso o local.

El usufructo consiste en la cesión del uso y disfrute de un bien a otra persona, no así de la titularidad del mismo. Se trata de un derecho real limitado, en el que la propiedad del bien sobre la que se realiza el usufructo recibe el nombre jurídico de *nuda propiedad*.

La LPH prevé que si la vivienda o local se hallara en usufructo, la asistencia y voto en la junta de propietarios corresponderá al nudo propietario, quien, salvo manifestación en contrario, se entenderá representado por el usufructuario, debiendo ser expresa la delegación cuando se trate de acuerdos que impliquen la aprobación o modificación de las reglas contenidas en el título constitutivo de la propiedad horizontal o en los estatutos de la comunidad, o de obras extraordinarias y de mejora.

Agregación y división material del piso o local

Los pisos o locales y sus anejos podrán ser objeto de división material para formar otros más reducidos e independientes, y aumentados por agregación de otros colindantes del mismo edificio o disminuidos por segregación de alguna parte.

En tales casos se requerirá, además del consentimiento de los titulares afectados, la aprobación de la junta de propietarios, a la que incumbe la fijación de las nuevas cuotas de participación para los pisos reformados, sin alteración de las cuotas de los restantes.

Una comunidad de propietarios en régimen de propiedad horizontal está integrada por una serie de departamentos —viviendas, locales comerciales, garajes, etc.— que reciben el nombre de *elementos privativos*, salvo que hayan sido configurados como anejos de otros elementos privativos —garajes y trasteros—, a cada uno de los cuales se les asigna un número de orden en la propiedad horizontal y se inscriben en el Registro de la Propiedad como fincas independientes.

La *agregación registral* consistirá en segregar una o más porciones de una finca registral del mismo edificio para incorporarlas a otra también inscrita en el Registro de la Propiedad, pero sin formar una finca nueva. También se habla de agregación cuando lo que se une no es una porción de finca, sino otra finca nueva. En todo caso, es necesario que la finca absorbente sea en extensión, al menos, cinco veces mayor de lo que se agrega.

Distinta de la agregación registral es la *agrupación*, que consiste en unificar registralmente dos o más fincas inscritas para formar una nueva.

La LPH exige la aprobación de la junta, pero de su texto no resulta que

tenga carácter imperativo y que no quepa cláusula en contrario. El derecho sobre cada piso es un derecho de propiedad sin más limitaciones legales; esta forma de propiedad se rige por la voluntad de los interesados, salvo disposiciones legales imperativas.

La Dirección General de los Registros y del Notariado ha resuelto reiteradamente que imponer la aprobación de la junta por unanimidad para la modificación, implica otorgar imperativamente a cada dueño un exagerado derecho de veto que puede prestarse a abusos.

Acción divisoria de la cosa común

Este derecho hace referencia al supuesto en que un piso o local en régimen de propiedad horizontal pertenezca a varias personas.

Sin perjuicio de que la comunidad sobre el piso o local pueda desaparecer por diferentes causas —por ejemplo, por consolidación o reunión en una sola mano de los diversos derechos, la destrucción de la cosa, la renuncia de todos los propietarios, etc.—, la comunidad sobre un piso o local puede extinguirse por división de la cosa común.

La Ley de Propiedad Horizontal prevé:

La acción de división no procederá para hacer cesar la situación que regula esta ley. Sólo podrá ejercitarse por cada propietario pro indiviso sobre un

178

piso o local determinado, circunscrita al mismo, y siempre que la proindivisión no haya sido establecida de intento para el servicio o utilidad común de todos los propietarios.

La ley otorga a cada comunero el derecho o facultad de reclamar la división del piso o local en cualquier momento. No obstante, existe un límite a ese derecho: la *indivisibilidad de la cosa*, es decir, que al efectuar la división resulta la cosa inservible para el uso al que se destina, o que la cosa es esencialmente indivisible por naturaleza.

En los supuestos en que el piso o local no sea divisible, no cabe, en efecto, división en sentido estricto, pero sí una disolución de la comunidad, que se produce de una de estas formas:

— adjudicando el piso o local a uno de los condueños que indemniza a los demás, lo que también se denomina *división negocial* o *convencional*;
— subastándolo y repartiéndose el precio.

En el supuesto de que los copropietarios no coincidan en su intención de dividir el piso o local, el propietario que desee la división puede solicitarla ante el órgano competente por medio del juicio declarativo que corresponda; en este caso, la división se efectuará en fase de ejecución de sentencia, procediéndose a la división material.

Derecho a modificar el apartamento

El artículo 7 de la LPH establece:

> El propietario de cada piso o local podrá modificar los elementos arquitectónicos, instalaciones o servicios de aquel cuando no menoscabe o altere la seguridad del edificio, su estructura general, su configuración o estado exteriores, o perjudique los derechos de otro propietario, debiendo dar cuenta de tales obras previamente a quien represente a la comunidad. En el resto del inmueble no podrá realizar alteración alguna, y si advirtiere la necesidad de reparaciones urgentes, deberá comunicarlo sin dilación al administrador.

Este artículo contiene una categórica prohibición a los distintos dueños respecto a las alteraciones en el resto del inmueble, con lo que rotundamente proscribe toda modificación o cambio en los elementos comunes, principio básico que ni siquiera deja de operar en el supuesto de reparaciones urgentes; cualquier innovación de los servicios y cosas comunes, como todo lo que concierne al título constitutivo, requiere unanimidad para su modificación.

Las modificaciones que la LPH permite efectuar al propietario de cada piso o local dentro de sus límites perimetrales, así como su división material para formar otros más reducidos e independientes u otros más amplios por agregación de otros colindantes, requieren además del cumplimiento de los procedimientos establecidos —dar cuenta previamente de las obras a quien representa a la comunidad o, en su caso, recabar y obtener la aprobación de la junta de propietarios—, que las obras no signifiquen alteración de la estructura del edificio o de las cosas comunes, ya que la LPH contiene una regulación específica de los requisitos para que una obra de esas características pueda ejecutarse: el acuerdo unánime de todos los copropietarios.

El fondo de reserva

La lucha contra la morosidad es uno de los principios inspiradores de la reforma de la LPH, por ser una de las exigencias reclamadas por las comunidades de propietarios, las cuales, ante la negativa reiterada e injustificada de pago por parte de alguno de sus integrantes, no disponían de mecanismos legales que, de una forma ágil, les permitiera el resarcimiento de sus créditos.

Con el fin de garantizar a la comunidad la recuperación de las cantidades que les adeudan los copropietarios, la nueva LPH ha establecido una serie de medidas de garantía, así como unas medidas procesales que facilitan el acceso a los tribunales de justicia para reclamar cantidades adeudadas.

Las medidas son las siguientes:

— creación de un fondo de reserva para atender los gastos que generen las obras de conservación y reparación del edificio;
— conceder el carácter de preferente, a los efectos de la prelación de créditos del Código Civil, a aquellos créditos a favor de la comunidad derivados de las cuotas pendientes de pago por los copropietarios y que sean imputables a la parte vencida de la anualidad en curso y a la anualidad inmediatamente anterior;
— publicidad en el instrumento público mediante el que se transmita la vivienda o el local de las cantidades adeudadas;
— el piso o local estará legalmente afecto al cumplimiento de los gastos generales. De modo que el adquiriente de una vivienda o local responderá con el inmueble adquirido de las cantidades adeudadas a la comunidad por los anteriores propietarios, hasta el límite de las cantidades vencidas imputables a la anualidad en que tenga lugar la adquisición y al año natural inmediatamente anterior;
— responsabilidad solidaria del transmitente que no comunique el cambio de titularidad a la comunidad; por tanto, estará obligado a responder de las deudas que se devenguen con posterioridad a la transmisión;
— privación del derecho de voto y la posibilidad de impugnar los acuerdos adoptados por la junta para

aquellos copropietarios que mantengan cantidades pendientes de pago, los cuales deberán aparecer detallados en las convocatorias de las juntas;

— regulación de un procedimiento ágil y eficaz de ejecución judicial para el cobro de las deudas de la comunidad.

El fondo de reserva está regulado por la ley. A la espera, además, de las disposiciones que las distintas comunidades autónomas puedan adoptar dentro de sus competencias.

La LPH establece que son obligaciones de cada propietario:

Contribuir con arreglo a su respectiva cuota de participación a la dotación del fondo de reserva que existirá en la comunidad de propietarios para atender las obras de conservación y reparación de la finca.

El fondo de reserva, cuya titularidad corresponde a todos los efectos a la comunidad, estará dotado con una cantidad que en ningún caso podrá ser inferior al 5 % de su último presupuesto ordinario.

Con cargo al fondo de reserva la comunidad podrá suscribir un contrato de seguro que cubra los daños causados en la finca o bien concluir un contrato de mantenimiento permanente del inmueble y sus instalaciones generales.

A su vez, la disposición adicional de la ley, dispone:

Sin perjuicio de las disposiciones que en uso de sus competencias adopten las comunidades autónomas, la constitución del fondo de reserva regulado en el artículo 9.1 se ajustará a las siguientes reglas:

a) El fondo deberá constituirse en el momento de aprobarse por la junta de propietarios el presupuesto ordinario de la comunidad correspondiente al ejercicio anual inmediatamente posterior a la entrada en vigor de la presente disposición.

La nuevas comunidades de propietarios constituirán el fondo de reserva al aprobar su primer presupuesto ordinario.

b) En el momento de su constitución, el fondo estará dotado con una cantidad no inferior al 25 % del presupuesto ordinario de la comunidad.

A tal efecto, los propietarios deberán efectuar previamente las aportaciones necesarias en función de su respectiva cuota de participación.

c) Al aprobarse el presupuesto ordinario correspondiente al ejercicio anual inmediatamente posterior a aquel en que se constituya el fondo de reserva, la dotación del mismo deberá alcanzar la cuantía mínima establecida en el artículo 9.

La dotación del fondo de reserva no podrá ser inferior, en ningún momento del ejercicio presupuestario, al mínimo legal establecido.

Las cantidades detraídas del fondo durante el ejercicio presupuestario para atender los gastos de conservación y reparación de la finca permitidos por la presente Ley se computarán por parte integrante del mismo a efectos del cálculo de su cuantía mínima.

Al inicio del siguiente ejercicio presupuestario se efectuarán las aportaciones necesarias para cubrir las cantidades detraídas del fondo de reserva conforme a lo señalado en el párrafo anterior.

Obligatoriedad

Tal y como establece la ley, la comunidad de propietarios está obligada a constituir un fondo de reserva, que es una cantidad de dinero aportada por los propietarios y destinada a atender aquellos gastos que generen las obras de conservación y reparación del edificio.

Su carácter imperativo no ofrece duda; sin embargo, esta regla precisa una puntualización: en los complejos urbanísticos privados constituidos en forma de comunidad agrupada, el fondo de reserva tiene carácter voluntario.

Constitución del fondo de reserva

El fondo de reserva se constituye con la aportación obligatoria de todos los copropietarios, según su respectiva cuota de participación.

Las comunidades de propietarios surgidas a partir de la entrada en vigor de la reforma de la LPH —29 de abril de 1999— deben constituir un fondo de reserva al aprobar su primer presupuesto ordinario.

Las comunidades que ya estaban constituidas con anterioridad a la entrada en vigor de la reforma consti-

tuirán un fondo de reserva al aprobar el presupuesto ordinario correspondiente al ejercicio anual inmediatamente posterior a dicha fecha.

Puede suceder que la comunidad, al aprobar el primer presupuesto ordinario, no constituya un fondo de reserva, o que lo constituya con una dotación inferior al mínimo legal. También puede suceder que la comunidad adopte un acuerdo de no constitución del fondo de reserva. En estos casos, cualquier comunero podrá exigir el cumplimiento del mandato legal. Si ninguno de los comuneros reclama la institución de un fondo de reserva, la LPH no prevé mecanismos administrativos sancionadores; sin embargo, en un futuro se prevé su regulación por las distintas comunidades autónomas con competencia en la materia.

Todo ello sin perjuicio de que las comunidades de propietarios puedan incurrir en responsabilidades civiles o sanciones administrativas si por no disponer de un fondo de reserva demoran la realización de obras necesarias y urgentes, ordenadas por la autoridad competente.

Destino: los gastos de conservación

La finalidad última del fondo de reserva es conservar los edificios y promover las eventualidades que conlleva el mantenimiento de los inmuebles, ya que las comunidades deben tener en cuenta, además de realizar unas aportaciones para el pago de los servicios que disfrutan en común, que cada cierto tiempo deberían realizar las correspondientes revisiones en la cubierta, la fachada, los bajantes, etc.

Así pues, el fondo permite tener a disposición de la comunidad una cantidad de dinero con que poder hacer frente a aquellas obras que permitan mantener el inmueble en las debidas condiciones estructurales de habitabilidad y seguridad, no sólo en beneficio de todos los propietarios, sino también para evitar los perjuicios a terceros derivados de una mala conservación del edificio.

Forma de pago

La aportación puede efectuarse en una o varias veces, según determine la comunidad, pero el mínimo legal debe estar totalmente desembolsado al inicio del ejercicio económico.

Si el fondo de reserva, por haberlo convenido la junta de propietarios, es superior al mínimo legal exigido, el

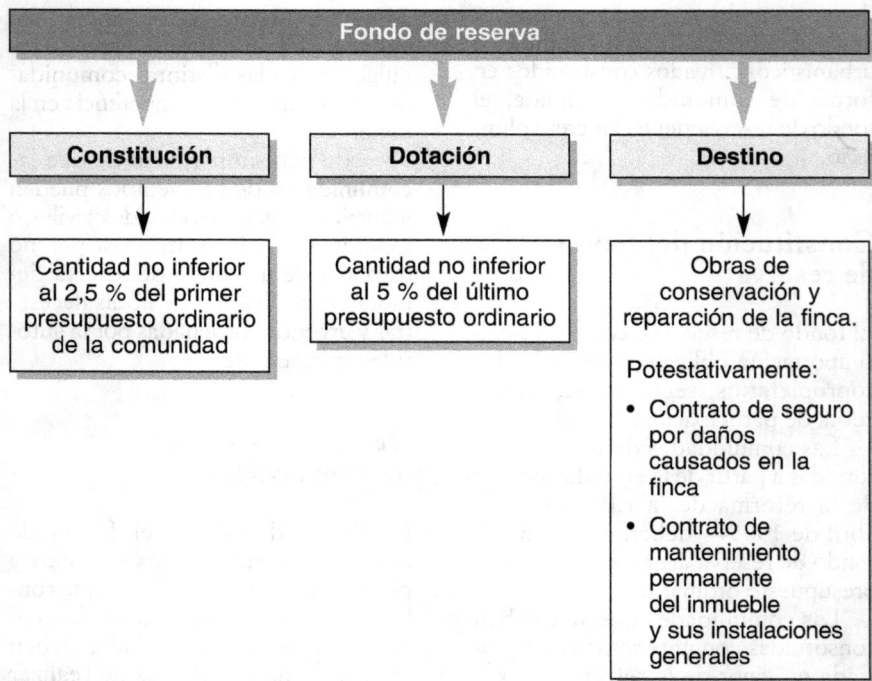

Fondo de reserva

Constitución	Dotación	Destino
Cantidad no inferior al 2,5 % del primer presupuesto ordinario de la comunidad	Cantidad no inferior al 5 % del último presupuesto ordinario	Obras de conservación y reparación de la finca. Potestativamente: • Contrato de seguro por daños causados en la finca • Contrato de mantenimiento permanente del inmueble y sus instalaciones generales

exceso puede ser abonado, si así lo acuerda la junta, en una o varias veces durante el ejercicio a cuyo presupuesto corresponda.

Las cantidades detraídas del fondo de reserva durante el ejercicio presupuestario para atender los gastos de reparación y conservación del edificio permitidos por la ley se computarán como una parte integrante del fondo a los efectos de calcular su cuantía mínima. Dichas cantidades deberán ser cubiertas con las aportaciones de los propietarios que se efectúen en el ejercicio siguiente.

Consideraciones finales

La comunidad de propietarios podrá suscribir con cargo al fondo de reserva un seguro de daños causados en la finca. También podrá, con cargo al fondo, contratar un servicio de mantenimiento permanente del edificio y de sus instalaciones.

Los procedimientos judiciales I.
Impugnación de acuerdos de la junta

La impugnación de los acuerdos es un derecho de todos los copropietarios. Pero este derecho no puede ejercitarse de modo indiscriminado, ya que su finalidad no es otra que evitar las irregularidades y la mala gestión.

Partimos de la idea de que cuando se adopta un acuerdo por unanimidad la impugnación queda excluida; al fin y al cabo, el propietario que votó a favor de una iniciativa que salió adelante con el consenso de todos los copropietarios no puede retractarse después de la voluntad manifestada con su voto.

Así pues, la impugnación se limita a los acuerdos que se adoptan por mayoría, y que implican, evidentemente, la existencia de una minoría opuesta a lo acordado.

Estructura general del proceso impugnatorio

A partir de la entrada en vigor de la Ley 1/2000, de Enjuiciamiento Civil —es decir, desde el 9 de enero de 2001—, el procedimiento aplicable es siempre el *juicio ordinario*.

El plazo para interponer la demanda es de tres meses, salvo cuando se trate de acuerdos contrarios a la ley o a los estatutos, en cuyo caso la acción caducará al año. De este modo, tanto los acuerdos gravemente lesivos para la comunidad en beneficio de uno o varios propietarios, como los acuerdos que supongan un grave perjuicio para algún propietario o hayan sido adoptados con abuso de derecho, podrán ser impugnados en el plazo de tres meses.

El plazo se contará de fecha a fecha, y si en el mes del vencimiento no hubiera un día equivalente al inicial del cómputo, se entenderá que el plazo termina el último del mes. En el cómputo de estos plazos no se excluye el mes de agosto, ya que es hábil a todos los efectos.

La fecha en que se inicia el cómputo es:

— para los propietarios presentes: la fecha en la que se adoptó el acuerdo;
— para los ausentes: la fecha de recepción de la comunicación del acuerdo.

Sólo pueden impugnar los propietarios que votaron en contra del acuerdo adoptado, así como quienes no acudieron a la junta en que se adoptó el acuerdo, y aquellos propietarios que fueron privados del derecho de voto.

No podrán impugnar los acuerdos los propietarios morosos, excepto cuando el acuerdo discutido establezca o altere el reparto de las cuotas de participación; sólo en ese caso podrán estos propietarios impugnar el acuerdo, siempre y cuando consignen judicialmente la deuda.

La legitimación pasiva corresponde a la comunidad de propietarios, representada por su presidente.

📄 **¿Cómo impugnar un acuerdo gravemente lesivo o adoptado con abuso de derecho?**

📄 Cuando un propietario está disconforme con un acuerdo de la junta de propietarios, lo primero que debe hacer es asegurarse de que hay motivos para impugnar.

Sólo pueden impugnar aquellos propietarios que votaron en contra del acuerdo adoptado, quienes no acudieron a la junta en que se adoptó o los que fueron privados de su derecho a voto.

No podrán impugnar los propietarios morosos, salvo que el acuerdo discutido establezca o altere el reparto de las cuotas de participación; no obstante, podrán impugnar cualquier tipo de acuerdo si previamente consignan judicialmente su deuda con la comunidad de propietarios.

Regulación en la LPH

Antes de la reforma de 1a LPH se hacía distinción entre los *acuerdos anulables* y los *acuerdos nulos de pleno derecho*. Los primeros, si no se impugnaban en el plazo de treinta días, se convertían en plenamente eficaces. Los segundos podían ser denunciados por cualquiera en cualquier momento, ya que ni la inactividad de los copropietarios ni el transcurso del tiempo los convertían en plenamente válidos.

Actualmente, para paralizar la entrada en vigor de un acuerdo adoptado por la junta de propietarios de un edificio constituido en régimen de propiedad horizontal es necesaria su impugnación, con independencia de cual sea la gravedad de su contenido y siempre que el acuerdo sea susceptible de ser impugnado.

Asimismo, antes de la reforma, para que los propietarios disconformes pudieran impugnar un acuerdo, por encontrarlo gravemente perjudicial, el único requisito que se les pedía era que sumaran, como mínimo, el 25 % de las cuotas de participación.

Actualmente, cualquiera puede hacerlo si considera que es víctima de una decisión que lesiona sus intereses o que ha sido adoptada con abuso de derecho.

Causas de impugnabilidad

Tal y como se desarrolló anteriormente, son causas de impugnabilidad de los acuerdos adoptados por una junta de propietarios:

a) *Los acuerdos contrarios a la ley o a los estatutos.*

La problemática más habitual que se plantea en estos casos es que se hayan cometido errores en los trámites formales obligato-

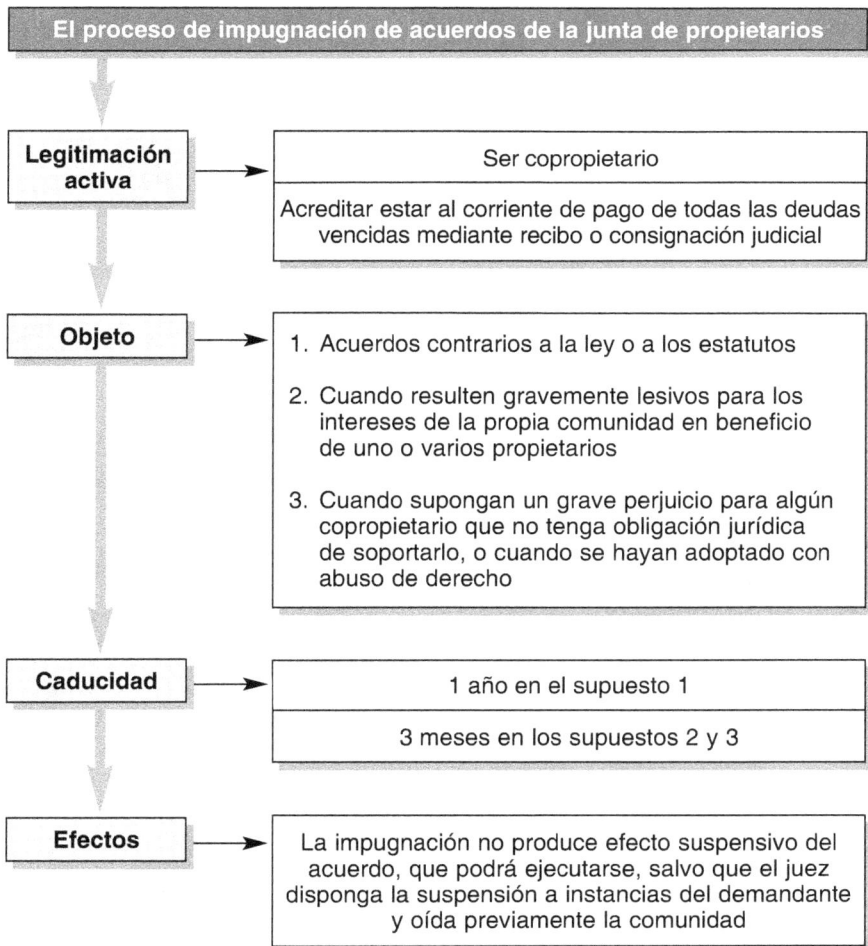

El proceso de impugnación de acuerdos de la junta de propietarios

Legitimación activa	→	Ser copropietario
		Acreditar estar al corriente de pago de todas las deudas vencidas mediante recibo o consignación judicial

Objeto	→	1. Acuerdos contrarios a la ley o a los estatutos
		2. Cuando resulten gravemente lesivos para los intereses de la propia comunidad en beneficio de uno o varios propietarios
		3. Cuando supongan un grave perjuicio para algún copropietario que no tenga obligación jurídica de soportarlo, o cuando se hayan adoptado con abuso de derecho

Caducidad	→	1 año en el supuesto 1
		3 meses en los supuestos 2 y 3

Efectos	→	La impugnación no produce efecto suspensivo del acuerdo, que podrá ejecutarse, salvo que el juez disponga la suspensión a instancias del demandante y oída previamente la comunidad

rios para adoptar el acuerdo; además de estos *errores de forma*, puede suceder que se hayan cometido *errores de contenido*.

Por ejemplo, el acuerdo adoptado en una junta de propietarios en la que la citación de los propietarios haya sido incompleta, o que contuviera una información que no se adecuara a los asuntos de la reunión, es susceptible de impugnación.

También sería susceptible de impugnación cualquier acuerdo adoptado cuando no se ha respetado el plazo obligatorio de espera entre la entrega de la última citación y la celebración de la reunión de la junta.

b) *Los acuerdos gravemente lesivos para la comunidad en beneficio de uno o varios propietarios.*

Este tipo de acuerdos se produce cuando algunos de los copropietarios adoptan un acuerdo sin tener en cuenta el interés común sino el interés propio.

c) *Acuerdos que supongan un grave perjuicio para algún propietario o hayan sido adoptados con abuso de derecho.*

Sería el caso, por ejemplo, de un vecino que deseara dividir un piso de su propiedad en dos apartamentos y, siendo precisa la unanimidad de la junta de propietarios, cada vez que sometiera a la junta la cuestión para recabar su autorización, se encontrara con la reiterada negativa de uno solo de los copropietarios, por causa de su manifiesta enemistad con el vecino que solicita la autorización unánime.

📋 **¿Quién puede impugnar los acuerdos contrarios a la Ley o a los estatutos de la comunidad?**

📋 Cualquier disidente podrá acudir al juez en el plazo de un año, contado desde la adopción del acuerdo, o desde la recepción de la notificación si el que impugna no asistió a la junta.

Efectos de la impugnación. Ejecución

En el plazo que transcurra desde la impugnación de un acuerdo hasta la resolución judicial del asunto, este será provisionalmente ejecutivo, salvo si el juez ordena su suspensión cautelar a instancias del demandante.

Ello es así porque la interposición de la demanda no paraliza la ejecución del acuerdo. Sólo a instancias de parte y oída la comunidad puede un juez disponer la suspensión con carácter cautelar.

El juez puede exigir fianza previa y suficiente para responder por los daños y perjuicios que la demora en la ejecución pueda ocasionar.

Costas judiciales

Cuando la resolución judicial condena a abonar las costas judiciales a la comunidad de propietarios (que mantuvo la validez del acuerdo), el propietario que impugnó dicho acuerdo no se hará cargo de la parte proporcional de los gastos ocasionados (es decir, las costas procesales no tendrán aquí el carácter de gastos generales).

Los procedimientos judiciales II.
Reclamación de cantidades impagadas

La LPH de 1999, al regular las obligaciones que corresponden a los copropietarios que integran una comunidad, establece en su artículo 9 la de contribuir al sostenimiento de los gastos generales con arreglo a su cuota de participación. Asimismo, en el artículo 21 establece un procedimiento especial que permite a la comunidad de propietarios reclamar judicialmente las cantidades que le son adeudadas por sus componentes.

Con la posterior entrada en vigor de la actual Ley de Enjuiciamiento Civil 1/2000 —en vigor desde el día 8 de enero de 2001—, se ha modificado el artículo 21; que ha quedado con el siguiente redactado:

1. Las obligaciones a que se refieren los apartados e y f del artículo 9 deberán cumplirse por el propietario de la vivienda o local en el tiempo y forma determinados por la junta. En caso contrario, el presidente o el administrador, si así lo acordase la junta de propietarios, podrá exigirlo judicialmente a través del proceso monitorio.

2. La utilización del proceso monitorio requerirá la previa certificación del acuerdo de la junta aprobando la liquidación de la deuda con la comunidad de propietarios por quien actúe como secretario de la misma, con el visto bueno del presidente, siempre que tal acuerdo haya sido notificado a los propietarios afectados en la forma establecida en el artículo 9.

3. A la cantidad que se reclame en virtud de lo dispuesto en el apartado anterior podrá añadirse la derivada de los gastos del requerimiento previo de pago, siempre que conste documentalmente la realización de este, y se acompañe a la solicitud el justificante de tales gastos.

4. Cuando el propietario anterior de la vivienda o local deba responder solidariamente del pago de la deuda, podrá dirigirse contra él la petición inicial, sin perjuicio de su derecho a repetir contra el actual propietario. Asimismo se podrá dirigir lar reclamación contra el titular registral, que gozará del mismo derecho mencionado anteriormente. En todos estos casos, la petición inicial podrá formularse contra cualquiera de lo obligados o contra todos ellos conjuntamente.

5. Cuando el deudor se oponga a la petición inicial del proceso monito-

rio, el acreedor podrá solicitar el embargo preventivo de bienes suficientes de aquel, para hacer frente a la cantidad reclamada, los intereses y las costas.

El tribunal acordará, en todo caso, el embargo preventivo sin necesidad de que el acreedor preste caución. No obstante, el deudor podrá enervar el embargo presentando aval bancario por la cuantía por la que se hubiese decretado.

6. Cuando en la solicitud inicial del proceso monitorio se utilizaren los servicios profesionales de abogado y procurador para reclamar las cantidades debidas a la comunidad, el deudor deberá pagar, con sujeción en todo caso a los límites establecidos en el apartado tercero del artículo 394 de la Ley de Enjuiciamiento Civil, los honorarios y derechos que devenguen ambos por su intervención, tanto si aquel atendiere el requerimiento de pago como si no compareciere ante el tribunal. En los casos en que exista oposición, se seguirán las reglas generales en materia de costas, aunque si el acreedor obtuviere una sentencia totalmente favorable a su pretensión, se deberán incluir en ellas los honorarios del abogado y los derechos del procurador derivados de su intervención, aunque no hubiera sido preceptiva.

La actual Ley de Enjuiciamiento Civil permite en determinados supuestos —en el juicio verbal para la reclamación de cantidades que no excedan de 901,52 euros y para la petición inicial del proceso monitorio— que el ciudadano acuda al juzgado para reclamar deudas sin valerse necesariamente de los servicios profesionales de abogado y procurador.

El proceso monitorio especial

El proceso monitorio es aquel procedimiento judicial a través del cual una

---

PRINCIPALES NOVEDADES DE LA LPH RESPECTO A LOS MOROSOS

La actual LPH pretende luchar contra la morosidad de una forma ágil y contundente; así, la nueva ley ha adoptado una serie de medidas que son fundamentalmente disuasorias:

1. El propietario moroso pierde el derecho a votar en las juntas y a impugnar las decisiones adoptadas; no obstante, puede asistir a las reuniones y participar en las deliberaciones.
2. La condición de moroso queda reflejada en las citaciones de las juntas.
3. En caso de que el propietario moroso desee proceder a la venta de su piso o local, no podrá ocultar sus deudas, lo que puede provocar el recelo de los posibles compradores.
4. Además, el moroso tiene actualmente muchas más probabilidades de ser llevado a juicio, ya que los nuevos juicios son más sencillos y económicos.

comunidad de propietarios puede reclamar las deudas de los propietarios morosos por impago de los gastos comunes, siempre que el importe de la deuda no exceda de 30.050,61 euros.

Se trata de un procedimiento ágil y eficaz que permite a la comunidad de propietarios reclamar judicialmente las cantidades que le adeudan sus componentes, ya que están obligados a contribuir al sostenimiento de los gastos generales con arreglo a su cuota de participación; asimismo, garantiza el cumplimiento de la obligación de contribución a la dotación del fondo de reserva.

Requisitos previos a la vía judicial

A los efectos de interposición de un procedimiento monitorio, es necesaria la aportación de los siguientes documentos:

1. *Acuerdo de la junta de propietarios que apruebe la liquidación de la deuda.*

   La utilización del procedimiento monitorio requerirá la previa reunión de la junta de propietarios, debidamente convocada y celebrada, en que se acuerde aprobar la liquidación de la deuda de un determinado propietario con la comunidad de propietarios.

   Esta certificación deberá ser expedida por aquella persona que actuó como secretario en la junta y deberá contener el visto bueno del presidente de la comunidad.

2. *La comunicación del citado acuerdo al propietario afectado.*

   La comunicación se llevará a cabo mediante una notificación, que se realizará por escrito en el domicilio previamente designado por el deudor para las notificaciones y citaciones relacionadas con los asuntos de la comunidad de propietarios, de tal manera que se deje constancia de la recepción de la misma.

   Si no se hubiera designado tal domicilio, se intentará la comunicación en el piso o local, y si tampoco pudiera hacerse efectiva de este modo, se le notificará colocando la liquidación, durante tres días naturales, en el tablón de anuncios de la comunidad, indicando la fecha y los motivos por los cuales se procede de esta manera. Debe estar firmada por el secretario de la comunidad y tener la conformidad del presidente.

3. *Certificación del acuerdo y del impago.*

   Si el deudor no pagase en el término de tres días desde la notificación del acuerdo de la junta de propietarios, el secretario emitirá un certificado del citado acuerdo y del impago de la cantidad debida, con la conformidad del presidente de la comunidad de propietarios.

📖 **¿Cuál es el órgano competente para resolver los litigios en materia de propiedad horizontal?**

Normalmente se deberá acudir al Juzgado de Primera Instancia del lugar en que radique la finca, aunque en determinados pleitos puede haberse pactado de antemano el sometimiento a otros tribunales.

En estos casos, habrá que revisar detalladamente la validez del pacto que traslada el conflicto de su destino natural. De este modo, por ejemplo, es posible que las empresas de conservación de los ascensores establezcan en las condiciones generales de sus contratos que los posibles conflictos han de resolverse ante los tribunales más cercanos a su sede social. La validez de estas cláusulas no siempre ha sido admitida por los tribunales.

¿Quién representa a la comunidad en un proceso judicial?

El presidente tiene entre sus principales funciones la de representar y defender a los demás propietarios en juicio.

La LPH no determina si es necesario que el presidente obtenga la autorización previa de la junta de propietarios con carácter previo a la interposición de acciones en su nombre. En cualquier caso, el presidente de la comunidad siempre deberá acreditar la posesión del cargo mediante una copia certificada del acta que refleje su nombramiento y, preferiblemente, otra en la que se refleje el consenti-

miento expreso de la junta para actuar en el juicio.

No obstante, es posible que un vecino actúe por cuenta propia y emprenda acciones legales pretendiendo resolver problemas comunitarios, ya sea porque el presidente se niega a hacerlo o, por ejemplo, porque se pretende denunciar una actuación del propio presidente.

Además, si uno o varios vecinos consideran que un acuerdo de la comunidad es gravemente perjudicial, pueden impugnarlo, ya que, en caso de no hacerlo, deberán acatar las consecuencias de la entrada en vigor de tal acuerdo.

La reclamación judicial

• *Legitimación activa.*

Corresponde a la comunidad de propietarios titular del crédito, representada en la persona de su presidente, quien ostenta legalmente la representación legal de la comunidad, tanto en juicio como fuera de él.

• *Legitimación pasiva.*

La demanda se dirige contra el propietario que tenga pendientes de pago cantidades derivadas de las cuotas con las que viene obligado legalmente a contribuir a los gastos generales de sostenimiento del inmueble, así como a la dotación del fondo de reserva.

La comunidad de propietarios también podrá dirigirse solidariamente contra el anterior propietario cuando este no haya comunicado fehacientemente a la comunidad, a través de su secretario, el cambio de titularidad. Esta responsabilidad solidaria no tendrá lugar cuando la comunidad haya tenido conocimiento del cambio de titularidad que se ha producido por otros medios.

• *Interposición de la reclamación.*

En síntesis, el procedimiento monitorio se inicia mediante una solicitud —pueden emplearse impresos o formularios que habitualmente son proporcionados en el juzgado correspondiente—, dirigida al Juzgado de Primera Instancia del lugar donde se encuentre la finca constituida en régimen de propiedad horizontal o del lugar donde se encuentre el domicilio del deudor —a elección de la comunidad de propietarios—; en este caso no es necesaria la intervención de procurador y abogado.

Para la petición inicial no es necesario solicitar los servicios de un abogado ni de un procurador. Si se decide utilizar sus servicios profesionales, el deudor se habrá de hacer cargo de los gastos derivados de su intervención, tanto si paga como si no comparece ante el juzgado.

En el impreso se ha de consignar la cantidad que se reclama, deuda dineraria, vencida y exigible, que no exceda de 30.050,61 euros.

En la solicitud se han de indicar las siguientes circunstancias:

— identidad de la comunidad solicitante;

— identidad de la persona que firma la petición;
— el domicilio que el deudor haya designado especialmente para que se practiquen las citaciones y notificaciones de los asuntos relacionados con la comunidad de propietarios. En el caso de que el deudor no hubiera designado expresamente un domicilio para estos efectos, se indicará la dirección del piso o local del deudor en la misma comunidad.

Punto clave de este proceso es que con la solicitud se deben aportar documentos de los que resulte una base jurídica de la deuda, que serán los siguientes:

— certificado del acuerdo de la junta en que se aprueba el importe de la deuda y del impago. Este certificado deberá ser expedido por la persona que actuó como secretario en la junta y deberá contener el visto bueno del presidente;
— documento acreditativo de la notificación del importe de la deuda al deudor;
— documento que acredite la condición de presidente o secretario de la comunidad con autorización para formular la reclamación;
— en su caso, justificantes de los gastos ocasionados por el requerimiento de pago previo.

Se deben adjuntar al impreso tantas copias firmadas como deudores haya.

- *Admisión a trámite y requerimiento del demandado.*

Una vez presentada la solicitud deberá ser admitida a trámite por el juez, el cual emplazará y requerirá al deudor para que en un término de veinte días pague o, en su caso, manifieste mediante un escrito lo que estime conveniente, apercibiéndole de que en caso de impago o incomparecencia será despachada ejecución.

Así pues, una vez practicado el requerimiento, el demandado dispondrá de un plazo de veinte días para:

— abonar las cantidades;
— oponerse a la demanda, formulando lo que considere necesario para acreditar el motivo por el cual considera que no adeuda, en todo o en parte, las cantidades que se le reclaman;
— dejar transcurrir el plazo concedido sin comparecer ni formular alegaciones. En este caso, transcurrido el plazo, el juez dictará auto despachando ejecución por la cantidad adeudada y reclamada, más los intereses y las costas que prudencialmente se prevean, incluyendo también los gastos extrajudiciales ocasionados con motivo de la notificación de la liquidación de la deuda, previa a la demanda, cuando esta se haya realizado por conducto notarial. En este caso se seguirán los trámites previstos para la ejecución de las sentencias, es decir, podrá llevarse a cabo el embargo sobre bienes propiedad del demandado.

Por tanto, una vez realizado el emplazamiento, nos podemos encontrar con cualquiera de estas situaciones:

a) *El pago del deudor.*

Si el deudor atiende el requerimiento de pago, tan pronto como lo acredite se le hará entrega de una certificación de la deuda —justificante de pago—, se dará por finalizado el procedimiento y se archivarán las actuaciones judiciales.

b) *La incomparecencia del demandado.*

Si el deudor no paga ni explica sus motivos por escrito, el juez dictará un auto despachando ejecución contra el deudor para que pague la deuda y los intereses generados, así como las costas que prudencialmente se prevean, incluyendo también los gastos extrajudiciales ocasionados con motivo de la notificación de la liquidación de la deuda. Si la deuda es superior a 901,52 euros, el solicitante necesitará obligatoriamente los servicios de un abogado y un procurador para los trámites de la ejecución.

c) *Oposición del demandado.*

El demandado puede comparecer y oponerse a la demanda alegando las razones por las cuales se niega de modo total o parcial al pago de las cantidades que le son reclamadas. Puede suceder:

— la cantidad reclamada no supera los 3.005,06 euros: se citará a las partes para la celebración de un juicio verbal. Tanto para el escrito de oposición del deudor como para la asistencia a este juicio es obligatorio disponer de abogado y procurador si la reclamación excede de 901,52 euros.

— la cantidad reclamada excede de 3.005,06 euros: en este caso, el juez dará un plazo de un mes a la comunidad para que, si lo desea, presente una demanda de juicio ordinario en reclamación de la deuda. En este supuesto también es obligatorio asistir con abogado y procurador.

d) *Costas del procedimiento.*

La ley regula la imposición de costas al litigante que vea totalmente desestimadas sus pretensiones, incluyendo los honorarios del abogado y del procurador de la parte vencedora, siempre y cuando, claro está, esta parte hubiera comparecido utilizando sus servicios.

Si la demanda fuera desestimada parcialmente, cada parte litigante asumirá sus costas, y las comunes serán asumidas por ambas partes.

e) *El recurso contra la sentencia.*

La sentencia que dicta el juez es susceptible de ser recurrida en apelación, en el plazo de cinco días desde su notificación.

El recurso únicamente será admitido cuando se acredite, por parte del demandado, que en el momento de la interposición del recurso se ha satisfecho o se ha consignado en el juzgado la cantidad líquida a la que ha sido condenado por sentencia.

¿Qué se puede hacer cuando un propietario incumple su obligación de pagar las cuotas de los gastos generales?

En caso de no conseguirse el cobro de los recibos, el administrador o el presidente de la comunidad podrán exigir judicialmente a través del procedimiento legalmente establecido el cobro de estas deudas.

Este procedimiento judicial se inicia mediante demanda, acompañada de una certificación del acuerdo de la junta de propietarios aprobando la liquidación de la deuda con la comunidad de propietarios.

Tras la presentación de la demanda y una vez admitida a trámite, el juez requerirá al demandado para que en un plazo de 20 días abone las cantidades adeudadas a la comunidad, debiendo acreditar tal pago ante el tribunal.

El requerimiento se efectuará en el domicilio designado previamente por el deudor, o en su defecto, en el propio piso o local, apercibiéndole que de no pagar o comparecer alegando las razones pertinentes se despachará contra él ejecución de la siguiente forma: el Juez dictará auto en el que despachará la ejecución, la cual proseguirá de igual forma que lo dispuesto para las sentencias judiciales, es decir: se cobrará la cantidad adeudada, los intereses, los costes extrajudiciales previstos en la liquidación de la deuda y el interés legal del dinero incrementado en dos puntos desde la fecha en que se dictó el auto judicial requiriendo el pago.

Si el deudor atiende al requerimiento del pago, se le entregará el documento en el que conste la liquidación de la deuda, archivándose las actuaciones.

Si el demandado no estuviese de acuerdo con la liquidación de la comunidad, deberá comparecer ante el tribunal en el plazo de 20 días, alegando en escrito de oposición las razones por las que, a su entender, no debe en todo, o en parte, la cantidad reclamada. En ese caso, el juez, previo traslado al demandante del escrito de oposición, seguirá la tramitación del juicio verbal.

Una vez se formule la oposición se puede solicitar el embargo preventivo de los bienes del deudor en cantidad suficiente para hacer frente a la cantidad reclamada, los intereses y las costas.

El deudor podrá librarse del embargo prestando aval bancario por la cuantía que se decrete el embargo preventivo.

Las costas del juicio se impondrán al litigante que hubiese visto totalmente desestimadas sus pretensiones. Si se estimase parcialmente la demanda, cada parte soportará las costas causadas a su instancia, y las comunes, por la mitad. En las costas se incluirán los honorarios del abogado y del procurador de la parte vencedora si hubiera utilizado sus servicios profesionales en la demanda de contestación.

Posibilidad de reclamación de las deudas a través del proceso declarativo ordinario

El artículo 249.8 de la Ley de Enjuiciamiento Civil 1/2000 prevé que se decidirán en juicio declarativo ordinario las demandas —cualquiera que sea su cuantía— en las que se ejerciten las acciones previstas en la LPH, siempre que no traten exclusivamente sobre reclamación de cantidad.

Cuando se ejercitan acciones cuya finalidad es exclusivamente la reclamación de cantidades adeudadas, estas se tramitan por el procedimiento que corresponda, que puede ser un juicio ordinario o verbal —según la cuantía— o bien por el procedimiento monitorio —siempre y cuando se reúnan los requisitos del artículo 812 de la Ley de Enjuiciamiento Civil.

Así, pueden darse los siguientes supuestos:

a) Cuando se ejercitan acciones que no traten exclusivamente sobre reclamación de cantidad, se interpondrá un juicio declarativo ordinario.

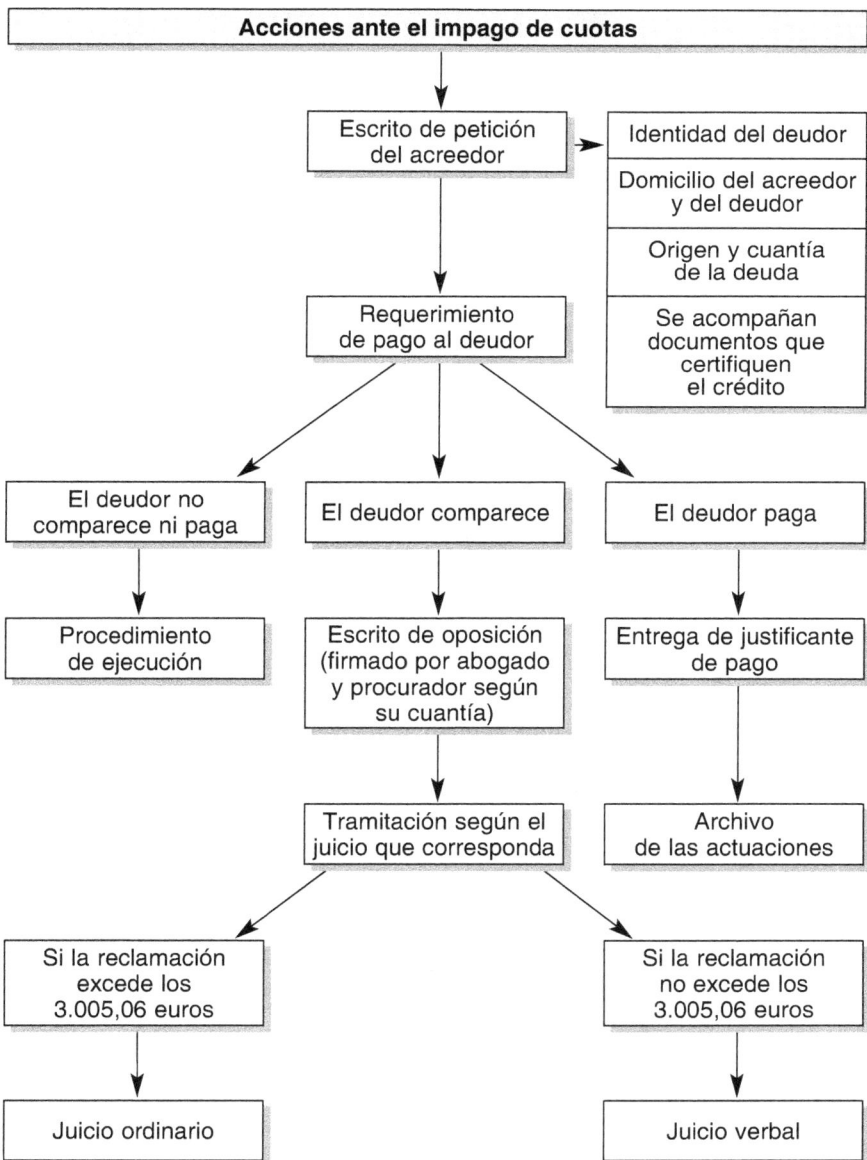

Acciones ante el impago de cuotas

Escrito de petición del acreedor

- Identidad del deudor
- Domicilio del acreedor y del deudor
- Origen y cuantía de la deuda
- Se acompañan documentos que certifiquen el crédito

Requerimiento de pago al deudor

El deudor no comparece ni paga
→ Procedimiento de ejecución

El deudor comparece
→ Escrito de oposición (firmado por abogado y procurador según su cuantía)
→ Tramitación según el juicio que corresponda

- Si la reclamación excede los 3.005,06 euros → Juicio ordinario
- Si la reclamación no excede los 3.005,06 euros → Juicio verbal

El deudor paga
→ Entrega de justificante de pago
→ Archivo de las actuaciones

DEMANDA DE JUICIO MONITORIO EN RECLAMACIÓN DE CUOTAS IMPAGADAS

AL JUZGADO

Don ..., con DNI número ..., y domicilio en la calle ..., número ..., piso ..., de la ciudad de ..., con número de teléfono ..., en calidad de Presidente / Administrador de la Comunidad de Propietarios de la casa número ... de la calle ... de la ciudad de ...,

FORMULO RECLAMACIÓN EN PROCESO MONITORIO de ... euros, más intereses, gastos y costas, contra:

Don ... con DNI y NIF número ..., con domicilio en la calle ..., número ..., de la ciudad de ..., con número de teléfono ..., como propietario de la vivienda / local número ... de la casa sita en número ... de la calle ... de la ciudad de ...

[En caso de que el anterior propietario de la vivienda o local no hubiera comunicado la venta o transmisión a la comunidad, podrá también demandarse al anterior dueño, indicando los mismos datos personales:

Don ..., con DNI y NIF número ..., con domicilio en la calle ..., número ..., de la ciudad de ..., con número de teléfono ..., como anterior propietario de la vivienda / local.]

[Si la persona o personas que figuran como propietarias de la vivienda o local en el Registro de la Propiedad no coinciden con el vecino moroso también podrán ser demandados:

Don ..., con DNI y NIF número ..., con domicilio en la calle ...., número ..., de la ciudad de ..., con número de teléfono ..., como titular registral de la vivienda / local].

HECHOS

PRIMERO. Que actúo en calidad de Presidente / Administrador de la Comunidad de Propietarios de la casa sita en la calle ..., número ..., piso ..., de la localidad de ..., en virtud de acuerdo adoptado por la Junta de Propietarios extraordinaria celebrada en fecha ..., estando debidamente autorizado para formular la presente reclamación. Se acompaña copia del acta como DOCUMENTO NÚMERO UNO.

SEGUNDO. El demandado es propietario [o en su caso, anterior propietario, titular registral], de la vivienda / local de la planta ..., letra ..., de la casa que forma la comunidad demandante.

TERCERO. La Junta de Propietarios aprobó en reunión de fecha ... la liquidación de la deuda, ante el incumplimiento por parte del deudor, Sr. ..., de sus obligaciones de pago frente a la Comunidad. Se acompaña como DOCUMENTO NÚMERO DOS certificación del acuerdo aprobando la liquidación.

CUARTO. El importe de la deuda se comunicó al deudor en su domicilio [o en el domicilio especialmente designado por el dueño o en el tablón de anuncios u otro lugar visible de uso general]. Se acompaña como DOCUMENTO NÚMERO TRES el documento acreditativo de la notificación y, [en su caso], como DOCUMENTO NÚMERO CUATRO los justificantes de los gastos ocasionados con el previo requerimiento de pago.

En atención a lo expuesto,

SOLICITO AL JUZGADO:

1. Que se requiera de pago al demandado, para que en el plazo de VEINTE DÍAS, pague a la Comunidad de Propietarios la cantidad de ... euros, más las costas y [en su caso] gastos del previo requerimiento de pago; y para el caso de que el deudor no pague la deuda ni dé razones por escrito para no hacerlo, se dicte auto ordenando el embargo de bienes suficientes del deudor para cubrir la suma de ... euros, más ... euros que se calculan para intereses al tipo del interés legal del dinero [o el fijado en estatutos, si fuera mayor] desde el día en que se notificó la liquidación, más ... euros en que se presupuestan las costas y gastos.

2. Que si el deudor se opone por escrito alegando razones para negarse total o parcialmente al pago, se convoque a las partes a juicio verbal o se me conceda el plazo legal de un mes para formular la demanda de juicio ordinario pidiendo desde este momento, para el caso de oposición, el embargo de bienes de los deudores, y en su día, la condena a los demandados al pago de la cantidad de ... euros, más el interés legal [o el fijado en Estatutos si fuera mayor], desde la notificación de la deuda, así como al pago de los gastos y costas procesales.

En ..., a ... de ... de ...

Firmado por el Presidente / Administrador de la Comunidad de Propietarios

Trámites del juicio ordinario

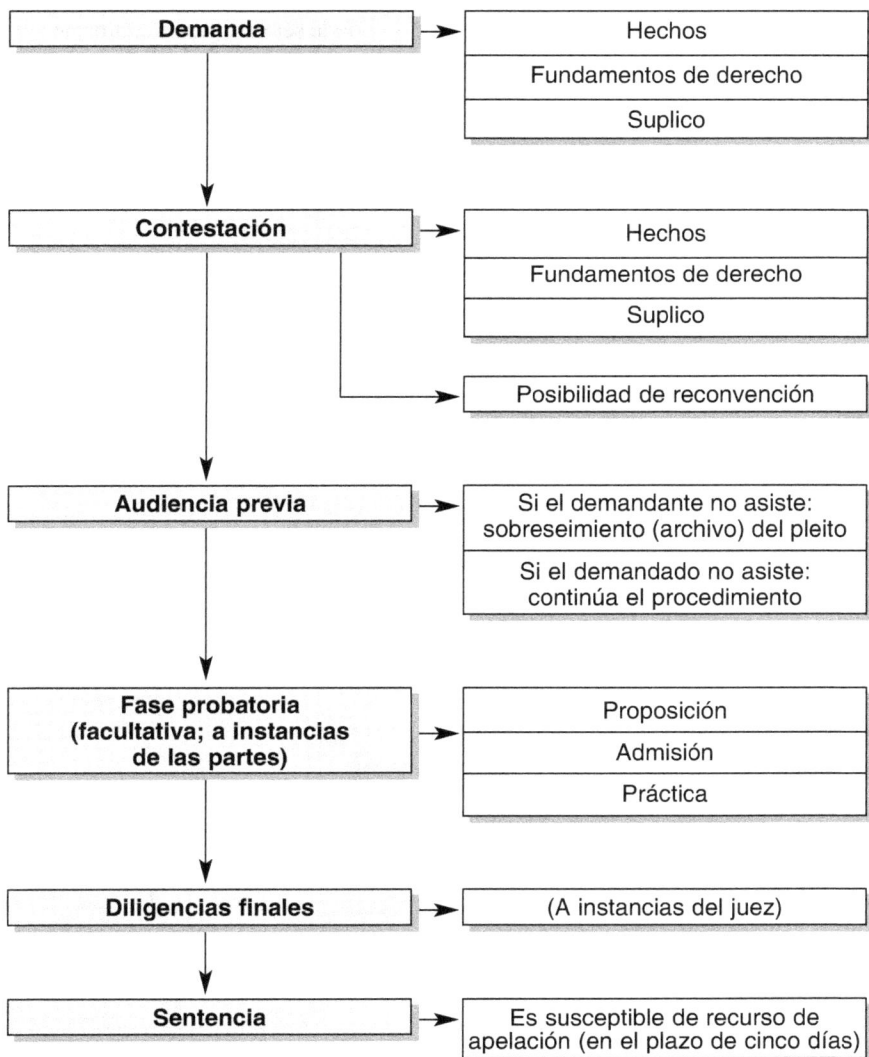

Demanda →
Hechos
Fundamentos de derecho
Suplico

Contestación →
Hechos
Fundamentos de derecho
Suplico

→ Posibilidad de reconvención

Audiencia previa →
Si el demandante no asiste: sobreseimiento (archivo) del pleito
Si el demandado no asiste: continúa el procedimiento

Fase probatoria (facultativa; a instancias de las partes) →
Proposición
Admisión
Práctica

Diligencias finales → (A instancias del juez)

Sentencia → Es susceptible de recurso de apelación (en el plazo de cinco días) *b*) Cuando se realiza exclusivamente una reclamación de cantidad, se interpondrá:

— *juicio ordinario:* si la deuda supera 30.050,61 euros;

— *juicio verbal:* si la deuda no supera los 30.050,61 euros;

— *juicio monitorio:* si la deuda no excede de 30.050,61 euros, y esta puede ser certificada conforme a lo establecido en la LECp.

Los procedimientos judiciales III. Acción de cesación de actividades prohibidas

La Ley de Reforma de la Propiedad Horizontal —Ley 8/1999 de 6 de abril— introduce una serie de novedades legislativas, motivadas principalmente por la necesidad de adaptar la normativa de las relaciones entre copropietarios a las necesidades actuales de la sociedad sobre esa materia, y para ello da cobertura y solución fundamentalmente a dos problemas:

1. La flexibilización de las mayorías; la unanimidad obstaculizaba la adopción de determinados acuerdos sobre servicios generales cuya finalidad última es el beneficio de la propia comunidad.
2. La lucha contra la morosidad; una de las dificultades principales con las que se encontraban las comunidades de propietarios radicaba en el acceso a los tribunales para reclamar las cantidades que les adeudaban los copropietarios.

La LPH crea una serie de medidas para evitar la generación de deudas, así como un procedimiento ágil y eficaz que facilita a la comunidad de propietarios el inicio de la reclamación judicial cuando la deuda se ha originado.

Asimismo, es preciso destacar la regulación de la *acción de cesación,* que permite a la comunidad de propietarios su acceso a los tribunales de justicia en el supuesto de que algún copropietario, u ocupante de la vivienda o local que no sea propietario, realice actividades prohibidas o molestas y se niegue a cesar en tales actividades tras ser requerido por la comunidad de propietarios.

Concepto de actividades prohibidas

La Ley 8/1999 regula la acción de cesación, que permite a la comunidad dirigirse contra el propietario, y también contra el ocupante del piso o local, que lleve a cabo actividades prohibidas por los estatutos, que puedan resultar dañosas para la finca o vulneren las disposiciones generales sobre actividades molestas, insalubres, nocivas, peligrosas o ilícitas.

De este modo, al propietario y al ocupante no les está permitido desarrollar en el piso o local cualquier tipo de actividad que contravenga las disposiciones generales sobre:

• *Actividades molestas.*

Se trata de aquellas actividades que perturben la tranquilidad de los convecinos por ruidos, gases, humos, etc.

La anterior LPH, de 1960, hablaba de actividades inmorales e incómodas. La Ley de 1999 habla solamente de actividades molestas. La supresión del término *inmoral* se ha llevado a cabo para evitar interpretaciones subjetivas. Los términos *incómodo* y *molesto* tienen un significado similar; la diferencia radica en que las actividades incómodas nos impiden vivir con descanso, mientras que las actividades molestas producen falta de comodidad y desagrado, que superan los límites normales de tolerancia. En la mayor parte de los casos, la molestia se producirá como consecuencia de actividades que afecten a los sentidos de la vista, el oído o el olfato; sin embargo, también puede apreciarse cuando las actividades produzcan sentimientos de temor, ansiedad, etc.

A continuación se facilita una relación de resoluciones judiciales sobre la materia, advirtiéndose de que tales resoluciones no son susceptibles de aplicación en otros inmuebles:

— bar que produce ruidos y humos (Audiencia Provincial de Alicante, 14 de febrero de 1991);
— bar, por exceso de decibelios (Tribunal Supremo, 14 de febrero de 1989);

— despachos profesionales (Audiencia Provincial de Barcelona, 7 de abril de 1995);
— peluquería en un piso (Audiencia Territorial del Pontevedra, 31 de julio de 1979);
— pub musical, por insonorización deficiente (Tribunal Supremo, 13 de mayo de 1995);
— vahos y olores en local sin salida de humos (Tribunal Supremo, 28 de septiembre de 1993).

• *Actividades insalubres.*

Son las causantes de desprendimiento o evacuación de productos que puedan resultar directa o indirectamente perjudiciales para la salud de las personas.

Dentro del concepto *insalubre* podrían comprenderse aquellas actividades que atenten contra el medio ambiente, la protección de la naturaleza, etc., reguladas todas ellas por disposiciones legales. En la mayoría de los casos, la regulación de estas actividades vendrá dictada por normas de carácter administrativo y sanitario.

• *Actividades peligrosas.*

Son peligrosas aquellas que tengan como fin fabricar, manipular, expender o almacenar productos susceptibles de originar riesgos graves por explosiones, combustiones, radiaciones u otros de análoga importancia para las personas o bienes. La actividad no se considera peligrosa cuando se ha producido el daño, sino cuando existe el riesgo de que afecte al inmueble o a las personas que lo habitan.

• *Actividades ilícitas.*

Se trata de una novedad de la LPH de 1999, ya que la anterior LPH utilizaba el concepto *inmoral*. La ilicitud conlleva la realización de una actividad prohibida por alguna norma legal, ya sea administrativa, civil o penal.

Procedimiento: juicio ordinario

Desde la entrada en vigor de la Ley de Enjuiciamiento Civil de 2000, el procedimiento que se ha de llevar a cabo para la acción de cesación es el juicio ordinario.

En primer lugar, es importante que la comunidad se asegure de que el vecino incívico está desarrollando —en su parte privativa o en los espacios comunes— actividades prohibidas en los estatutos, dañosas para la finca o contrarias a las disposiciones generales sobre actividades molestas, insalubres, nocivas, peligrosas o ilícitas.

La LPH regula el procedimiento que se debe seguir en estos casos, estableciendo que el presidente de la comunidad, a iniciativa propia o de cualquiera de los propietarios u ocupantes, requerirá a quien realice las actividades prohibidas su cese inmediato, bajo apercibimiento de iniciar las acciones judiciales procedentes.

Si el infractor persiste en su conducta, el presidente, previa autorización de la junta debidamente convocada al efecto, podrá entablar acción de cesación a través del correspondiente procedimiento judicial.

Una vez presentada la demanda —acompañada de una certificación del acuerdo de la junta que autorice al presidente para entablar el pleito—, el juez podrá acordar la cesación inmediata de la actividad prohibida bajo apercibimiento de incurrir en delito de desobediencia; el juez podrá acordar cuantas medidas cautelares sean necesarias para asegurar la efectividad de la orden de cesación.

La demanda se dirigirá contra el propietario del piso o contra el inquilino en caso de que esté alquilado. Si la sentencia estima la causa de su interposición, podrá disponer no sólo la cesación indefinida de la actividad, sino incluso la cuantía por los daños y perjuicios causados a la comunidad, así como la privación de usar la vivienda o local por un tiempo no superior a tres años en función de la gravedad de la infracción.

Si el infractor no fuese el propietario, la sentencia podrá declarar extinguidos definitivamente todos sus derechos relativos a la vivienda o local, así como su lanzamiento inmediato. De este modo, si el causante de los mismos es un inquilino, la sentencia puede declarar extinguido el contrato de arrendamiento y el inmediato desahucio del arrendatario.

Tras la entrada en vigor de la LEC de 2000, el procedimiento utilizado es el del juicio ordinario, cuyos trámites se inician con la interposición de una demanda. Después de la contestación a la demanda, se convoca una audiencia previa en un plazo de tres días para intentar una transacción y eliminar las cuestiones que no son objeto de controversia. Si no se consigue la transacción, se concede a las partes un plazo para proponer la práctica de la prueba, la cual, admitida a trámite, será practicada. Si lo acuerda el juez, se practicarán las diligencias finales. Finalmente, la ley concede al juez un plazo de veinte días para dictar sentencia, que será susceptible de recurso de apelación en el plazo de cinco días.

☐ **Si un vecino reproduce música en su piso a un volumen molesto y tras haber sido apercibido no cambia su actitud, ¿qué puede hacer la comunidad?**

☐ La LPH establece que «al propietario y al ocupante de un piso o local no les está permitido desarrollar en él o en el resto del inmueble actividades prohibidas en los estatutos, que resulten dañosas para la finca o que contravengan las disposiciones generales sobre actividades molestas, insalubres, nocivas o ilícitas».

En el caso que nos ocupa, es conveniente que se avise a la policía municipal en el momento en que el vecino realice las actividades molestas. De este modo, se podrá comprobar oficialmente si el vecino supera los decibelios permitidos. Esta medición la debe realizar la policía municipal, que dejará constancia del incidente, constituyendo una prueba fehaciente de las emisiones sonoras que causa el vecino. El nivel de decibelios permitido en cada localidad y zona está regulado en las ordenanzas locales.

El presidente de la comunidad de propietarios deberá realizar un requerimiento al vecino que causa las molestias para que las cese de forma inmediata, todo ello bajo apercibimiento de iniciar las correspondientes acciones legales si no pone remedio a la situación.

Si el vecino infractor continuara en la actitud infractora, el presidente de la comunidad, previa autorización de la junta, podrá iniciar la correspondiente acción judicial: la llamada acción de cesación.

A la demanda deberá acompañase el requerimiento anteriormente citado, con prueba suficiente de su recepción por el infractor —mediante burofax certificado, carta remitida por conducto notarial o carta con acuse de recibo—, y certificado de la junta de propietarios por la que se acuerde dirigirse judicialmente contra el propietario.

Si la sentencia estima la causa, podrá disponer no sólo la cesación indefinida de la actividad, sino incluso la cuantía a determinar por daños y perjuicios, y la privación de usar la vivienda o local por un tiempo no superior a tres años, en función de la gravedad de la infracción. Si el causante es un inquilino, la sentencia puede declarar extinguido el contrato de arrendamiento, así como el inmediato lanzamiento del arrendatario.

DEMANDA SOLICITANDO LA PRIVACIÓN EN EL USO DE LA VIVIENDA DE UN COPROPIETARIO POR DESARROLLAR ACTIVIDADES MOLESTAS

AL JUZGADO

Don ... Procurador de los Tribunales y de la Comunidad de Propietarios de la calle ... de ..., según representación que acredito por escritura de poder que debidamente bastanteada se acompaña, como mejor proceda en derecho DIGO:

Que por medio del presente escrito interpongo DEMANDA DE JUICIO ORDINARIO para la privación del uso de la vivienda y prohibición de desarrollar en ella actividades incómodas o molestas contra Don ..., con domicilio en ..., basándome en los siguientes fundamentos fácticos y jurídicos:

HECHOS

PRIMERO. Que Don ... es propietario de la vivienda sita en ..., que se encuentra debidamente inscrita en el Registro de la Propiedad de ..., designándose desde este momento los libros y archivos del referido Registro a los efectos probatorios oportunos.

La finca en la que se ubica la referida vivienda se encuentra constituida en comunidad de propietarios, de acuerdo con la Ley de Propiedad Horizontal.

SEGUNDO. La comunidad de propietarios interpone la presente demanda al desarrollar el demandado en el piso ... de su propiedad la actividad de ... que no está legalizada, y que además causa graves perturbaciones a los vecinos por causa de ...

TERCERO. El presidente de la comunidad ha requerido al demandado en diversas ocasiones para que cese en el desarrollo de la actividad, sin que esta haya cesado.

Previamente a la interposición del presente procedimiento se procedió a requerir a D. ... para que cesara en la actividad, sin que hasta el momento lo haya verificado. Se adjunta a la presente demanda el requerimiento previo remitido al demandado a través de burofax y el correspondiente acuse de recibo en prueba de conformidad con su recepción.

CUARTO. Al persistir Don ... en el desarrollo de las actividades molestas para los vecinos, se celebró junta extraordinaria a fin de acordar entablar acciones de cesación y privación del uso de la vivienda por el plazo máximo establecido en la Ley de Propiedad Horizontal. Se adjunta certificación del acuerdo adoptado en junta de propietarios celebrada en fecha ... autorizando la iniciación de acciones judiciales en nombre de la comunidad, la cual consta expedida por el secretario con el correspondiente visto bueno del presidente de la comunidad.

A los anteriores hechos son de aplicación los siguientes

FUNDAMENTOS DE DERECHO

I. Ley aplicable: Ley de Propiedad Horizontal de 1960, modificada por la Ley 8/1999 de reforma de la Propiedad Horizontal.

II. Competencia: Corresponde al Juzgado de Primera Instancia de ... que por turno de reparto corresponda, a tenor de lo establecido en el artículo 21 de la Ley de Propiedad Horizontal, modificado por el artículo 17 de la Ley 8/1999.

III. Procedimiento:

— Artículo 7.2. de la Ley de Propiedad Horizontal en cuanto al procedimiento para ejercer la acción de cesación y, en su caso, de privación del uso de la vivienda.

— Artículo 394 de la Ley de Enjuiciamiento Civil en cuanto al pago de las costas judiciales.

IV. Demás artículos aplicables al caso.

En su virtud,

AL JUZGADO SUPLICO:

Que teniendo por presentado este escrito con los documentos y copias acompañados, con la devolución de la escritura de poderes según se interesa en el encabezamiento del escrito, se sirva admitirlo y tener por formulada DEMANDA DE JUICIO ORDINARIO en ejercicio de la acción de cesación definitiva de la actividad de ..., llevada a cabo en la vivienda ..., contra D. ..., con domicilio en ..., y previos los trámites legales pertinentes se sirva dictar sentencia por la que se declare la obligación del demandado de cesar definitivamente en la actividad de ... y la privación por el tiempo de tres años en el uso de la referida vivienda, más las costas causadas y que se causen, y los gastos.

Fdo. el Letrado   Fdo. el Procurador

Los procedimientos judiciales IV. Ley de Eliminación de Barreras Arquitectónicas y Ley de Igualdad de Oportunidades

El artículo 49 de la Constitución Española establece como uno de los principios que han de regir la política social y económica de los poderes públicos, el de llevar a cabo una política de integración de las personas con discapacidad, amparándolas especialmente para el disfrute de los derechos que la Constitución otorga a todos los ciudadanos. En estos derechos, el artículo 47 consagra el derecho a disfrutar de una vivienda digna y adecuada. En consonancia con ambos preceptos constitucionales, la Ley 13/1982, de 7 de abril, de Integración Social de los Minusválidos, se ocupó de la movilidad y de las barreras arquitectónicas.

Dentro de este marco institucional, se ha promovido el facilitar la movilidad de las personas discapacitadas mediante la progresiva eliminación de las barreras arquitectónicas.

En esta línea, es preciso citar la Ley 51/2003, de 2 de diciembre, que modificó el texto reformado de la Ley de Propiedad Horizontal suavizando el régimen de adopción de acuerdos por las juntas de propietarios para la realización de obras de supresión de barreras arquitectónicas, y la Ley 29/1994, de 24 de noviembre, de Arrendamientos Urbanos, que faculta a los arrendatarios con discapacidad a efectuar reformas en el interior de la vivienda con el fin de mejorar su habitabilidad.

La ley 15/1995, de 30 de mayo, sobre límites de dominio sobre inmuebles para eliminar barreras arquitectónicas a las personas con discapacidad ha pretendido dar un paso más en este camino, ampliando el ámbito de protección y estableciendo un procedimiento que tiene como objetivo que el interesado y el propietario o la comunidad de propietarios lleguen a un acuerdo sobre la forma de ejecución de las obras de adaptación.

Obras de adecuación de fincas urbanas ocupadas por personas discapacitadas

Se realizarán, de acuerdo con lo previsto en la ley, aquellas obras de adecuación de fincas urbanas ocupadas por personas discapacitadas que impliquen reformas en su interior o modificación de elementos comunes del edificio que sirvan de paso necesario entre la finca urbana y la vía pública, tales como escaleras, ascensores, pasillos, portales o cualquier otro elemento arquitectónico, o las necesarias para la instalación de dispositivos electrónicos que favorezcan su comunicación con el exterior.

Beneficiarios

Serán beneficiarios de las medidas previstas en la Ley 15/1995 aquellas personas que, padeciendo una discapacidad física —es decir, quienes tengan una disminución permanente para andar, subir escaleras o salvar barreras arquitectónicas, con independencia de que precisen o no el uso de prótesis o de silla de ruedas—, sean titulares de fincas urbanas en calidad de propietarios, arrendatarios, subarrendatarios, usufructuarios o usuarios.

La condición de discapacitado deberá ser acreditada mediante certificación. Se asimila al usuario, a los efectos de la citada ley, el cónyuge, la persona que conviva con el titular de forma permanente en análoga relación de afectividad, al margen de su orientación sexual, y a los familiares que con él convivan. La convivencia de estos familiares ha de ser de carácter fijo, pues es ilógico solicitar unas obras para una persona que resida sólo temporalmente en la vivienda. Igualmente se considerarán usuarios a los trabajadores discapacitados vinculados por una relación laboral con el titular.

Los derechos reconocidos por esta ley pueden también ejercitarse por los mayores de setenta años, sin que sea necesario que acrediten su discapacidad con un certificado de minusvalía.

Quedan exceptuadas del ámbito de aplicación de la ley 15/1995 las obras de adecuación del interior de las viviendas instadas por sus arrendatarios que tengan condición de discapacitados o que convivan con personas que ostenten dicha condición en los términos del artículo 24 de la Ley 29/1994, de 24 de noviembre, de Arrendamientos Urbanos, que se regirán por esta.

¿Qué requisitos deberán cumplir los solicitantes de obras de adaptación?

El titular de la vivienda o la persona que la habite deberá padecer una discapacidad física permanente que disminuya su capacidad para salvar barreras arquitectónicas; es indiferente, a estos efectos, si usa prótesis, tales como muletas, silla de ruedas, etc.

La Ley 15/1995, de 30 de mayo, equiparó a los discapacitados con las personas mayores de 70 años, sin que tuvieran necesidad de acreditar su discapacidad, por lo que deberían beneficiarse, en principio, de las mismas ventajas que asistan al discapacitado en cuanto a la adaptación del inmueble se refiere. La Ley 51/2003 ha mantenido esta equiparación.

Derechos de los beneficiarios

Los titulares y los usuarios a los que se refiere el apartado anterior podrán promover y llevar a cabo las obras de adecuación de la finca urbana y de sus accesos desde la vía pública siempre que concurran los siguientes requisitos:

1. Que el titular o el usuario de la vivienda sea discapacitado.

   No puede sostenerse, sin embargo, que el término *discapacitado* aluda sólo a quienes tengan esa condición reconocida administrativamente. Al contrario, el término ha de ser interpretado conforme a la realidad social actual, y así, la realidad muestra cómo muchas personas discapacitadas no solicitan el reconocimiento administrativo, sin que por ello, por desgracia, cambie su situación real de discapacidad.

2. Que sean necesarias las obras de reforma en el interior de la finca urbana o en los pasos de comunicación con la vía pública para salvar barreras arquitectónicas, de modo que se permita su adecuado y fácil uso por discapacitados, siempre que las obras no afecten a la estructura o fábrica del edificio, que no menoscaben la resistencia de los materiales empleados en la construcción y que sean razonablemente compatibles con las características arquitectónicas e históricas del edificio.

Las obras deberán afectar a elementos comunes del edificio, ya sean obras de reforma en el interior de la finca (por ejemplo, la instalación de un ascensor), o se trate de pasos de comunicación con la vía pública para salvar barreras arquitectónicas (rampas en lugar de escaleras, etc.).

Procedimiento previo a la reclamación judicial

El titular o, en su caso, el usuario notificará por escrito al propietario, a la comunidad o a la mancomunidad de propietarios, la necesidad de ejecutar las obras de adecuación por causa de discapacidad. Se acompañarán al escrito de notificación las correspondientes certificaciones oficiales acreditativas de la discapacidad y del Registro Civil, en su caso.

Asimismo, se acompañará el proyecto técnico detallado de las obras que hay que realizar.

En caso de que el usuario sea trabajador discapacitado por cuenta ajena y las obras deban realizarse en el interior del centro de trabajo, la notificación se realizará, además, al empresario.

En el plazo máximo de sesenta días, el propietario o la comunidad de propietarios y, en su caso, el empresario comunicarán por escrito al solicitante su consentimiento o su oposición razonada a la ejecución de las obras; también podrán proponer las soluciones alternativas que esti-

Procedimiento previo a la reclamación judicial (ley 15/1995)

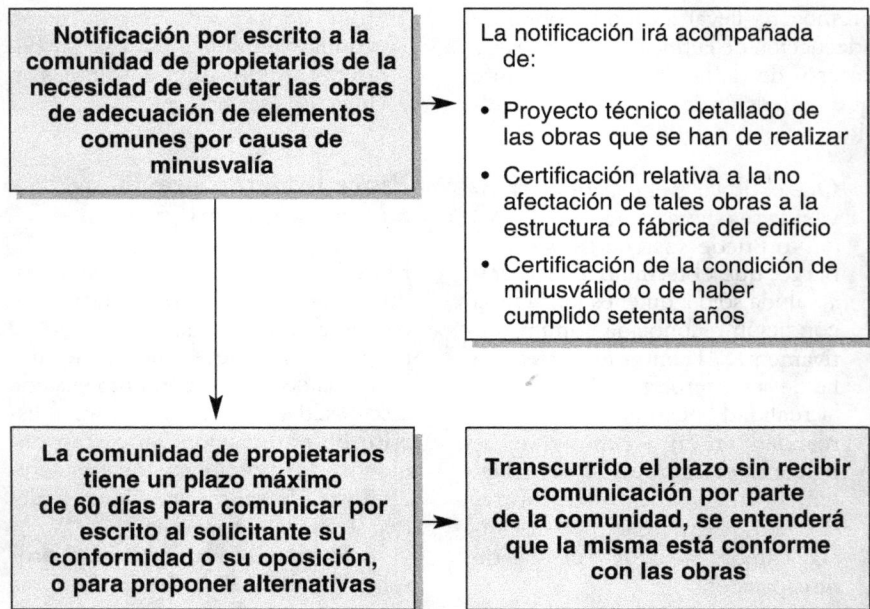

Notificación por escrito a la comunidad de propietarios de la necesidad de ejecutar las obras de adecuación de elementos comunes por causa de minusvalía

La notificación irá acompañada de:

- Proyecto técnico detallado de las obras que se han de realizar
- Certificación relativa a la no afectación de tales obras a la estructura o fábrica del edificio
- Certificación de la condición de minusválido o de haber cumplido setenta años

La comunidad de propietarios tiene un plazo máximo de 60 días para comunicar por escrito al solicitante su conformidad o su oposición, o para proponer alternativas

Transcurrido el plazo sin recibir comunicación por parte de la comunidad, se entenderá que la misma está conforme con las obras

men pertinentes. En este último supuesto, el solicitante deberá comunicar su conformidad o disconformidad con anterioridad al ejercicio de las acciones judiciales.

Transcurrido dicho plazo sin efectuar la comunicación, se entenderá consentida la ejecución de las obras de adecuación, que podrán iniciarse una vez obtenidas las autorizaciones administrativas necesarias.

La oposición comunicada fuera de plazo carece de eficacia y no impide la realización de las obras.

☐ **¿Cuáles son los trámites para realizar obras de supresión de barreras arquitectónicas?**

☐ Los interesados en realizar obras de adaptación de la finca deberán, en primer lugar, notifi-

218

car su intención al presidente de la comunidad, facilitando un proyecto técnico detallado y un certificado que acredite su discapacidad proporcionado por el IMSERSO.

Esta cuestión será discutida en reunión extraordinaria de la junta de propietarios y, posteriormente, se procederá a la votación, bastando con el voto favorable de la mayoría de los propietarios que, a su vez, representen la mayoría de las cuotas de participación. Los propietarios que no acudieron a la reunión de la junta de propietarios dispondrán de treinta días para expresar su disconformidad. Transcurrido ese plazo sin que hayan manifestado oposición alguna al acuerdo —cada silencio se computará como un voto favorable—, entrará en vigor y podrá procederse a la realización de las obras, estando obligados a contribuir a las mismas todos los vecinos —incluidos los disidentes— de acuerdo con el porcentaje establecido por sus cuotas de participación.

Si la comunidad se opone a la realización de las obras, el vecino discapacitado puede iniciar la correspondiente acción judicial.

El procedimiento judicial

Cuando la oposición a las obras ha sido comunicada en el tiempo y forma señalados y no se han aceptado las soluciones alternativas propuestas, el titular o el usuario de la finca urbana podrá acudir en defensa de su derecho a la jurisdicción civil.

El procedimiento se sustanciará por los trámites del juicio verbal. Acreditados los requisitos mediante las oportunas certificaciones, el juez dictará sentencia reconociendo el derecho a ejecutar las obras en beneficio de las personas discapacitadas, pudiendo, no obstante, declarar procedente alguna de las alternativas propuestas por la parte demandada.

Las sentencias dictadas en estos juicios verbales se podrán recurrir conforme al régimen establecido en la Ley de Enjuiciamiento Civil, con la única salvedad de que el recurso de apelación se interpondrá en un solo efecto. Es decir, la apelación de estas sentencias se configura como una excepción al régimen general del doble efecto derivado de la interposición del recurso —devolutivo y suspensivo— que establece la LEC; de este modo, se facilita que se lleven a cabo aquellos pronunciamientos favorables a las obras de adaptación de elementos comunes; y se evita, del mismo modo, la interposición de recursos con una finalidad meramente dilatoria.

Gastos de las obras

Según la actual redacción de la Ley de Propiedad Horizontal, la comunidad, a instancia de los propietarios en cuya vivienda vivan, trabajen o presten sus servicios altruistas o voluntarios perso-

Ley 15/1995, de 30 de mayo de 1995

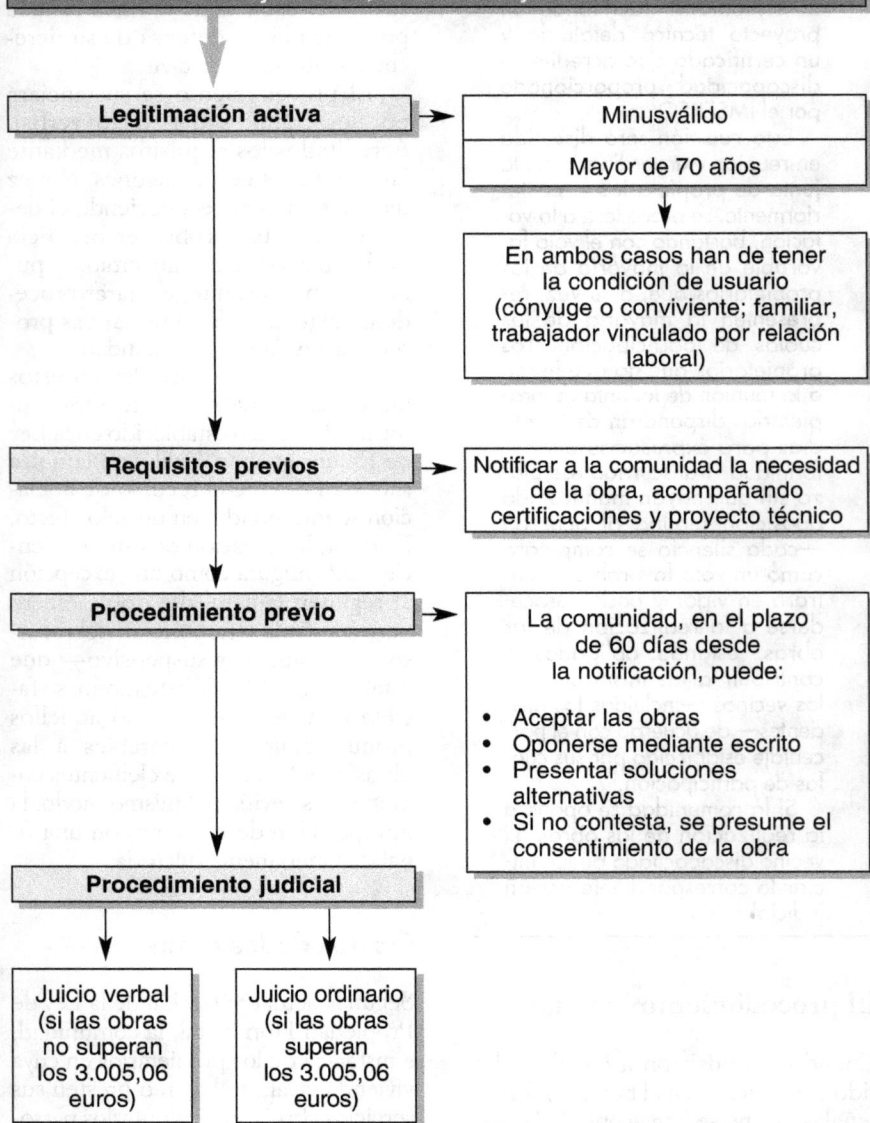

Legitimación activa →

Minusválido
Mayor de 70 años

En ambos casos han de tener la condición de usuario (cónyuge o conviviente; familiar, trabajador vinculado por relación laboral)

Requisitos previos → Notificar a la comunidad la necesidad de la obra, acompañando certificaciones y proyecto técnico

Procedimiento previo →

La comunidad, en el plazo de 60 días desde la notificación, puede:

- Aceptar las obras
- Oponerse mediante escrito
- Presentar soluciones alternativas
- Si no contesta, se presume el consentimiento de la obra

Procedimiento judicial

Juicio verbal (si las obras no superan los 3.005,06 euros)	Juicio ordinario (si las obras superan los 3.005,06 euros)

nas con discapacidad, o mayores de setenta años, vendrá obligada —señala el artículo 10— a realizar las obras de accesibilidad que sean necesarias para un uso adecuado a su discapacidad de los elementos comunes, o para la instalación de dispositivos mecánicos y electrónicos que favorezcan su comunicación con el exterior, cuyo importe total no exceda de tres mensualidades ordinarias de gastos comunes.

En caso de discrepancia sobre la naturaleza de las obras que realizar resolverá lo procedente la junta de propietarios. También podrán los interesados solicitar arbitraje o dictamen técnico en los términos establecidos en la ley.

Al pago de los gastos derivados de la realización de las obras de conservación y accesibilidad a que se refiere el presente artículo estará afecto el piso o local en los mismos términos y condiciones que los establecidos para los gastos generales.

Es importante tener presente que si existe algún propietario que se opusiere o demorase injustificadamente a la ejecución de las órdenes dictadas por la autoridad competente, responderá individualmente de las sanciones que puedan imponerse en vía administrativa.

El artículo 11 de la Ley de Propiedad Horizontal completa lo anterior al indicar que cuando se adopten válidamente acuerdos para la realización de obras de accesibilidad, la comunidad quedará obligada al pago de los gastos aun cuando su importe exceda de tres mensualidades ordinarias de gastos comunes.

Los procedimientos judiciales V. Acciones judiciales contra las comunidades de propietarios

El artículo 22 de la LPH establece:

La comunidad de propietarios responderá de sus deudas frente a terceros con todos los fondos y créditos a su favor. Subsidiariamente y previo requerimiento de pago al propietario respectivo, el acreedor podrá dirigirse contra cada propietario que hubiese sido parte en el correspondiente proceso por la cuota que le corresponda en el importe satisfecho.

Si bien la comunidad de propietarios carece de personalidad jurídica como tal, es evidente que debe hacer frente a sus obligaciones, ya sean contractuales o extracontractuales. También es obvio que la comunidad, ante el incumplimiento de sus obligaciones, puede ser demandada. En este caso, su representación corresponderá al presidente.

El problema se plantea ante una situación de embargo o ejecución de una sentencia que condena a la comunidad. En este caso, se estará a lo dispuesto por la Dirección General de los Registros y del Notariado, que afirma que cuando por obligaciones contraídas se condena a una comunidad de propietarios, a quien realmente se condena es a los propietarios que la constituyen, ya que la comunidad carece de personalidad jurídica.

Esta resolución establece dos sistemas para hacer efectiva la sentencia condenatoria:

— actuando sobre los bienes comunes (dinero, créditos, etc.) que estén a disposición de los órganos colectivos de la comunidad;
— actuando sobre los bienes privativos de los mismos propietarios, al ser obligación de cada propietario contribuir, con arreglo a su cuota de participación, a los gastos y responsabilidades no susceptibles de ser individualizados.

El patrimonio de las comunidades de propietarios

La LPH reconoce, en primer lugar, la responsabilidad de la comunidad de propietarios, que responde de sus deudas con sus fondos y los créditos que tenga a su favor. Podemos decir que los bienes que integran el patrimonio de la comunidad a los efectos de responder en caso de embargo o ejecución son los siguientes:

— el dinero en metálico en poder del administrador;
— el saldo a favor de la comunidad en cuentas bancarias;
— los créditos de la comunidad correspondientes a las cuotas por gastos comunes que no hubieran sido abonadas por los copropietarios;
— los créditos de la comunidad contra terceros;
— el fondo de reserva.

La ejecución forzosa de las resoluciones judiciales

En caso de inexistencia de bienes pertenecientes a la comunidad, subsidiariamente el acreedor de la comunidad podrá dirigir la ejecución sobre los bienes privativos de los propietarios individuales. Así, en el caso de que se hayan excluido los fondos y créditos de la comunidad, el acreedor podrá realizar un requerimiento de pago a cada propietario notificándole individualmente la parte proporcional de deuda que le corresponde. De este modo, la condena a la comunidad se convierte en una deuda a la que deben hacer frente todos los copropietarios en proporción a sus cuotas. Esta cuestión plantea no pocas dificultades, pues presupone la división de una deuda de cuantía mediana o pequeña entre todos los copropietarios, y conlleva las dificultades prácticas porque presupone que se instarán tantos embargos individuales como copropietarios no abonen la parte de la deuda que les corresponde en función de su cuota, con la complejidad procesal que todo ello conlleva.

Cuando el copropietario acredite que ha satisfecho la parte proporcional de la deuda comunitaria que le corresponde en función de su cuota, es decir, cuando justifique que el acreedor ha cobrado esa parte proporcional con el dinero o los fondos procedentes de su aportación —porque está al corriente del pago de sus cuotas y demás derramas establecidas en la comunidad, y siempre que sus aportaciones hubieran servido para satisfacer la deuda del tercero—, podrá oponerse a la ejecución del crédito, es decir, podrá realizar las alegaciones oportunas tendentes a demostrar que ha abonado las cantidades adeudadas a la comunidad.

Finalmente, una única mención en cuanto a las costas procesales: si el deudor pagase en acto de requerimiento, serán de su cargo las costas que se hayan originado hasta ese momento en la parte proporcional que le corresponda.

El proceso de equidad

La junta de propietarios tiene como una de sus principales funciones la resolución de los conflictos que puedan surgir en el seno de la comunidad de un edificio constituido en régimen de propiedad horizontal. Pero los tribunales se reservan la última palabra cuando se trata de zanjar determinadas cuestiones.

Ello es así cuando, por ejemplo, las discusiones en el seno de la junta de propietarios llegan a tal punto que no se puede avanzar en ninguna dirección. Esto es lo que sucede cuando la falta de asistencia a las reuniones impide la adopción de un acuerdo —en primera o segunda convocatoria— o la formación de mayorías válidas —cuando los vecinos no acuden a la reunión en número suficiente—; también, cuando los bandos a favor y en contra de una propuesta tienen igual número de votos y el mismo peso en términos de cuota de participación.

En estos casos, el juez será quien deberá suplir los acuerdos de la junta, decidiendo e inclinando la balanza en una u otra dirección. El procedimiento es el denominado *juicio de equidad*, cuyos trámites son muy sencillos y no precisan de la intervención de abogado ni de procurador.

Cualquiera de los asistentes a la junta, o los que se ausentaron, podrá presentar un escrito en el Juzgado de Primera Instancia del lugar donde radique la finca sujeta al régimen de propiedad horizontal. En él se indicará quién inicia el procedimiento, el objeto de discordia y la solución que se pretende, adjuntándose las pruebas y documentos convenientes.

Esta actuación debe llevarse a cabo con carácter previo al transcurso de los tres meses que prevé la ley desde que tuvo lugar la segunda convocatoria infructuosa.

Posteriormente, el juez citará a la parte interesada, es decir, a quienes pusieron en marcha el procedimiento, y también a los contradictores, es decir, a los vecinos que sostienen la opinión contraria, para que todos comparezcan y expongan sus razones.

La resolución del juez llegará en los veinte días que siguen a la presentación del escrito y no será susceptible de apelación, debiendo recogerse su contenido en el libro de actas de la comunidad.

Procedimiento arbitral

La jurisdicción es una de las funciones de la soberanía del Estado; por tanto, es competencia exclusiva suya. Ahora bien, cuando los conflictos de derechos de intereses tratan sobre cuestiones de derecho privado, sus titulares pueden elegir entre una solución concertada —el arbitraje— o acudir a las instancias judiciales.

De este modo, cuando ya no es posible la resolución de una eventual contienda, pero existe cierta armonía, las partes pueden poner el asunto en manos de terceros que tengan la confianza de ambas partes, y recibir de ellos la autoridad necesaria para imponer una solución que les satisfaga.

El arbitraje se presenta como un atractivo mecanismo para evadir los trámites judiciales, ya que evita la demora en la resolución de los conflictos, garantiza la confidencialidad y proporciona a las partes la oportunidad de someter sus divergencias a una decisión ágil y eficaz de un tribunal experto en la materia.

Así, gran parte de las virtudes del arbitraje residen en el carácter del procedimiento arbitral, que es, esencialmente, muy simple e informal. Por eso el arbitraje puede tener una doble finalidad: por una parte, desjudicializar la Administración de Justicia, ofreciendo alternativas de solución más rápidas, a la vez que más económicas y con plenas garantías de obtener un resultado de *cosa juzgada*. Y por otra parte, es un eficaz estímulo para que el Estado preste mayor atención y mejores medios al funcionamiento de los tribunales.

En el ámbito de la propiedad horizontal, la doctrina ha reconocido que, si bien una de las características propias de la materia es la de existir normas de derecho necesario —de cumplimiento obligatorio—, ello no implica que sea inaplicable el principio de la autonomía de la voluntad; así, el Código Civil autoriza a los contratantes para establecer pactos, cláusulas y aquellas condiciones que crean convenientes, siempre que no sean contrarias a las leyes, a la moral ni al orden público. Este artículo tiene plena vigencia en materia de propiedad horizontal.

De este modo, la LPH establece entre las competencias de las juntas de propietarios «conocer y decidir en los demás asuntos de interés general para la comunidad, acordando las medidas necesarias o convenientes para el mejor servicio común».

Así, cuando se adopte la decisión optando por el arbitraje, será necesaria la suscripción del correspondiente convenio arbitral, que acredite la voluntad inequívoca de las partes para someterse al arbitraje. El convenio arbitral expresará la voluntad de las partes de someter la controversia a la decisión de un árbitro o, en su caso, a las instituciones de arbitraje.

Ley 60/2003, de 23 de diciembre, de Arbitraje

La vigente Ley de Arbitraje derogó la anterior del año 1988, si bien en su Exposición de Motivos reconoció explícitamente los innegables avances que su precedente supuso para la regulación y modernización del régimen de esta institución en nuestro ordenamiento jurídico. Durante su vigencia se produjo una notable expansión del arbitraje en nuestro país; aumentó en gran medida el tipo y el número de relaciones jurídicas, sobre todo contractuales, para las que las partes pactan convenios arbitrales; se asentó el arbitraje institucional; se consolidaron prácticas uniformes, sobre todo en arbitrajes internacionales; se generó un cuerpo de doctrina estimable, y se normalizó la utilización de los procedimientos judiciales de apoyo y control del arbitraje.

Sin embargo, se constató la necesidad de impulsar otro nuevo e importante avance en la regulación de la institución mediante la señalada incorporación de nuestro país al elenco creciente de Estados que han adoptado la Ley Modelo elaborada por la Comisión de las Naciones Unidas para el Derecho Mercantil Internacional. Además, el tiempo transcurrido desde la entrada en vigor de la Ley 36/1988 permitió detectar en ella lagunas e imperfecciones. El arbitraje es una institución que, sobre todo en su vertiente comercial internacional, ha de evolucionar al mismo ritmo que el tráfico jurídico, so pena de quedarse desfasada. La legislación interna de un país en materia de arbitraje ha de ofrecer ventajas o incentivos a las personas físicas y jurídicas para que opten por esta vía de resolución de conflictos y para que el arbitraje se desarrolle en el territorio de ese Estado y con arreglo a sus normas. Por consiguiente, tanto las necesidades de mejora y seguimiento de la evolución del arbitraje como la acomodación a la Ley Modelo hacen necesaria la promulgación de la Ley 60/2003, de 23 de diciembre, de Arbitraje (publicada en el Boletín Oficial del Estado de 26 de diciembre), que se sistematiza en nueve títulos.

Sujetos del arbitraje

Los participantes del arbitraje son, por una parte, las personas naturales o jurídicas que suscriben el convenio arbitral y, por otra, los árbitros.

Mediante el arbitraje, las personas naturales o jurídicas pueden someter, previo convenio, a la decisión de uno o varios árbitros las cuestiones litigiosas, surgidas o que puedan surgir, en materias de su libre disposición conforme a derecho (artículo 2.1). Las personas jurídicas pueden válidamente concluir un convenio arbitral por medio de sus órganos administrativos o sus representantes, de conformidad con lo que dispongan sus estatutos.

Pueden ser árbitros las personas naturales que se hallen en el pleno ejercicio de sus derechos civiles, siempre que no se lo impida la legislación a que puedan estar sometidos en el ejercicio de su profesión. Pero no podrán actuar como árbitros quienes tengan con las partes relación personal, profesional o comercial (artículo 17.1). Cuando la cuestión litigiosa haya de decidirse con arreglo a derecho, los árbitros habrán de ser abogados en ejercicio, salvo acuerdo expreso en contrario (artículo 15.1). El número de árbitros será libremente fijado por las partes pero siempre deberá ser impar y, a falta de acuerdo, se designará un solo árbitro (artículo 12).

Ámbito del arbitraje

Son susceptibles de arbitraje las controversias sobre materias de libre disposición conforme a derecho (artículo 3.1).

Cuando el arbitraje sea internacional y una de las partes sea un Estado o una sociedad, organización o empresa controlada por un Estado, esa parte no podrá invocar las prerrogativas de su propio derecho para sustraerse a las obligaciones dimanantes del convenio arbitral.

El arbitraje puede ser *de derecho* o *de equidad*. La elección corresponde a las partes, y si estas no indican otra cosa, se entiende que el arbitraje es, a diferencia de lo que ocurría en la derogada Ley del año 1988, de derecho.

Si el arbitraje es de derecho, las partes renuncian a que de ese asunto conozca la jurisdicción ordinaria, pero no a las normas conforme a las que debe decidirse el asunto. Pero si el arbitraje es de equidad, los árbitros resolverán conforme a su «leal saber y entender».

El convenio arbitral

Destacaremos algunas novedades introducidas respecto de los requisitos de forma del convenio arbitral. La ley refuerza el criterio antiformalista. Así, aunque se mantiene la exigencia de que el convenio conste por escrito y se contemplan las diversas modalidades de constancia escrita, se extiende el cumplimiento de este requisito a los convenios arbitrales pactados en soportes que dejen constancia, no necesariamente escrita, de su contenido y que permitan su consulta posterior. Se da así cabida y se reconoce la validez al uso de nuevos medios de comunicación y nuevas tecnologías. Se consagra también la validez de la llamada cláusula arbitral por referencia, es decir, la que consta en un documento separado. Asimismo, la voluntad de las partes sobre la existencia

CLÁUSULA ARBITRAL EN ACUERDO DE JUNTA GENERAL DE PROPIETARIOS

La comunidad acuerda someter la cuestión surgida en la presente junta general, consistente en ..., al arbitraje de un tribunal arbitral, conforme a la Ley de Arbitraje 60/2003, de 23 de diciembre.

A tal efecto, se formará un tribunal arbitral que estará constituido por tres personas, de las cuales dos miembros serán elegidos por cada parte y el tercero, que será el Presidente, será elegido de común acuerdo por los árbitros designados, comprometiéndose la comunidad y los propietarios disidentes a someterse al laudo que el tribunal dicte.

[Esta cláusula se utilizará en el caso de que en la junta general de propietarios no sea posible la adopción de un acuerdo, pero los propietarios asistentes sí estén conformes en acudir a la solución arbitral del conflicto.]

del convenio arbitral se superpone a sus requisitos de forma. En lo que respecta a la ley aplicable al convenio arbitral, se opta por una solución inspirada en un principio de conservación o criterio más favorable a la validez del convenio arbitral. De este modo, basta que el convenio arbitral sea válido con arreglo a cualquiera de los tres regímenes jurídicos siguientes: las normas elegidas por las partes, las aplicables al fondo de la controversia o el derecho español.

La ley mantiene los llamados efectos positivo y negativo del convenio arbitral. Respecto de este último, se mantiene la regla de que debe hacerse valer por las partes y específicamente por el demandado a través de la declinatoria. Además, se precisa que la pendencia de un proceso judicial en el que se haya interpuesto declinatoria no impide que el procedimiento arbitral se inicie o prosiga, de modo que la incoación de un proceso judicial no puede ser utilizada con la finalidad de bloquear o dificultar el arbitraje. Y se aclara que la solicitud de medidas cautelares a un tribunal no supone en modo alguno renuncia tácita al arbitraje; aunque tampoco hace actuar sin más el efecto negativo del convenio arbitral. Con ello se despeja cualquier duda que pudiera subsistir acerca de la posibilidad de que se acuerden judicialmente medidas cautelares respecto de una controversia sometida a arbitraje, aun antes de que el procedimiento arbitral haya comenzado. Esta posibilidad es indudable a la luz de la Ley de Enjuiciamiento Civil, pero es importante que se recoja también en la legislación de arbitraje. Además, da cobertura a una eventual solicitud de medidas cautelares ante un tribunal extranjero respecto de un arbitraje regido por la ley española.

El procedimiento arbitral

El Título V de la ley regula las actuaciones arbitrales. Se vuelve a partir del principio de autonomía de la voluntad y se establecen como únicos límites al mismo y a la actuación de los árbitros el derecho de defensa de las partes y el principio de igualdad, que se erigen en valores fundamentales del arbitraje como proceso que es. Garantizado el respeto a estas normas básicas, las reglas que sobre el procedimiento arbitral se establecen son dispositivas y resultan, por tanto, aplicables sólo si las partes nada han acordado directamente o por su aceptación de un arbitraje institucional o de un reglamento arbitral. De este modo, las opciones de política jurídica que subyacen a estos preceptos quedan subordinadas siempre a la voluntad de las partes.

En lo que respecta al lugar del arbitraje, hay que destacar que se permite la celebración de audiencias y deliberaciones en sede distinta de la del arbitraje. La determinación del lugar o sede del arbitraje es jurídicamente relevante en muchos aspectos, pero su fijación no debe suponer rigidez para el desarrollo del procedimiento.

El inicio del arbitraje se fija en el momento en que una parte recibe el requerimiento de la otra de someter la controversia a decisión arbitral. Parece lógico que los efectos jurídicos propios del inicio del arbitraje se produzcan ya en ese momento, incluso aunque no esté perfectamente delimitado el objeto de la controversia. Las soluciones alternativas permitirían actuaciones tendentes a dificultar el procedimiento.

La determinación del idioma o idiomas del arbitraje corresponde lógicamente a las partes y, en su defecto, a los árbitros. No obstante, salvo que alguna de las partes se oponga, se permite que se aporten documentos o se practiquen actuaciones en idioma no oficial del arbitraje sin necesidad de traducción. Con ello se consagra una regla práctica muy extendida, que admite la aportación de documentos o declaraciones en otro idioma.

En el arbitraje no se reproducen necesariamente siempre las posiciones procesales activa y pasiva de un proceso judicial, o no en los mismos términos. Al fin y al cabo, la determinación del objeto de la controversia, siempre dentro del ámbito del convenio arbitral, se produce de forma progresiva. Sin embargo, la práctica arbitral demuestra que quien inicia el arbitraje formula en todo caso una pretensión frente a la parte o partes contrarias y se convierte, por tanto, en actor; y ello sin perjuicio de que el demandado pueda reconvenir. Parece, por tanto, razonable que, sin perjuicio de la libertad de las partes, el procedimiento arbitral se estructure sobre la base de una dualidad de posiciones entre demandante y demandado. Esta conveniencia, sin embargo, debe ser flexibilizada a la hora de configurar los requisitos de los actos de las partes en defensa de sus respectivas posiciones. De este modo, no se establecen propiamente requisitos de forma y contenido de los escritos de alegaciones de las partes. La función de la demanda y de la contestación no es sino la de ilustrar a los árbitros sobre el objeto de la controversia, sin perjuicio de alegaciones ulteriores. No entran aquí en juego las reglas propias de los procesos judiciales en cuanto a requisitos de demanda y contestación, documentos a acompañar o preclusión. El procedimiento arbitral, incluso en defecto de acuerdo de las partes, se configura con gran flexibilidad, acorde con las exigencias de la institución.

Esa flexibilidad se da también en el desarrollo ulterior del procedimiento. Cabe que el procedimiento sea en ciertos casos predominantemente escrito, si las circunstancias del caso no exigen la celebración de audiencias. Sin embargo, la regla es la celebración de audiencias para la práctica de pruebas. La ley trata de evitar, además, que la inactividad de las partes pueda paralizar el arbitraje o comprometer la validez del laudo.

La fase probatoria del arbitraje está también presidida por la máxima libertad de las partes y de los árbitros —siempre que se respeten el derecho de defensa y el principio de igualdad— y por la máxima flexibilidad.

La ley establece únicamente normas sobre la prueba pericial, de singular importancia en el arbitraje contemporáneo, aplicables en defecto de voluntad de las partes. Estas normas están encaminadas a permitir tanto los dictámenes emitidos por peritos designados directamente por las partes como los emitidos por peritos designados, de oficio o a instancia de parte, por los árbitros, y a garantizar la debida contradicción respecto de la pericia.

Se regula igualmente la asistencia judicial para la práctica de pruebas, que es una de las tradicionales funciones de apoyo judicial al arbitraje. La asistencia no tiene que consistir necesariamente en que el tribunal practique determinadas pruebas; en ciertos casos, bastará con otras medidas que permitan a los árbitros practicarlas por sí mismos, como medidas de aseguramiento o requerimientos de exhibición de documento.

El laudo arbitral

El artículo 34 de la ley regula la importante cuestión de qué normas han de aplicarse a la resolución del fondo de la controversia sobre la base de los siguientes criterios:

1. La premisa es, una vez más, como en la derogada ley de 1988, la libertad de las partes.
2. Se invierte, como ya se ha dicho, la regla que la ley anterior contenía a favor del arbitraje de equidad, y queda este limitado a los casos en que las partes lo hayan pactado expresamente.
3. Se suprime la exigencia de que el derecho aplicable deba tener relación con la relación jurídica o con la controversia, ya que se trata de un requisito de difusos contornos y difícil control.
4. La ley no sujeta a los árbitros a un sistema de reglas de conflicto.

En la adopción de decisiones, cuando se trata de un colegio arbitral, y sin perjuicio de las reglas que directa o indirectamente puedan fijar las partes, se mantiene la lógica regla de la mayoría y la de que a falta de decisión mayoritaria decide el presidente. Se introduce la norma que permite habilitar al presidente para decidir cuestiones de procedimiento, entendiéndose por tales, a estos efectos, no cualesquiera cuestiones distintas al fondo de la controversia, sino, más limitadamente, las relativas a la mera tramitación o impulso procesales.

Se prevé la posibilidad de que los árbitros dicten un laudo sobre la base del contenido de un previo acuerdo alcanzado por las partes. Esta previsión, que podría reputarse innecesaria —dado que las partes tienen poder de disposición sobre el objeto de la controversia—, no lo es, porque a través de su incorporación a un laudo el contenido del acuerdo adquiere la eficacia jurídica de aquel. Los árbitros no pueden rechazar esta petición discrecionalmente, sino sólo por una causa jurídica fundada. La ley no hace sino dar cobertura legal a algo ya frecuente en la práctica y que no merece objeción alguna.

En cuanto al contenido del laudo, ha de destacarse el reconocimiento legal de la posibilidad de dictar laudos parciales que pueden versar sobre alguna parte del fondo de la controversia o sobre otras cuestiones, como la competencia de los árbitros o medidas cautelares. La ley pretende dar cabida a fórmulas flexibles de resolución de los litigios que son comunes en la práctica arbitral. Así, por ejemplo, que primero se decida acerca de si existe responsabilidad del demandado y sólo después se decida, si es el caso, la cuantía de la condena. El laudo parcial tiene el mismo valor que el laudo definitivo y su contenido es invariable.

Respecto de la forma del laudo, debe destacarse que la ley permite no sólo que el laudo conste por escrito en soportes electrónicos, ópticos o de otro tipo, sino también que no conste en forma escrita, siempre que en todo caso quede constancia de su contenido y sea accesible para su ulterior consulta. Tanto en la regulación de los requisitos de forma del convenio arbitral como en los del laudo, la ley considera necesario admitir la utilización de cualesquiera tecnologías que cumplan los requisitos señalados. Pueden, pues, desarrollarse arbitrajes en que se utilicen tan sólo soportes informáticos, electrónicos o digitales, si las partes así lo consideran conveniente.

La ley introduce la novedad de que el plazo para emitir el laudo, en defecto de acuerdo de las partes, se compute desde la presentación de la contesta-

ción o desde la expiración del plazo para presentarla. Esta novedad responde a la necesidad de que la celeridad propia del arbitraje sea adecuada a las exigencias prácticas. Un plazo de seis meses desde la aceptación de los árbitros se ha revelado en no pocos casos de imposible cumplimiento y obliga en ocasiones a una tramitación excesivamente rápida o a la omisión de ciertos actos de alegación o, sobre todo, de prueba, por la exigencia de cumplir el plazo para dictar el laudo. La ley considera que es igualmente razonable que la prórroga del plazo pueda ser acordada por los árbitros directamente y que no necesite el acuerdo de todas las partes. El freno a un posible retraso injustificado en la decisión de la controversia se encuentra, entre otras causas, en la responsabilidad de los árbitros.

En materia de condena en costas se introducen ciertas precisiones sobre su contenido posible. Por otra parte, se suprime el carácter preceptivo de la protocolización notarial del laudo. El laudo es, por tanto, válido y eficaz aunque no haya sido protocolizado, de modo que el plazo para ejercitar la acción de anulación transcurre desde su notificación, sin que sea necesario que la protocolización, cuando haya sido pedida, preceda a la notificación.

Ejecución forzosa del laudo arbitral

En realidad, la Ley de Enjuiciamiento Civil contiene todas las normas, tanto generales como específicas, sobre esta

Procedimiento arbitral

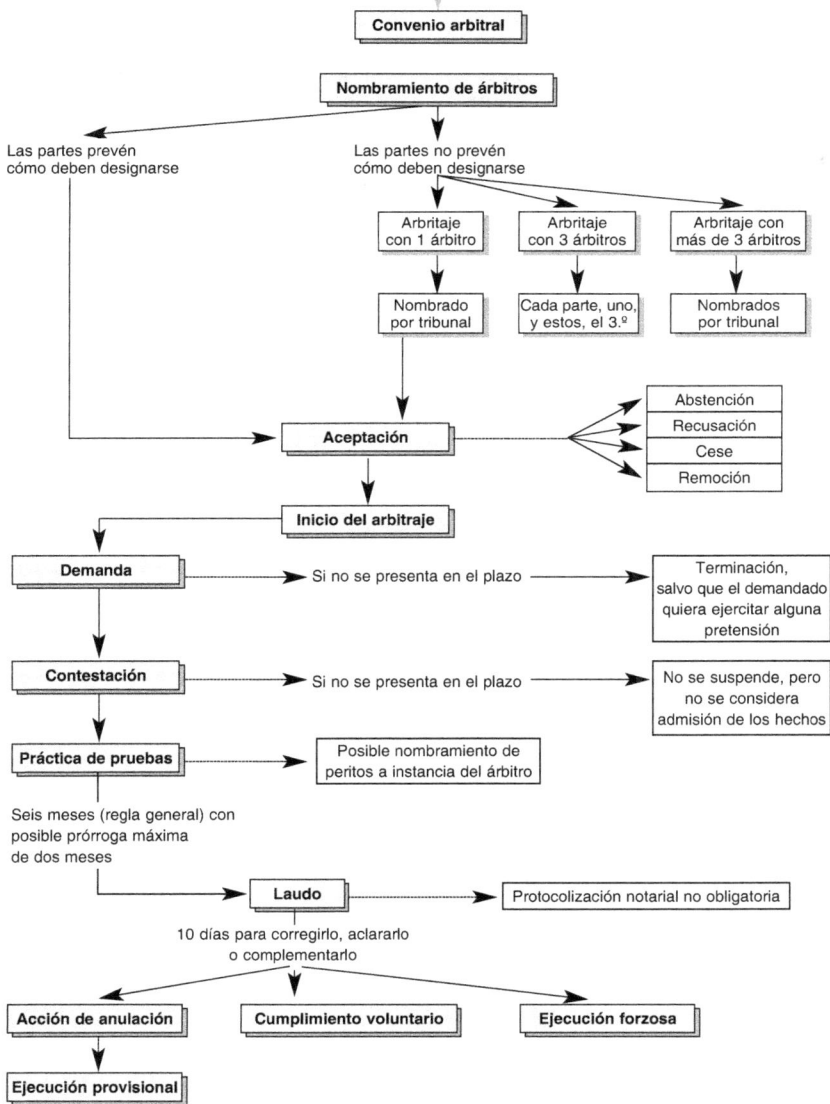

Convenio arbitral

Nombramiento de árbitros

Las partes prevén cómo deben designarse

Las partes no prevén cómo deben designarse

Arbitraje con 1 árbitro	Arbitraje con 3 árbitros	Arbritaje con más de 3 árbitros
Nombrado por tribunal	Cada parte, uno, y estos, el 3.º	Nombrados por tribunal

Aceptación

- Abstención
- Recusación
- Cese
- Remoción

Inicio del arbitraje

Demanda — Si no se presenta en el plazo → Terminación, salvo que el demandado quiera ejercitar alguna pretensión

Contestación — Si no se presenta en el plazo → No se suspende, pero no se considera admisión de los hechos

Práctica de pruebas — Posible nombramiento de peritos a instancia del árbitro

Seis meses (regla general) con posible prórroga máxima de dos meses

Laudo → Protocolización notarial no obligatoria

10 días para corregirlo, aclararlo o complementarlo

Acción de anulación

Cumplimiento voluntario

Ejecución forzosa

Ejecución provisional

materia, por lo que la Ley de Arbitraje se ocupa únicamente de la posibilidad de ejecución forzosa del laudo durante la pendencia del procedimiento en que se ejercite la acción de anulación. La ley opta por atribuir fuerza ejecutiva al laudo aunque sea objeto de impugnación. Ningún sentido tendría que la ejecutividad del laudo dependiera de su firmeza en un ordenamiento que permite amplia-

mente la ejecución provisional de sentencias. La ejecutividad del laudo no firme se ve matizada por la facultad del ejecutado de obtener la suspensión de la ejecución mediante la prestación de caución para responder de lo debido, más las costas y los daños y perjuicios derivados de la demora en la ejecución. Se trata de una regulación que trata de ponderar los intereses de ejecutante y ejecutado.

Extinción del régimen
de propiedad horizontal

La LPH establece:

El régimen de propiedad horizontal se extingue:

PRIMERO. Por la destrucción del edificio, salvo pacto en contrario. Se estimará producida aquella cuando el coste de la reconstrucción exceda del cincuenta por ciento del valor de la finca al tiempo de ocurrir el siniestro, a menos que el exceso de dicho coste esté cubierto por un seguro.

SEGUNDO. Por conversión en propiedad o copropiedad ordinarias.

Así pues, la ley establece dos causas de extinción: la destrucción del edificio y la conversión en propiedad o copropiedad ordinarias; no obstante, en este capítulo se analizarán también otras causas de extinción de la propiedad horizontal que no han sido contempladas expresamente en el citado precepto legal.

Extinción por voluntad de las partes

En la propiedad horizontal clásica, es decir, la existente todavía en numerosas pequeñas poblaciones y en construcciones antiguas de grandes ciudades, al tratarse normalmente de edificios de planta baja y piso alto, con un titular para cada una de las viviendas, no es difícil la extinción del régimen de propiedad horizontal por conversión en propiedad ordinaria. Ya sea porque un copropietario vende al otro y queda una propiedad única a favor de uno de ellos, ya sea porque se vende todo el edificio a un solo titular.

En las casas de dos o tres pisos, por ejemplo, heredadas de un pariente y distribuidos los diferentes pisos entre varios herederos, no es tan fácil la concentración en un solo propietario por venta de unos a otros, ya que no es habitual que uno de los herederos se adjudique la propiedad de la totalidad del inmueble.

Finalmente, en los grandes edificios con un número importante de pisos y locales, esta concentración en un solo propietario es mucho más excepcional.

Así, la extinción de la propiedad horizontal por la conversión en propiedad ordinaria, se dará en los supuestos de:

— venta del conjunto a uno de los propietarios;
— venta a un tercero;
— conversión de la propiedad horizontal en copropiedad.

La conversión de la propiedad horizontal en una propiedad ordinaria exige, obviamente, la unanimidad de todos los propietarios, puesto que ello conlleva la modificación del título constitutivo.

En el caso de que se hubiera acordado por unanimidad la extinción de la propiedad horizontal, se cancelarán en el Registro de la Propiedad correspondiente las inscripciones separadas de los respectivos pisos y locales.

La conversión en copropiedad es un supuesto muy excepcional que se dará, por ejemplo, cuando todos los copropietarios convierten el edificio en un espacio comunal que pertenezca a todos ellos, pasando a ser propietarios del total del edificio y no únicamente copropietarios de los elementos comunes.

Extinción por abandono o renuncia

El Código Civil admite el abandono o renuncia como uno de los modos voluntarios de perder la propiedad.

La renuncia es un acto unilateral, no formalista; se admite tanto la renuncia expresa como la renuncia tácita, es decir, la que resulta de actos de los que se deduce el abandono de la finca.

Para que nos encontremos ante el supuesto de abandono o renuncia es suficiente la desposesión de la cosa unida a la intención de perder la propiedad.

La ley no exige ningún requisito para efectuar el abandono o la renuncia, ya que no hace falta que ni tan siquiera se haga constar expresamente, pues se puede dar a entender tácitamente; no obstante, debe quedar clara la voluntad de querer perder la propiedad, y por tanto, la desposesión del piso o local en propiedad horizontal. La renuncia o abandono no exime al renunciante de las cargas y obligaciones existentes, que en todo momento serán exigibles.

Es posible la inscripción de la renuncia o abandono de la propiedad en el Registro de la Propiedad correspondiente, si bien para poder llevar a cabo dicha inscripción será necesario un título de propiedad que legitime para realizar tal inscripción. Si se llegara a producir dicha inscripción, entonces podrá surtir efectos respecto a terceras personas.

Extinción por concentración

La concentración o reunión de la propiedad de todos los pisos y locales de un edificio en una sola persona puede producir la extinción de la propiedad horizontal, aunque también puede ocurrir que el propietario de todo el edificio decida continuar en régimen de propiedad.

Extinción por destrucción del edificio

La LPH considera causa de extinción de la propiedad horizontal la destrucción del edificio, salvo pacto en contrario.

Se estimará producida aquella cuando el coste de la reconstrucción exceda del 50 % del valor de la finca al tiempo de ocurrir el siniestro, a menos que el exceso de dicho coste esté cubierto por un seguro.

De este modo, la destrucción del edificio no implica la automática extinción del régimen de propiedad horizontal, ya que la LPH establece dos excepciones:

1. El pacto en contrario: este pacto presupone la voluntad unánime de reconstruir o rehabilitar el edificio, continuando con el mismo régimen especial de propiedad horizontal preexistente.
2. En ausencia de pacto, sólo se produce la extinción si el coste de la reconstrucción excede del 50 % del valor de la finca al tiempo de ocurrir el siniestro, a menos que un seguro cubra el exceso.

Así, producida la destrucción del edificio, un arquitecto elaborará un presupuesto del coste de la reconstrucción. Si el coste no excede del 50 % del valor fijado, el régimen de propiedad horizontal no se extinguirá, es decir, será obligatorio para todos los titulares contribuir a la reconstrucción del inmueble. Si excede del 50 %, los titulares tienen derecho a que se dé por extinguido el régimen de propiedad horizontal.

En caso de destrucción total del edificio y extinción del régimen de propiedad horizontal, el derecho de propiedad recaerá sobre el suelo y los materiales subsistentes, por lo que tratándose de un derecho de propiedad ordinaria, cualquier propietario podrá instar la división de la cosa común. De este modo, en caso de la venta del terreno y de los materiales, el precio que se obtuviera se repartirá entre los propietarios en proporción al coeficiente o cuota de participación que cada cual tuviera en la propiedad horizontal.

De este modo, distinguimos:

a) Casos de destrucción total:

— El edificio queda totalmente destruido sin que pueda culparse a nadie en concreto: los vecinos no tienen la obligación de proceder a la reconstrucción del edificio, excepto si en el título constitutivo de la propiedad horizontal o en los estatutos se pactó lo contrario; en ese caso, ningún propietario podrá eludir la participación en el levantamiento del nuevo edificio si no cambian de opinión tras la producción del siniestro.
— La destrucción es debida a la actuación de alguna persona y es necesario aclarar si esta persona está obligada a indemnizar a los perjudicados reconstruyendo el inmueble.

En ambos casos, si el edificio contaba con un seguro para este tipo de catástrofes, la responsabilidad de la reconstrucción pasaría a la compañía aseguradora.

b) Casos de destrucción parcial:

— Si el coste de la reconstrucción es menor del 50% del valor total que tenía el inmueble en el momento de producirse el siniestro: a los vecinos no les queda otra alternativa que reconstruir la casa, a no ser que acuerden unánimemente lo contrario. En cualquier caso, los propietarios disidentes pueden ceder sus derechos al resto de los propietarios de la comunidad o a un tercero a cambio de una compensación económica.
— Si la reparación de los daños supera el 50 % del valor total de inmueble, puede suceder que la comunidad no disponga de un seguro con el que hacer frente a los daños. En este caso, la destrucción parcial se equiparará a la total. No hay obligación de reconstruir, salvo que en el título constitutivo o en los estatutos de la comunidad se disponga lo contrario. El régimen de propiedad horizontal podrá declararse extinguido a petición de cualquiera de los propietarios. Pero puede suceder que la comunidad cuente con un seguro que cubra este tipo de siniestros: en este caso, la comunidad estará obligada a la reconstrucción del inmueble.

Extinción por expropiación forzosa

La expropiación forzosa en todo o en parte del edificio es también causa de extinción de la propiedad horizontal.

La expropiación total de un edificio conlleva que los titulares de los pisos y locales del edificio pueden cobrar la indemnización fijada, repartiéndosela en función de la cuota de participación.

Si la expropiación es parcial, es preciso considerar la posibilidad de reconstrucción en el resto del terreno o solar no afecto por la expropiación; en este caso, el cómputo del valor del antiguo edificio, para compararlo con el 50 % del valor de la reconstrucción, debe hacerse sobre el resto del solar no afectado por la expropiación; de modo que si el presupuesto de reconstrucción excede del 50 % del valor de la finca al ocurrir la expropiación, los titulares tienen derecho a que se dé por extinguida la propiedad horizontal; sin embargo, si el coste de la reconstrucción no excediera del 50 %, se llevará a cabo la reconstrucción.

Los complejos inmobiliarios privados

El régimen jurídico de la propiedad horizontal se levanta sobre una sencilla fórmula: varias personas comparten la propiedad de una serie de elementos comunes que enmarcan y complementan sus espacios privados; ello les obliga a adoptar decisiones conjuntas y a compartir responsabilidades.

Esta misma circunstancia se da en los complejos inmobiliarios privados, en los que varios edificios físicamente separados comparten terreno, caminos de acceso, instalaciones deportivas, etc.

A partir de los años setenta, estas urbanizaciones comenzaron a proliferar, tanto en las grandes ciudades como en zonas de interés turístico, y se planteó la necesidad de una regulación de su régimen jurídico. Sin embargo, esa regulación no se produjo hasta la reforma de la LPH.

Con anterioridad, el Tribunal Supremo extendió la aplicación de las normas de la LPH de 1960 a este tipo de urbanizaciones, pero no porque fuera una situación prevista en esa ley, sino porque la inexistencia de una legislación específica en la materia llevaba a la aplicación analógica de la citada ley.

Las nuevas formas inmobiliarias y la ruptura del principio de verticalidad

Los complejos inmobiliarios a los que se refiere la LPH son comunidades de propietarios sujetas al régimen de propiedad horizontal, que se identifican con lo que habitualmente se denomina *urbanizaciones privadas*.

Esta forma especial de propiedad recibe también otros nombres: urbanización, conjunto inmobiliario, complejo urbano, complejo inmobiliario, etc. En un principio se utilizó con frecuencia el término *urbanización*. Posteriormente, la doctrina ha utilizado las expresiones *urbanización particular* o *urbanización privada* (destacando el carácter privado de su proceso urbanizador y su utilización por un número limitado de propietarios). La LPH, en su reforma de 1999, ha utilizado el término *complejos inmobiliarios privados*; se trata de una expresión más jurídica y gráfica, que concreta esta forma de propiedad en el marco del amplio concepto de conjunto inmobiliario o urbanización.

Los complejos inmobiliarios privados no están definidos en la LPH; en su lugar, el artículo 24 de la ley establece una serie de requisitos que deben reunir los complejos inmobiliarios privados para que les sean aplicables las normas de la LPH. Así, los complejos inmobiliarios privados a que se refiere la ley responden a la siguiente descripción:

1. Deben estar integrados por dos o más edificaciones o parcelas independientes cuyo destino principal sea la vivienda o locales.

   Es indispensable que en el conjunto existan dos o más edificaciones o parcelas, y que estas sean distintas entre sí. Puede suceder que existan varias edificaciones en una o varias parcelas, bien por la existencia de varias parcelas edificadas en su totalidad, en parte o sin edificar momentáneamente.

   También es característica esencial que las edificaciones o parcelas sean independientes entre sí.

2. La propiedad de cada una de esas viviendas o locales debe comportar la copropiedad de algún tipo de elementos comunes (elementos inmobiliarios, viales, instalaciones o servicios).

   La naturaleza de esta figura jurídica exige, al igual que en la propiedad horizontal tradicional, que junto a la propiedad privativa existan unos elementos para uso común de todos los titulares de la propiedad separada, con exclusión de aquellos que no ostenten tal cualidad. Existe la particularidad de que, en los complejos inmobiliarios, los elementos comunes pueden desaparecer, ya sea física o jurídicamente, como tales elementos comunes y subsistir las edificaciones o parcelas privadas sin alteración alguna. En el caso de que tales elementos comunes desaparecieran, el complejo inmobiliario pasaría a ser una figura jurídica distinta, pero en ningún caso sería aplicable el artículo 24 de la LPH.

¿Qué son los complejos inmobiliarios privados?

Son comunidades de propietarios sujetas al régimen de propiedad horizontal que se identifican con lo que habitualmente se denomina urbanizaciones privadas. Esas comunidades deben reunir los siguientes requisitos:

— estar integrados por dos o más edificaciones o parcelas independientes cuyo destino principal sea la vivienda o locales;
— participar los titulares de los inmuebles o de las viviendas y locales en una situación de copropiedad sobre otros elementos inmobiliarios, viales, instalaciones o servicios.

Régimen normativo

La LPH permite a estos complejos adoptar distintas fórmulas para gestionar sus posesiones conjuntas:

• *La Comunidad única o comunidad ordinaria.*

Todos los titulares pueden formar una única comunidad de propietarios, que se regirá por el régimen establecido en el Código Civil, por las normas de la LPH y por sus estatutos —que no podrán estar en contradicción con las normas legales—, como si se tratase de un edificio en propiedad horizontal.

Cuando los complejos adoptan la forma de comunidad única es necesario constituir un fondo de reserva, igual que si se tratase de un edificio sometido al régimen de la propiedad horizontal.

• *Agrupación de comunidades preexistentes de propietarios en régimen de propiedad horizontal.*

Puede constituirse una agrupación de diversas comunidades de propietarios. En este caso será necesario que el título constitutivo de la nueva comunidad agrupada sea otorgado por el propietario único del complejo o por los presidentes de todas las comunidades llamadas a integrarla, previamente autorizadas por acuerdo mayoritario de sus respectivas juntas de propietarios.

El título constitutivo contendrá la descripción del complejo inmobiliario en su conjunto y de los elementos, viales, instalaciones y de todos los servicios comunes.

Este tipo de complejos se rigen por la misma normativa que los que adoptan la forma de comunidad única, pero con las siguientes particularidades:

a) La junta de propietarios estará integrada por los presidentes de cada una de las comunidades integradas en la agrupación.
b) Para la adopción de los acuerdos en los que la ley exija una determinada mayoría, será necesaria la mayoría previa en cada una de las comunidades integradas en la agrupación.

La agrupación de comunidades de propietarios no precisa la constitución de un fondo de reserva; no obstante, los propietarios podrán acordar su constitución, si así lo desean.

• *Otras formas jurídicas admitidas en derecho.*

Se pueden adoptar otras formas distintas de las anteriores y optar por una organización convencional, es decir, acordada por los copropietarios. Estos complejos se rigen por los pactos establecidos entre sí por los propietarios y supletoriamente por la LPH.

Así, por ejemplo, si dos filas de casas adosadas cuentan con la misma parcela y el mismo camino privado de acceso, los vecinos no estarán obligados a constituirse bajo el régimen de la propiedad; pero si algunos de ellos tienen intención de realizar instalaciones ornamentales, deberán adoptar como referencia la regulación de la LPH en materia de innovaciones, siempre y cuando los vecinos no hubieran pactado una disposición al respecto.

📖 ¿Qué tipos de complejos inmobiliarios privados existen?

📖 Los complejos inmobiliarios privados pueden revestir diversas formas:

a) La comunidad única: como si se tratase de un edificio en propiedad horizontal.
b) La agrupación de comunidades preexistentes de propietarios en régimen de propiedad horizontal.
c) Otras formas jurídicas legalmente admisibles que libremente acuerden los propietarios.

Comunidades ordinarias

En estos casos se constituye una sola comunidad de propietarios para todo el complejo; esta comunidad se compone de los titulares de las distintas parcelas, viviendas o locales que integran el complejo, al margen de que se trate de parcelas, viviendas unifamiliares o edificios plurifamiliares. Hay una única junta de propietarios, compuesta por la totalidad de los mismos, con un solo presidente, un secretario, un administrador, etc. para todo el complejo, que se somete a las disposiciones de la LPH.

Esta modalidad de comunidad exige la constitución mediante la correspondiente escritura pública por el propietario único del complejo, con carácter previo a la venta de las diversas propiedades separadas o por acuerdo unánime de todos los propietarios del complejo. En este último caso, también se otorgará escritura pública de constitución por los propietarios o por el representante de todos los interesados y por acuerdo unánime.

La constitución de una comunidad ordinaria plantea la cuestión relativa a la existencia de unos elementos comunes del complejo y unos elementos comunes que corresponden a cada uno de los edificios. Esta cuestión se resuelve mediante la consignación a cada vivienda o local de dos coeficientes: uno, en relación al total del complejo, y el otro, en relación al edificio del que forma parte. Estos coeficientes indicarán la forma de sufragar los gastos de mantenimiento y reparación que generen los elementos comunes.

📖 ¿Qué normativa rige los complejos urbanísticos en forma de comunidad única?

📖 Este tipo de comunidades se rige por lo dispuesto en el artículo 396 del Código Civil, la LPH y sus estatutos, que no podrán estar en contradicción con las normas legales.

Comunidades agrupadas

Al igual que sucede con una comunidad de propietarios ordinaria, la elaboración e inscripción del título constitutivo de una agrupación de comunidades puede ser responsabilidad del propietario único del complejo en la fase previa a la venta de las viviendas o locales, o bien ser acordado por todos aquellos que van a integrar la agrupación.

En este segundo caso, el acuerdo será discutido en cada junta particular y deberá votarse por mayoría; posteriormente, los representantes de cada comunidad, conjuntamente, otorgarán el título constitutivo.

El título y los estatutos de la comunidad agrupada se podrán inscribir en el Registro de la Propiedad.

Son elementos imprescindibles del título constitutivo:

1. Una descripción del complejo, así como de sus diversos elementos, instalaciones y servicios comunes.
2. La cuota de participación asignada a cada una de las comunidades integradas en la agrupación, con indicación del porcentaje con que deben contribuir los copropietarios al sostenimiento de los gastos generales de los elementos comunes de la comunidad agrupada.

La competencia de los órganos de gobierno de la comunidad agrupada sólo se extiende sobre cuestiones que afectan a los elementos y servicios compartidos —elementos inmobiliarios, viales, instalaciones y servicios comunes—; sus acuerdos no podrán menoscabar en ningún caso las facultades que corresponden a los órganos de gobierno de las comunidades de propietarios integradas en la agrupación de comunidades, por lo que no pueden inmiscuirse en asuntos internos de cada una de las comunidades que la integran, las cuales seguirán funcionando de forma independiente para el resto de los asuntos de su exclusiva competencia.

La junta de propietarios de la agrupación estará compuesta, salvo acuerdo en contrario, por los presidentes de las comunidades integradas en la agrupación, que acudirán a ella ostentando la representación de sus respectivas comunidades y siendo portadores del voto que previamente hayan acordado los propietarios de cada una de las comunidades.

La adopción de acuerdos para los que la LPH exige mayorías cualificadas requerirá, en todo caso, la previa obtención de la mayoría de que se trate, en cada una de las juntas de propietarios de las comunidades que integren la agrupación.

En el Anexo se transcribe un modelo de estatutos de un complejo inmobiliario constituido en una agrupación de comunidades de propietarios (véase pág. 301), así como un modelo de normas de régimen interior de zona de aparcamiento (véase pág. 311).

☐ ¿Qué normativa rige los complejos urbanísticos que revisten la forma de agrupación de comunidades?

☐ Los complejos inmobiliarios privados que adoptan la forma de agrupación de comunidades se rigen por la misma normativa que los que adoptan la forma de comunidad única, es decir, se rigen por el artículo 396 del Código Civil, por la LPH y por sus estatutos; pero también presentan las siguientes particularidades:

a) La junta de propietarios está integrada por los presidentes de cada una de las comunidades integradas en la agrupación de comunidades.
b) Para la adopción de los acuerdos en los que la ley exija determinada mayoría, será necesaria la mayoría previa en cada una de las comunidades que integran la agrupación.

☐ ¿Es necesaria la constitución de un fondo de reserva cuando los complejos inmobiliarios adopten la forma de una agrupación de comunidades?

☐ En este caso, sólo será necesario constituir un fondo de reserva si así lo acuerda expresamente la junta de propietarios.

Anexo

Relación cronológica de disposiciones legales

Ley de Enjuiciamiento Civil, de 3 de febrero de 1881. Artículo 14.

Código Civil, de 24 de julio de 1889. Artículos 2, 3, 4, 5, 6, 8, 9, 12, 14 y 17.

Ley Hipotecaria, de 8 de febrero de 1946. Artículos 3, 5, 9, 12, 14 y 17.

Decreto de 14 de febrero de 1947 por el que se aprueba el Reglamento Hipotecario. Artículos 5, 6, 12 y 17.

Decreto 2414/1961, de 30 de noviembre, por el que se aprueba el Reglamento de Actividades Molestas, Insalubres, Nocivas y Peligrosas. Artículo 7.

Ley 29/94, de 24 de noviembre, de Arrendamientos Urbanos. Artículos 7 y 9.

Real Decreto 1093/1997, de 4 de julio, por el que se aprueban las normas complementarias al Reglamento para la ejecución de la Ley Hipotecaria sobre Inscripción en el Registro de la Propiedad de Actos de Naturaleza Urbanística. Artículo 12.

Real Decreto-Ley 1/1998, de 27 de febrero, sobre infraestructuras comunes en los edificios para el acceso a los servicios de telecomunicación. Artículos 7, 11 y 14.

Real Decreto 279/1999, de 22 de febrero, por el que se aprueba el Reglamento regulador de las infraestructuras comunes de telecomunicación en el interior de los edificios y de la actividad de instalación de equipos y sistemas de telecomunicaciones. Artículo 11.

Orden de 26 de octubre de 1999 por la que se desarrolla el Reglamento regulador de las infraestructuras comunes de telecomunicaciones para el acceso a los servicios de telecomunicación en el interior de los edificios y la actividad de instalación de equipos y sistemas de telecomunicaciones, aprobado por el Real Decreto 279/199, de 22 de febrero. Artículo 11.1.

Ley 38/1999, de 5 de noviembre, de Ordenación de la Edificación. Artículo 11.1.

Ley 1/2000, de 7 de enero, de Enjuiciamiento Civil. Artículos 7 y 21.

Orden de 7 de junio de 2000 por la que se modifica la disposición transitoria primera de la Orden de 26 de octubre de 1999, por la que se desarrolla el Reglamento regulador de las infraestructuras comunes de telecomunicaciones para el acceso a los servicios de telecomunicación en el interior de los edificios y la actividad de instalación de equipos y sistemas de telecomunicaciones, aprobado por el Real Decreto 279/1999, de 22 de febrero. Artículo 11.1.

Ley 51/2003, de 2 de diciembre, de Igualdad de Oportunidades, No Discriminación y Accesibilidad Universal de las Personas con Discapacidad.

CÓDIGO CIVIL

LIBRO II, TÍTULO III. DE LA COMUNIDAD DE BIENES

Artículo 392
Hay comunidad cuando la propiedad de una cosa o de un derecho pertenece pro indiviso a varias personas. A falta de contratos, o de disposiciones especiales, se regirá la comunidad por las prescripciones de este título.

Artículo 393
El concurso de los partícipes, tanto en los beneficios como en las cargas, será proporcional a sus respectivas cuotas. Se presumirán iguales, mientras no se pruebe lo contrario, las porciones correspondientes a los partícipes en la comunidad.

Artículo 394
Cada partícipe podrá servirse de las cosas comunes, siempre que disponga de ellas conforme a su destino y de manera que no perjudique el interés de la comunidad, ni impida a los copartícipes utilizarlas según su derecho.

Artículo 395
Todo copropietario tendrá derecho para obligar a los partícipes a contribuir a los gastos de conservación de la cosa o derecho común.

Sólo podrá eximirse de esta obligación al que renuncie a la parte que le pertenece en el dominio.

Artículo 396
Los diferentes pisos o locales de un edificio o las partes de ellos susceptibles de aprovechamiento independiente por tener salida propia a un elemento común de aquel o a la vía pública podrán ser objeto de propiedad separada, que llevará inherente un derecho de copropiedad sobre los elementos comunes del edificio, que son todos los necesarios para su adecuado uso y disfrute, tales como el suelo, vuelo, cimentaciones y cubiertas; elementos estructurales y entre ellos los pilares, vigas, forjados y muros de carga; las fachadas, con los revestimientos exteriores de terrazas, balcones y ventanas, incluyendo su imagen o configuración, los elementos de cierre que las conforman y sus revestimientos exteriores; el portal, las escaleras, porterías, corredores, pasos, muros, fosos, patios, pozos y los recintos destinados a ascensores, depósitos, contadores, telefonías o a otros servicios o instalaciones comunes, incluso aquellos que fueren de uso privativo; los ascensores y las insta-

laciones, conducciones y canalizaciones para el desagüe y para el suministro de agua, gas o electricidad, incluso las de aprovechamiento de energía solar; las de agua caliente sanitaria, calefacción, aire acondicionado, ventilación o evacuación de humos; las de detección y prevención de incendios; las de portero electrónico y otras de seguridad del edificio, así como las de antenas colectivas y demás instalaciones para los servicios audiovisuales o de telecomunicación, todas ellas hasta la entrada al espacio privativo; las servidumbres y cualesquiera otros elementos materiales o jurídicos que por su naturaleza o destino resulten indivisibles. Las partes en copropiedad no son en ningún caso susceptible de división y sólo podrán ser enajenadas, gravadas o embargadas juntamente con la parte determinada privativa de la que son anejo inseparable. En caso de enajenación de un piso o local, los dueños de los demás, por este solo título, no tendrán derecho de tanteo ni de retracto. Esta forma de propiedad se rige por las disposiciones legales especiales y, en lo que las mismas permitan, por la voluntad de los interesados. [Este artículo está redactado conforme a la Ley 8/1999, de 6 de abril, de Reforma de la Ley 49/1960, de 21 de julio, sobre Propiedad Horizontal, Disposición adicional única, BOE núm. 84, de 08-04-1999].

Artículo 397

Ninguno de los condueños podrá, sin consentimiento de los demás, hacer alteraciones en la cosa común, aunque de ella pudieran resultar ventajas para todos.

Artículo 398

Para la administración y mejor disfrute de la cosa común serán obligatorios los acuerdos de la mayoría de los partícipes. No habrá mayoría sino cuando el acuerdo esté tomado por los partícipes que representen la mayor cantidad de los intereses que constituyan el objeto de la comunidad. Si no resultare mayoría, o el acuerdo de esta fuere gravemente perjudicial a los interesados en la cosa común, el Juez proveerá, a instancia de parte, lo que corresponda, incluso nombrar un Administrador.

Cuando parte de la cosa perteneciere privadamente a un partícipe o a algunos de ellos, y otra fuere común, sólo a esta será aplicable la disposición anterior.

Artículo 399

Todo condueño tendrá la plena propiedad de su parte y la de los frutos y utilidades que le correspondan, pudiendo en su consecuencia enajenarla, cederla o hipotecarla, y aun sustituir otro en su aprovechamiento, salvo si se tratare de derechos personales. Pero el efecto de la enajenación o de la hipoteca con relación a los condueños estará limitado a la porción que se le adjudique en la división al cesar la comunidad.

Artículo 400
Ningún copropietario estará obligado a permanecer en la comunidad. Cada uno de ellos podrá pedir en cualquier tiempo que se divida la cosa común. Esto no obstante, será válido el pacto de conservar la cosa indivisa por tiempo determinado, que no exceda de diez años. Este plazo podrá prorrogarse por nueva convención.

Artículo 401
Sin embargo de lo dispuesto en el artículo anterior, los copropietarios no podrán exigir la división de la cosa común, cuando de hacerla resulte inservible para el uso a que se destina. Si se tratare de un edificio cuyas características lo permitan, a solicitud de cualquiera de los comuneros, la división podrá realizarse mediante la adjudicación de pisos o locales independientes, con sus elementos comunes anejos, en la forma prevista por el artículo 396.

Artículo 402
La división de la cosa común podrá hacerse por los interesados, o por árbitros o amigables componedores nombrados a voluntad de los partícipes.

En el caso de verificarse por árbitros o amigables componedores, deberán formar partes proporcionadas al derecho de cada uno, evitando en cuanto sea posible los suplementos a metálico.

Artículo 403
Los acreedores o cesionarios de los partícipes podrán concurrir a la división de la cosa común y oponerse a la que se verifique sin su concurso. Pero no podrán impugnar la división consumada, excepto en caso de fraude, o en el de haberse verificado no obstante la oposición formalmente interpuesta para impedirla, y salvo siempre los derechos del deudor o del cedente para sostener su validez.

Artículo 404
Cuando la cosa fuere esencialmente indivisible, y los condueños no convinieren en que se adjudique a uno de ellos indemnizando a los demás, se venderá y repartirá su precio.

Artículo 405
La división de una cosa común no

perjudicará a tercero, el cual conservará los derechos de hipoteca, servidumbre u otros derechos reales que le pertenecieran antes de hacer la partición. Conservarán igualmente su fuerza, no obstante la división, los derechos personales que pertenezcan a un tercero contra la comunidad.

Artículo 406
Serán aplicables a la división entre los partícipes en la comunidad las reglas concernientes a la división de la herencia.

REGLAMENTO PARA LA EJECUCIÓN DE LA LEY HIPOTECARIA

TÍTULO I. DEL REGISTRO DE LA PROPIEDAD Y DE LOS TÍTULOS SUJETOS A INSCRIPCIÓN

Artículo 16

2. El derecho de elevar una o más plantas sobre un edificio o el de realizar construcciones bajo su suelo, haciendo suyas las edificaciones resultantes, que, sin constituir derecho de superficie, se reserve el propietario en caso de enajenación de todo o parte de la finca o transmita a un tercero, será inscribible conforme a las normas del apartado 3 del artículo 8 de la Ley y sus concordantes.

En la inscripción se hará constar:

a) Las cuotas que hayan de corresponder a las nuevas plantas en los elementos y gastos comunes o las normas para su establecimiento.

b) Las normas de régimen de comunidad, si se señalaren, para el caso de hacer la construcción.

TÍTULO V. DE LAS HIPOTECAS

Artículo 218

Cuando los diferentes pisos o departamentos de una casa pertenezcan a diversos propietarios, conforme a lo establecido en el artículo 396 del Código Civil, podrán acordar los dueños de aquellos la constitución de una sola hipoteca sobre la totalidad de la finca, sin que sea necesaria la previa distribución entre los pisos.

Esta hipoteca se inscribirá en la forma siguiente:

Si los pisos estuvieren inscritos bajo el mismo número que la casa a que pertenezcan, se inscribirán en el mismo número de esta.

Si la casa estuviera inscrita en su conjunto y, además e independientemente, lo estuvieren bajo número diferente, todos los pisos o departamentos de la misma, se hará una inscripción extensa de la hipoteca en el mismo número que tenga la casa en el Registro, e inscripciones concisas en el número que corresponda a cada piso.

Si estuvieren inscritos los pisos separadamente, pero no el edificio en su conjunto, se practicará la inscripción extensa en el número que corresponda a cualquiera de aquellos, extendiéndose las inscripciones concisas en los demás.

El acreedor hipotecario sólo podrá hacer efectivo su derecho en estos casos, dirigiéndose contra la totalidad del edificio.

LEY DE ARRENDAMIEN-TOS URBANOS

TÍTULO II (DE LOS ARRENDA-MIENTOS DE VIVIENDA), CAPÍTULO IV:
DE LOS DERECHOS Y OBLIGACIONES DE LAS PARTES

Artículo 25. Derecho de adquisición preferente

1. En caso de venta de la vivienda arrendada, tendrá el arrendatario derecho de adquisición preferente sobre la misma, en las condiciones previstas en los apartados siguientes.

2. El arrendatario podrá ejercitar un derecho de tanteo sobre la finca arrendada en un plazo de treinta días naturales a contar desde el siguiente en que se le notifique en forma fehaciente la decisión de vender la finca arrendada, el recio y las demás condiciones esenciales de la transmisión.

   Los efectos de la notificación prevenida en el párrafo anterior caducarán a los ciento ochenta días naturales siguientes a la misma.

3. En el caso a que se refiere el apartado anterior podrá el arrendatario ejercitar el derecho de retracto, con sujeción a lo dispuesto en el artículo 1.518 del Código Civil, cuando no se le hubiese hecho la notificación prevenida o se hubiese omitido en ella cualquiera de los requisitos exigidos, así como cuando resultase inferior el precio efectivo de la compraventa o menos onerosas sus restantes condiciones esenciales. El derecho de retracto caducará a los treinta días naturales, contados desde el siguiente a la notificación que en forma fehaciente deberá hacer el adquiriente al arrendatario de las condiciones esenciales en que se efectuó la compraventa, mediante entrega de copia de la escritura o documento en que fuere formalizada.

4. El derecho de tanteo o retracto del arrendatario tendrá preferencia sobre cualquier otro derecho similar, excepto el retracto reconocido al condueño de la vivienda o el convencional que figurase inscrito en el Registro de la Propiedad al tiempo de celebrarse el contrato de arrendamiento.

5. Para inscribir en el Registro de la Propiedad los títulos de venta de viviendas arrendadas deberá justificarse que han tenido lugar, en sus respectivos casos, las notificaciones prevenidas en los apartados anteriores, con los requisitos en ellos exigidos.

Cuando la vivienda vendida no estuviese arrendada, para que sea inscribible la adquisición deberá el vendedor declararlo así en la escritura, bajo la pena de falsedad en documento público.

6. Cuando la venta recaiga, además de sobre la vivienda arrendada, sobre los demás objetos alquilados como accesorios de la vivienda por el mismo arrendador a que se refiere el artículo 3, no podrá el arrendatario ejercitar los derechos de adquisición preferente sólo sobre la vivienda.

7. No habrá lugar a los derechos de tanteo o retracto cuando la vivienda arrendada se venda conjuntamente con las restantes viviendas o locales propiedad del arrendador que formen parte de un mismo inmueble ni tampoco cuando se vendan de forma conjunta por distintos propietarios a un mismo comprador la totalidad de los pisos y locales del inmueble.

Si en el inmueble sólo existiera una vivienda, el arrendatario tendrá los derechos de tanteo y retracto previstos en este artículo.

8. El pacto por el cual el arrendatario renuncia a los derechos de tanteo y retracto será válido en contratos de duración pactada superior a cinco años.

CAPÍTULO III. DE LOS ARRENDAMIENTOS PARA USO DISTINTO DEL DE VIVIENDA

Artículo 31. Derecho de adquisición preferente

Lo dispuesto en el artículo 25 de la presente ley será de aplicación a los arrendamientos que regula este Título.

LEY DE REFORMA DE LA PROPIEDAD HORIZONTAL

Texto íntegro de la Ley 8/1999, de 6 de abril, de reforma de la Ley 49/1960, de 21 de julio, sobre Propiedad Horizontal, con las modificaciones introducidas por la Ley 1/2000 y 51/2003.

CAPÍTULO I. DISPOSICIONES GENERALES

Artículo 1

La presente Ley tiene por objeto la regulación de la forma especial de propiedad establecida en el artículo 396 del Código Civil, que se denomina *propiedad horizontal*.

A efectos de esta Ley tendrán también la consideración de locales aquellas partes de un edificio que sean susceptibles de aprovechamiento independiente por tener salida a un elemento común de aquel o a la vía pública.

Artículo 2

Esta Ley será de aplicación:

a) A las comunidades de propietarios constituidas con arreglo a lo dispuesto en el artículo 5.

b) A las comunidades que reúnan los requisitos establecidos en el artículo 396 del Código Civil y no hubiesen otorgado el título constitutivo de la propiedad horizontal.

Estas comunidades se regirán, en todo caso, por las disposiciones de esta Ley en lo relativo al régimen jurídico de la propiedad, de sus partes privativas y elementos comunes, así como en cuanto a los derechos y obligaciones recíprocas de los comuneros.

c) A los complejos inmobiliarios privados, en los términos establecidos en esta Ley.

CAPÍTULO II. DEL RÉGIMEN DE LA PROPIEDAD POR PISOS

Artículo 3

En el régimen de propiedad establecido en el artículo 396 del Código Civil corresponde al dueño de cada piso o local:

a) El derecho singular y exclusivo de propiedad sobre un espacio suficientemente delimitado y susceptible de aprovechamiento independiente, con los elementos arquitectónicos e instalaciones de todas clases, aparentes o no, que estén comprendidos dentro de sus límites y sirvan exclusivamente al propietario, así como el de los anejos que expresamente hayan sido señalados en el título, aunque se hallen fuera del espacio delimitado.

b) La copropiedad, con los demás dueños de pisos o locales, de los restantes elementos, pertenencias y servicios comunes.

A cada piso o local se atribuirá una cuota de participación con relación al total del valor del inmueble y referida a centésimas del mismo. Dicha cuota servirá de módulo para determinar la participación en las cargas y beneficios por razón de la comunidad. Las mejoras o menoscabos de cada piso o local no alterarán la cuota atribuida, que sólo podrá variarse por acuerdo unánime.

Cada propietario puede libremente disponer de su derecho, sin poder separar los elementos que lo integran y sin que la transmisión del disfrute afecte a las obligaciones derivadas de este régimen de propiedad.

Artículo 4

La acción de división no procederá para hacer cesar la situación que regula esta Ley. Sólo podrá ejercitarse por cada propietario pro indiviso sobre un piso o local determinado, circunscrita al mismo, y siempre que la proindivisión no haya sido establecida de intento para el servicio o utilidad común de todos los propietarios.

Artículo 5

El título constitutivo de la propiedad por pisos o locales describirá, además del inmueble en su conjunto, cada uno de aquellos al que se asignará número correlativo. La descripción del inmueble habrá de expresar las circunstancias exigidas en la legislación hipotecaria, y los servicios e instalaciones con que cuente el mismo. La de cada piso o local expresará su extensión, linderos, planta en la que se hallare y los anejos, tales como garaje, buhardilla o sótano.

En el mismo título se fijará la cuota de participación que corresponde a cada piso o local, determinada por el propietario único del edificio al iniciar su venta por pisos, por acuerdo de todos los propietarios existentes, por laudo o resolución judicial. Para su fijación se tomará como base la superficie útil de cada piso o local en relación con el total del inmueble, su emplazamiento interior o exterior, su situación y el uso que se presuma racionalmente que va a efectuarse de los servicios o elementos comunes.

El título podrá contener, además, reglas de constitución y ejercicio del derecho y disposiciones no prohibidas por la Ley en orden al uso o destino del edificio, sus diferentes pisos o locales, instalaciones y servicios, gastos, administración y gobierno, seguros, conservación y reparaciones, formando un estatuto privativo que no perjudicará a terceros si no ha sido inscrito en el Registro de la Propiedad.

En cualquier modificación del título, y a salvo lo que se dispone sobre validez de acuerdos, se observarán los mismos requisitos que para la constitución.

Artículo 6

Para regular los detalles de la convivencia y la adecuada utilización de los servicios y cosas comunes, y dentro de los límites establecidos por la Ley y los estatutos, el conjunto de propietarios podrá fijar normas de régimen interior que obligarán también a todo titular mientras no sean modificadas en la forma prevista para tomar acuerdos sobre la administración.

Artículo 7

1. El propietario de cada piso o local podrá modificar los elementos arquitectónicos, instalaciones o servicios de aquel cuando no menoscabe o altere la seguridad del edificio, su estructura general, su configuración o estado exteriores, o perjudique los derechos de otro propietario, debiendo dar cuenta de tales obras previamente a quien represente a la comunidad.

   En el resto del inmueble no podrá realizar alteración alguna, y si advirtiere la necesidad de reparaciones urgentes, deberá comunicarlo sin dilación al administrador.

2. Al propietario y al ocupante del piso o local no les está permitido desarrollar en él o en el resto del inmueble actividades prohibidas en los estatutos, que resulten dañosas para la finca o que contravengan las disposiciones generales sobre actividades molestas, insalubres, nocivas, peligrosas o ilícitas.

   El presidente de la comunidad, a iniciativa propia o de cualesquiera de los propietarios u ocupantes, requerirá a quien realice las actividades prohibidas por este apartado la inmediata cesación de las mismas, bajo apercibimiento de iniciar las acciones judiciales procedentes.

   Si el infractor persistiere en su conducta, el presidente, previa autorización de la junta de propietarios, debidamente convocada al efecto, podrá entablar contra él acción de cesación que, en lo no previsto expresamente por este artículo, se sustanciará a través del juicio ordinario.

   Presentada la demanda, acompañada de la acreditación del requerimiento fehaciente al infractor y de la certificación del acuerdo adoptado por la junta de propietarios, el juez podrá acordar con carácter cautelar la cesación inmediata de la actividad prohibida, bajo apercibimiento de incurrir en delito de desobediencia. Podrá adoptar, asimismo, cuantas medidas cautelares fueran precisas para asegurar la efectividad de la orden de cesación. La demanda habrá de dirigirse contra el propietario y, en su caso, contra el ocupante de la vivienda o local.

Si la sentencia fuese estimatoria, podrá disponer, además de la cesación definitiva de la actividad prohibida y la indemnización de daños y perjuicios que proceda, la privación del derecho al uso de la vivienda o local por tiempo no superior a tres años, en función de la gravedad de la infracción y de los perjuicios ocasionados a la comunidad. Si el infractor no fuese el propietario, la sentencia podrá declarar extinguidos definitivamente todos sus derechos relativos a la vivienda o local, así como su inmediato lanzamiento.

Artículo 8

Los pisos o locales y sus anejos podrán ser objeto de división material, para formar otros más reducidos e independientes, y aumentados por agregación de otros colindantes del mismo edificio, o disminuidos por segregación de alguna parte.

En tales casos se requerirá, además del consentimiento de los titulares afectados, la aprobación de la junta de propietarios, a la que incumbe la fijación de las nuevas cuotas de participación para los pisos reformados con sujeción a lo dispuesto en el artículo quinto, sin alteración de las cuotas de los restantes.

Artículo 9

1. Son obligaciones de cada propietario:

a) Respetar las instalaciones generales de la comunidad y demás elementos comunes, ya sean de uso general o privativo de cualesquiera de los propietarios, estén o no incluidos en su piso o local, haciendo un uso adecuado de los mismos y evitando en todo momento que se causen daños o desperfectos.

b) Mantener en buen estado de conservación su propio piso o local e instalaciones privativas, en términos que no perjudiquen a la comunidad o a los otros propietarios, resarciendo los daños que ocasione por su descuido o el de las personas por quienes deba responder.

c) Consentir en su vivienda o local las reparaciones que exija el servicio del inmueble y permitir en él las servidumbres imprescindibles requeridas para la creación de servicios comunes de interés general acordados conforme a lo establecido en el artículo 17, teniendo derecho a que la comunidad le resarza de los daños y perjuicios ocasionados.

d) Permitir la entrada en su piso o local a los efectos prevenidos en los tres apartados anteriores.

e) Contribuir, con arreglo a la cuota de participación fijada en el título o a lo especialmente establecido, a los gastos generales para el adecuado sostenimiento del inmueble, sus servicios, cargas y responsabilidades que no sean susceptibles de individualización.

Los créditos a favor de la comunidad derivados de la obligación de contribuir al sostenimiento de los gastos generales correspondientes a las cuotas imputables a la parte vencida de la anualidad en curso y al año natural inmediatamente anterior tienen la condición de preferentes a efectos del artículo 1.923 del Código Civil y preceden, para su satisfacción, a los enumerados en los apartados 3, 4 y 5 de dicho precepto, sin perjuicio de la preferencia establecida a favor de los créditos salariales en el Estatuto de los Trabajadores.

El adquiriente de una vivienda o local en régimen de propiedad horizontal, incluso con título inscrito en el Registro de la Propiedad, responde con el propio inmueble adquirido de las cantidades adeudadas a la comunidad de propietarios para el sostenimiento de los gastos generales por los anteriores titulares hasta el límite de los que resulten imputables a la parte vencida de la anualidad en la cual tenga lugar la adquisición y al año natural inmediatamente anterior. El piso o local estará legalmente afecto al cumplimiento de esta obligación.

En el instrumento público mediante el que se transmita, por cualquier título, la vivienda o local, el transmitente deberá declarar hallarse al corriente en el pago de los gastos generales de la comunidad de propietarios o expresar los que adeude. El transmitente deberá aportar en este momento certificación sobre el estado de deudas con la comunidad coincidente con su declaración, sin la cual no podrá autorizarse el otorgamiento del documento público, salvo que fuese expresamente exonerado de esta obligación por el adquiriente. La certificación será emitida en el plazo máximo de siete días naturales desde su solicitud por quien ejerza las funciones de secretario, con el visto bueno del presidente, quienes responderán, en caso de culpa o negligencia, de la exactitud de los datos consignados en la misma y de los perjuicios causados por el retraso en su emisión.

f) Contribuir, con arreglo a su respectiva cuota de participación, a la dotación del fondo de reserva que existirá en la comunidad de propietarios para atender las obras de conservación y reparación de la finca.

El fondo de reserva, cuya titularidad corresponde a todos los efectos a la comunidad, estará dotado con una cantidad que en ningún caso podrá ser inferior al 5 por 100 de su último presupuesto ordinario.

Con cargo al fondo de reserva, la comunidad podrá suscribir un contrato de seguro que cubra los daños causados en la finca o bien concluir un contrato de mantenimiento permanente del inmueble y sus instalaciones generales.

g) Observar la diligencia debida en el uso del inmueble y en sus relaciones con los demás titulares, y responder ante estos de las infracciones cometidas y de los daños causados.

h) Comunicar a quien ejerza las funciones de secretario de la comunidad, por cualquier medio que permita tener constancia de su recepción, el domicilio en España a efectos de citaciones y notificaciones de toda índole relacionadas con la comunidad. En defecto de esta comunicación se tendrá por domicilio para citaciones y notificaciones el piso o local perteneciente a la comunidad, surtiendo plenos efectos jurídicos las entregadas al ocupante del mismo.

Si intentada una citación o notificación al propietario fuese imposible practicarla en el lugar prevenido en el párrafo anterior, se entenderá realizada mediante la colocación de la comunicación correspondiente en el tablón de anuncios de la comunidad, o en lugar visible de uso general habilitado al efecto, con diligencia expresiva de la fecha y motivos por los que se procede a esta forma de notificación, firmada por quien ejerza las funciones de secretario de la comunidad, con el visto bueno del presidente. La notificación practicada de esta forma producirá plenos efectos jurídicos en el plazo de tres días naturales.

i) Comunicar a quien ejerza las funciones de secretario de la comunidad, por cualquier medio que permita tener constancia de su recepción, el cambio de titularidad de la vivienda o local.

Quien incumpliere esta obligación seguirá respondiendo de las deudas con la comunidad devengadas con posterioridad a la transmisión de forma solidaria con el nuevo titular, sin perjuicio del derecho de aquel a repetir sobre este.

Lo dispuesto en el párrafo anterior no será de aplicación cuando cualesquiera de los órganos de gobierno establecidos en el artículo 13 haya tenido conocimiento del cambio de titularidad de la vivienda o local por cualquier otro medio o por actos concluyentes del nuevo propietario, o bien cuando dicha transmisión resulte notoria.

2. Para la aplicación de las reglas del apartado anterior se reputarán generales los gastos que no sean imputables a uno o a varios pisos o locales, sin que la no utilización de un servicio exima del cumplimiento de las obligaciones correspondientes, sin perjuicio de lo establecido en el artículo 11.2 de esta Ley.

Artículo 10

1. Será obligación de la comunidad la realización de las obras necesarias para el adecuado sostenimiento y conservación del inmueble y de sus servicios, de modo que reúna las debidas condiciones estructurales, de estanqueidad, habitabilidad, accesibilidad y seguridad.

2. Asimismo, la comunidad, a instancia de los propietarios en cuya vivienda vivan, trabajen o presten sus servicios altruistas o voluntarios personas con discapacidad, o mayores de setenta años, vendrá obligada a realizar las obras de accesibilidad que sean necesarias para un uso adecuado de los elementos comunes a su discapacidad o para la instalación de dispositivos mecánicos y electrónicos que favorezcan su comunicación con el exterior, cuyo importe total no exceda de tres mensualidades ordinarias de gastos comunes.

3. Los propietarios que se opongan o demoren injustificadamente la ejecución de las órdenes dictadas por la autoridad competente responderán individualmente de las sanciones que puedan imponerse en vía administrativa.

4. En caso de discrepancia sobre la naturaleza de las obras a realizar resolverá lo procedente la junta de propietarios. También podrán los interesados solicitar arbitraje o dictamen técnico en los términos establecidos en la ley.

5. Al pago de los gastos derivados de la realización de las obras de conservación y accesibilidad a que se refiere el presente artículo estará afecto el piso o local en los mismos términos y condiciones que los establecidos en el artículo 9 para los gastos generales.

Artículo 11

1. Ningún propietario podrá exigir nuevas instalaciones,

servicios o mejoras no requeridos para la adecuada conservación, habitabilidad, seguridad y accesibilidad del inmueble, según su naturaleza y características.

2. Cuando se adopten válidamente acuerdos para realizar innovaciones no exigibles a tenor del apartado anterior y cuya cuota de instalación exceda del importe de tres mensualidades ordinarias de gastos comunes, el disidente no resultará obligado, ni se modificará su cuota, incluso en el caso de que no pueda privársele de la mejora o ventaja.

Si el disidente desea, en cualquier momento, participar de las ventajas de la innovación, habrá de abonar su cuota en los gastos de realización y mantenimiento, debidamente actualizados mediante la aplicación del correspondiente interés legal.

3. Cuando se adopten válidamente acuerdos para la realización de obras de accesibilidad, la comunidad quedará obligada al pago de los gastos aun cuando su importe exceda de tres mensualidades ordinarias de gastos comunes.

4. Las innovaciones que hagan inservible alguna parte del edificio para el uso y disfrute de un propietario requerirán, en todo caso, el consentimiento expreso de este.

5. Las derramas para el pago de mejoras realizadas o por realizar en el inmueble serán a cargo de quien sea propietario en el momento de la exigibilidad de las cantidades afectas al pago de dichas mejoras.

Artículo 12

La construcción de nuevas plantas y cualquier otra alteración de la estructura o fábrica del edificio o de las cosas comunes afectan al título constitutivo y deben someterse al régimen establecido para las modificaciones del mismo. El acuerdo que se adopte fijará la naturaleza de la modificación, las alteraciones que origine en la descripción de la finca y de los pisos o locales, la variación de cuotas y el titular o titulares de los nuevos locales o pisos.

Artículo 13

1. Los órganos de gobierno de la comunidad son los siguientes:
   a) La junta de propietarios.
   b) El presidente y, en su caso, los vicepresidentes.
   c) El secretario.
   d) El administrador.

   En los estatutos, o por acuerdo mayoritario de la junta de propietarios, podrán establecerse otros órganos de gobierno de la comunidad, sin que ello pueda suponer menoscabo alguno de las funciones y responsabilidades frente a terceros que esta Ley atribuye a los anteriores.

2. El presidente será nombrado, entre los propietarios, mediante elección o, subsidiariamente, mediante turno rotatorio o sorteo. El nombramiento será obligatorio, si bien el propietario designado podrá solicitar su relevo al juez dentro del mes siguiente a su acceso al cargo, invocando las razones que le asistan para ello.

El juez, a través del procedimiento establecido en el artículo 17.3 resolverá de plano lo procedente, designando en la misma resolución al propietario que hubiera de sustituir, en su caso, al presidente en el cargo hasta que se proceda a una nueva designación en el plazo que se determine en la resolución judicial.

Igualmente podrá acudirse al juez cuando, por cualquier causa, fuese imposible para la junta designar presidente de la comunidad.

3. El presidente ostentará legalmente la representación de la comunidad, en juicio y fuera de él, en todos los asuntos que la afecten.

4. La existencia de vicepresidentes será facultativa. Su nombramiento se realizará por el mismo procedimiento que el establecido para la designación del presidente.

Corresponde al vicepresidente, o a los vicepresidentes por su orden, sustituir al presidente en los casos de ausencia, vacante o imposibilidad de este, así como asistirlo en el ejercicio de sus funciones en los términos que establezca la junta de propietarios.

5. Las funciones del secretario y del administrador serán ejercidas por el presidente de la comunidad, salvo que los estatutos, o la junta de propietarios por acuerdo mayoritario, dispongan la provisión de dichos cargos separadamente de la presidencia.

6. Los cargos de secretario y administrador podrán acumularse en una misma persona o bien nombrarse independientemente.

El cargo de administrador y, en su caso, el de secretario-administrador podrá ser ejercido por cualquier propietario, así como por personas físicas con cualificación profesional suficiente y legalmente reconocida para ejercer dichas funciones. También podrá recaer en corporaciones y otras personas jurídicas en los términos establecidos en el ordenamiento jurídico.

7. Salvo que los estatutos de la comunidad dispongan lo contrario, el nombramiento de los órganos de gobierno se hará por el plazo de un año.

Los designados podrán ser

removidos de su cargo antes de la expiración del mandato por acuerdo de la junta de propietarios, convocada en sesión extraordinaria.

8. Cuando el número de propietarios de viviendas o locales en un edificio no exceda de cuatro podrán acogerse al régimen de administración del artículo 398 del Código Civil, si expresamente lo establecen los estatutos.

Artículo 14

Corresponde a la junta de propietarios:

a) Nombrar y remover a las personas que ejerzan los cargos mencionados en el artículo anterior y resolver las reclamaciones que los titulares de los pisos o locales formulen contra la actuación de aquellos.

b) Aprobar el plan de gastos e ingresos previsibles y las cuentas correspondientes.

c) Aprobar los presupuestos y la ejecución de todas las obras de reparación de la finca, sean ordinarias o extraordinarias, y ser informada de las medidas urgentes adoptadas por el administrador de conformidad con lo dispuesto en el artículo 20.

d) Aprobar o reformar los estatutos y determinar las normas de régimen interior.

e) Conocer y decidir en los demás asuntos de interés general para la comunidad, acordando las medidas necesarias o convenientes para el mejor servicio común.

Artículo 15

1. La asistencia a la junta de propietarios será personal o por representación legal o voluntaria, bastando para acreditar esta un escrito firmado por el propietario.

Si algún piso o local perteneciese pro indiviso a diferentes propietarios, estos nombrarán un representante para asistir y votar en las juntas.

Si la vivienda o local se hallare en usufructo, la asistencia y el voto corresponderá al nudo propietario, quien, salvo manifestación en contrario, se entenderá representado por el usufructuario, debiendo ser expresa la delegación cuando se trate de los acuerdos a que se refiere la regla primera del artículo 17 o de obras extraordinarias y de mejora.

2. Los propietarios que en el momento de iniciarse la junta no se encontrasen al corriente en el pago de todas las deudas vencidas con la comunidad y no hubiesen impugnado judicialmente las mismas o procedido a la consignación judicial o notarial de la suma adeudada, podrán participar en sus

deliberaciones si bien no tendrán derecho de voto. El acta de la junta reflejará los propietarios privados del derecho de voto, cuya persona y cuota de participación en la comunidad no será computada a efectos de alcanzar las mayorías exigidas en esta Ley.

Artículo 16

1. La junta de propietarios se reunirá, por lo menos, una vez al año para aprobar los presupuestos y cuentas, y en las demás ocasiones que lo considere conveniente el presidente o lo pidan la cuarta parte de los propietarios, o un número de estos que representen, al menos, el veinticinco por ciento de las cuotas de participación.

2. La convocatoria de las juntas la hará el presidente y, en su defecto, los promotores de la reunión, con indicación de los asuntos a tratar, el lugar, día y hora en que se celebrará en primera o, en su caso, en segunda convocatoria, practicándose las citaciones en la forma establecida en el artículo 9. La convocatoria contendrá una relación de los propietarios que no estén al corriente en el pago de las deudas vencidas a la comunidad y advertirá de la privación del derecho de voto si se dan los supuestos previstos en el artículo 15.2.

Cualquier propietario podrá pedir que la junta de propietarios estudie y se pronuncie sobre cualquier tema de interés para la comunidad; a tal efecto dirigirá escrito, en el que especifique claramente los asuntos que pide sean tratados, al presidente, el cual los incluirá en el orden del día de la siguiente junta que se celebre.

Si a la reunión de la junta no concurriesen, en primera convocatoria, la mayoría de los propietarios que representen, a su vez, la mayoría de las cuotas de participación, se procederá a una segunda convocatoria de la misma, esta vez sin sujeción a quórum.

La junta se reunirá en segunda convocatoria en el lugar, día y hora indicados en la primera citación, pudiendo celebrarse el mismo día si hubiese transcurrido media hora desde la anterior. En su defecto será nuevamente convocada, conforme a los requisitos establecidos en este artículo, dentro de los ocho días naturales siguientes a la junta no celebrada, cursándose en este caso las citaciones con una antelación mínima de tres días.

3. La citación para la junta ordinaria anual se hará, cuando menos, con seis días de antelación,

y para las extraordinarias, con la que sea posible para que pueda llegar a conocimiento de todos los interesados. La junta podrá reunirse válidamente aun sin la convocatoria del presidente, siempre que concurran la totalidad de los propietarios y así lo decidan.

Artículo 17

Los acuerdos de la junta de propietarios se sujetarán a las siguientes normas:

1. La unanimidad sólo será exigible para la validez de los acuerdos que impliquen la aprobación o modificación de las reglas contenidas en el título constitutivo de la propiedad horizontal o en los estatutos de la comunidad. El establecimiento o supresión de los servicios de ascensor, portería, conserjería, vigilancia u otros servicios comunes de interés general, incluso cuando supongan la modificación del título constitutivo o de los estatutos, requerirá el voto favorable de las tres quintas partes del total de los propietarios que, a su vez, representen las tres quintas partes de las cuotas de participación. El arrendamiento de elementos comunes que no tengan asignado un uso específico en el inmueble requerirá igualmente el voto favorable de las tres quin-

tas partes del total de los propietarios que, a su vez, representen las tres quintas partes de las cuotas de participación, así como el consentimiento del propietario directamente afectado, si lo hubiere.

Sin perjuicio de lo dispuesto en los artículos 10 y 11 de esta ley, la realización de obras o el establecimiento de nuevos servicios comunes que tengan por finalidad la supresión de barreras arquitectónicas que dificulten el acceso o movilidad de personas con minusvalía, incluso cuando impliquen la modificación del título constitutivo, o de los estatutos, requerirá el voto favorable de la mayoría de los propietarios que, a su vez, representen la mayoría de las cuotas de participación. A los efectos establecidos en los párrafos anteriores de esta norma, se computarán como votos favorables los de aquellos propietarios ausentes de la junta, debidamente citados, quienes una vez informados del acuerdo adoptado por los presentes, conforme al procedimiento establecido en el artículo 9, no manifiesten su discrepancia por comunicación a quien ejerza las funciones de secretario de la comunidad en el plazo de 30 días naturales, por cualquier medio que permita tener constancia de la recepción.

Los acuerdos válidamente adoptados con arreglo a lo dispuesto en esta norma obligan a todos los propietarios.

2. La instalación de las infraestructuras comunes para el acceso a los servicios de telecomunicación regulados en el Real Decreto Ley 1/1998, de 27 de febrero, o la adaptación de los existentes, así como la instalación de sistemas, comunes o privativos, de aprovechamiento de la energía solar, o bien de las infraestructuras necesarias para acceder a nuevos suministros energéticos colectivos, podrá ser acordada, a petición de cualquier propietario, por un tercio de los integrantes de la comunidad que representen, a su vez, un tercio de las cuotas de participación.

La comunidad no podrá repercutir el coste de la instalación o adaptación de dichas infraestructuras comunes, ni los derivados de su conservación y mantenimiento posterior, sobre aquellos propietarios que no hubieren votado expresamente en la junta a favor del acuerdo. No obstante, si con posterioridad solicitasen el acceso a los servicios de telecomunicaciones o a los suministros energéticos, y ello requiera aprovechar las nuevas infraestructuras o las adaptaciones realizadas en las preexistentes, podrá autorizárseles siempre que abonen el importe que les hubiera correspondido, debidamente actualizado, aplicando el correspondiente interés legal.

Sin perjuicio de lo establecido anteriormente respecto a los gastos de conservación y mantenimiento, la nueva infraestructura instalada tendrá la consideración, a los efectos establecidos en esta Ley, de elemento común.

3. Para la validez de los demás acuerdos bastará el voto de la mayoría del total de los propietarios que, a su vez, representen la mayoría de las cuotas de participación. En segunda convocatoria serán válidos los acuerdos adoptados por la mayoría de los asistentes, siempre que esta represente, a su vez, más de la mitad del valor de las cuotas de los presentes.

Cuando la mayoría no se pudiere lograr por los procedimientos establecidos en los párrafos anteriores, el juez, a instancia de parte deducida en el mes siguiente a la fecha de la segunda junta, y oyendo en comparecencia los contradictores previamente citados, resolverá en equidad lo que proceda dentro de veinte días, contados desde la petición, haciendo pronunciamiento sobre el pago de costas.

Artículo 18

1. Los acuerdos de la junta de propietarios serán impugnables ante los tribunales, de conformidad con lo establecido en la legislación procesal general, en los siguientes supuestos:
   a) Cuando sean contrarios a la Ley o a los estatutos de la comunidad de propietarios.
   b) Cuando resulten gravemente lesivos para los intereses de la propia comunidad en beneficio de uno o varios propietarios.
   c) Cuando supongan un grave perjuicio para algún propietario que no tenga obligación jurídica de soportarlo o se hayan adoptado con abuso de derecho.

2. Estarán legitimados para la impugnación de estos acuerdos los propietarios que hubiesen salvado su voto en la junta, los ausentes por cualquier causa y los que indebidamente hubiesen sido privados de su derecho de voto. Para impugnar los acuerdos de la junta el propietario deberá estar al corriente en el pago de la totalidad de las deudas vencidas con la comunidad o proceder previamente a la consignación judicial de las mismas. Esta regla no será de aplicación para la impugnación de los acuerdos de la junta relativos al establecimiento o altera- ción de las cuotas de participación a que se refiere el artículo 9 entre los propietarios.

3. La acción caducará a los tres meses de adoptarse el acuerdo por la junta de propietarios, salvo que se trate de actos contrarios a la Ley o a los estatutos, en cuyo caso la acción caducará al año. Para los propietarios ausentes dicho plazo se computará a partir de la comunicación del acuerdo conforme al procedimiento establecido en el artículo 9.

4. La impugnación de los acuerdos de la junta no suspenderá su ejecución, salvo que el juez así lo disponga, con carácter cautelar, a solicitud del demandante oída la comunidad de propietarios.

Artículo 19

1. Los acuerdos de la junta de propietarios se reflejarán en un libro de actas diligenciado por el registrador de la propiedad en la forma que reglamentariamente se disponga.

2. El acta de cada reunión de la junta de propietarios deberá expresar, al menos, las siguientes circunstancias:
   a) La fecha y el lugar de celebración.
   b) El autor de la convocatoria y, en su caso, los propietarios que la hubiesen promovido.

c) Su carácter ordinario o extraordinario y la indicación sobre su celebración en primera o segunda convocatoria.

d) Relación de todos los asistentes y sus respectivos cargos, así como de los propietarios representados, con indicación, en todo caso, de sus cuotas de participación.

e) El orden del día de la reunión.

f) Los acuerdos adoptados, con indicación, en caso de que ello fuera relevante para la validez del acuerdo, de los nombres de los propietarios que hubieren votado a favor y en contra de los mismos, así como de las cuotas de participación que, respectivamente, representen.

3. El acta deberá cerrarse con las firmas del presidente y del secretario al terminar la reunión o dentro de los diez días naturales siguientes. Desde su cierre, los acuerdos serán ejecutivos, salvo que la Ley previere lo contrario.

El acta de las reuniones se remitirá a los propietarios de acuerdo con el procedimiento establecido en el artículo 9.

Serán subsanables los defectos o errores del acta siempre que la misma exprese inequívocamente la fecha y lugar de celebración, los propietarios asistentes, presentes o representados, y los acuerdos adoptados, con indicación de los votos a favor y en contra, así como las cuotas de participación que respectivamente, supongan, y se encuentre firmada por el presidente y el secretario. Dicha subsanación deberá efectuarse antes de la siguiente reunión de la junta de propietarios, que deberá ratificar la subsanación.

4. El secretario custodiará los libros de actas de la junta de propietarios. Asimismo, deberá conservar, durante el plazo de cinco años, las convocatorias, comunicaciones, apoderamientos y demás documentos relevantes de las reuniones.

Artículo 20
Corresponde al administrador:

a) Velar por el buen régimen de la casa, sus instalaciones y servicios, y hacer a estos efectos las oportunas advertencias y apercibimientos a los titulares.

b) Preparar con la debida antelación y someter a la junta el plan de gastos previsibles, proponiendo los medios necesarios para hacer frente a los mismos.

c) Atender a la conservación y entretenimiento de la casa, disponiendo las reparaciones y medidas que resulten urgentes, dando inmediata cuenta de ellas al presidente o, en su caso, a los propietarios.

d) Ejecutar los acuerdos adoptados en materia de obras y efectuar los pagos y realizar los cobros que sean procedentes.

e) Actuar, en su caso, como secretario de la junta y custodiar a disposición de los titulares la documentación de la comunidad.

f) Todas las demás atribuciones que se confieran por la junta.

Artículo 21

1. Las obligaciones a que se refieren los apartados e y f del artículo 9 deberán cumplirse por el propietario de la vivienda o local en el tiempo y forma determinados por la junta. En caso contrario, el presidente o el administrador, si así lo acordase la junta de propietarios, podrá exigirlo judicialmente a través del proceso monitorio.

2. La utilización del procedimiento monitorio requerirá la previa certificación del acuerdo de la junta aprobando la liquidación de la deuda con la comunidad de propietarios por quien actúe como secretario de la misma, con el visto bueno del presidente, siempre que tal acuerdo haya sido notificado a los propietarios afectados en la forma establecida en el artículo 9.

3. A la cantidad que se reclame en virtud de lo dispuesto en el apartado anterior podrá añadirse la derivada de los gastos del requerimiento previo de pago, siempre que conste documentalmente la realización de este, y se acompañe a la solicitud el justificante de tales gastos.

4. Cuando el propietario anterior de la vivienda o local deba responder solidariamente del pago de la deuda, podrá dirigirse contra él la petición inicial, sin perjuicio de su derecho a repetir contra el actual propietario. Asimismo se podrá dirigir la reclamación contra el titular registral, que gozará del mismo derecho mencionado anteriormente. En todos estos casos, la petición inicial podrá formularse contra cualquiera de los obligados o contra todos ellos conjuntamente.

5. Cuando el deudor se oponga a la petición inicial del proceso monitorio, el acreedor podrá solicitar el embargo preventivo de bienes suficientes de aquel, para hacer frente a la cantidad reclamada, los intereses y las costas. El tribunal acordará, en todo caso, el embargo preventivo sin necesidad de que el acreedor preste caución. No

obstante, el deudor podrá enervar el embargo prestando aval bancario por la cuantía por la que hubiese sido decretado.

6. Cuando en la solicitud inicial del proceso monitorio se utilizaren los servicios profesionales de abogado y procurador para reclamar las cantidades debidas a la comunidad, el deudor deberá pagar, con sujeción en todo caso a los límites establecidos en el apartado tercero del artículo 394 de la Ley de Enjuiciamiento Civil, los honorarios y derechos que devenguen ambos por su intervención, tanto si aquel atendiere el requerimiento de pago como si no compareciere ante el tribunal. En los casos en que exista oposición, se seguirán las reglas generales en materia de costas, aunque si el acreedor obtuviere una sentencia totalmente favorable a su pretensión, se deberán incluir en ellas los honorarios del abogado y los derechos del procurador derivados de su intervención, aunque no hubiera sido preceptiva.

Artículo 22

1. La comunidad de propietarios responderá de sus deudas frente a terceros con todos los fondos y créditos a su favor. Subsidiariamente y previo requerimiento de pago al propietario respectivo, el acreedor podrá dirigirse contra cada propietario que hubiese sido parte en el correspondiente proceso por la cuota que le corresponda en el importe insatisfecho.

2. Cualquier propietario podrá oponerse a la ejecución si acredita que se encuentra al corriente en el pago de la totalidad de las deudas vencidas con la comunidad en el momento de formularse el requerimiento a que se refiere el apartado anterior. Si el deudor pagase en el acto de requerimiento, serán de su cargo las costas causadas hasta ese momento en la parte proporcional que le corresponda.

Artículo 23

El régimen de propiedad horizontal se extingue:

1. Por la destrucción del edificio, salvo pacto en contrario. Se estimará producida aquella cuando el coste de la reconstrucción exceda del cincuenta por ciento del valor de la finca al tiempo de ocurrir el siniestro, a menos que el exceso de dicho coste esté cubierto por un seguro.

2. Por conversión en propiedad o copropiedad ordinarias.

CAPÍTULO III. DEL RÉGIMEN DE LOS COMPLEJOS INMOBILIARIOS PRIVADOS

Artículo 24

1. El régimen especial de propiedad establecido en el artículo 396 del Código Civil será aplicable a aquellos complejos inmobiliarios privados que reúnan los siguientes requisitos:

   a) Estar integrados por dos o más edificaciones o parcelas independientes entre sí cuyo destino principal sea la vivienda o locales.

   b) Participar los titulares de estos inmuebles, o de las viviendas o locales en que se encuentren divididos horizontalmente, con carácter inherente a dicho derecho, en una copropiedad indivisible sobre otros elementos inmobiliarios, viales, instalaciones o servicios.

2. Los complejos inmobiliarios privados a que se refiere el apartado anterior podrán:

   a) Constituirse en una sola comunidad de propietarios a través de cualesquiera de los procedimientos establecidos en el párrafo segundo del artículo 5. En este caso quedarán sometidos a las disposiciones de esta Ley, que les resultarán íntegramente de aplicación.

   b) Constituirse en una agrupación de comunidades de propietarios. A tal efecto, se requerirá que el título constitutivo de la nueva comunidad agrupada sea otorgado por el propietario único del complejo o por los presidentes de todas las comunidades llamadas a integrar aquella, previamente autorizadas por acuerdo mayoritario de sus respectivas juntas de propietarios. El título constitutivo contendrá la descripción del complejo inmobiliario en su conjunto y de los elementos, viales, instalaciones y servicios comunes. Asimismo, fijará la cuota de participación de cada una de las comunidades integradas, las cuales responderán conjuntamente de su obligación de contribuir al sostenimiento de los gastos generales de la comunidad agrupada. El título y los estatutos de la comunidad agrupada serán inscribibles en el Registro de la Propiedad.

3. La agrupación de comunidades a que se refiere el apartado anterior gozará, a todos los efectos, de la misma situación jurídica que las comunidades de propietarios y se regirá por las disposiciones de esta Ley, con las siguientes especialidades:

   a) La junta de propietarios estará compuesta, salvo

acuerdo en contrario, por los presidentes de las comunidades integradas en la agrupación, los cuales ostentarán la representación del conjunto de los propietarios de cada comunidad.

b) La adopción de acuerdos para los que la Ley requiera mayorías cualificadas exigirá, en todo caso, la previa obtención de la mayoría de que se trate en cada una de las juntas de propietarios de las comunidades que integran la agrupación.

c) Salvo acuerdo en contrario de la junta no será aplicable a la comunidad agrupada lo dispuesto en el artículo 9 de esta Ley sobre el fondo de reserva.

La competencia de los órganos de gobierno de la comunidad agrupada únicamente se extiende a los elementos inmobiliarios, viales, instalaciones y servicios comunes. Sus acuerdos no podrán menoscabar en ningún caso las facultades que corresponden a los órganos de gobierno de las comunidades de propietarios integradas en la agrupación de comunidades.

4. A los complejos inmobiliarios privados que no adopten ninguna de las formas jurídicas señaladas en el apartado 2 les serán aplicables, supletoriamente respecto de los pactos que establezcan entre sí los copropietarios, las disposiciones de esta Ley con las mismas especialidades señaladas en el apartado anterior.

DISPOSICIÓN ADICIONAL PRIMERA

1. Sin perjuicio de las disposiciones que en uso de sus competencias adopten las comunidades autónomas, la constitución del fondo de reserva regulado en el artículo 9.1 se ajustará a las siguientes reglas:

a) El fondo deberá constituirse en el momento de aprobarse por la junta de propietarios el presupuesto ordinario de la comunidad correspondiente al ejercicio anual inmediatamente posterior a la entrada en vigor de la presente disposición. Las nuevas comunidades de propietarios constituirán el fondo de reserva al aprobar su primer presupuesto ordinario.

b) En el momento de su constitución el fondo estará dotado con una cantidad no inferior al 2,5 por ciento del presupuesto ordinario de la comunidad. A tal efecto, los propietarios deberán efectuar previamente las aportaciones necesarias en función de su respectiva cuota de participación.

c) Al aprobarse el presupuesto ordinario correspondiente al ejercicio anual inmediatamente posterior a aquel en que se constituya el fondo de reserva, la dotación del mismo deberá alcanzar la cuantía mínima establecida en el artículo 9.

2. La dotación del fondo de reserva no podrá ser inferior, en ningún momento del ejercicio presupuestario, al mínimo legal establecido.

Las cantidades detraídas del fondo durante el ejercicio presupuestario para atender los gastos de conservación y reparación de la finca permitidos por la presente Ley se computarán como parte integrante del mismo a efectos del cálculo de su cuantía mínima.

Al inicio del siguiente ejercicio presupuestario se efectuarán las aportaciones necesarias para cubrir las cantidades detraídas del fondo de reserva conforme a lo señalado en el párrafo anterior.

DISPOSICIÓN ADICIONAL SEGUNDA

Modificación del artículo 396 del Código Civil.

1. El artículo 396 del Código Civil quedará redactado en los siguientes términos:

«Los diferentes pisos o locales de un edificio o las partes de ellos susceptibles de aprovechamiento independiente por tener salida propia a un elemento común de aquel o a la vía pública podrán ser objeto de propiedad separada, que llevará inherente un derecho de copropiedad sobre los elementos comunes del edificio, que son todos los necesarios para su adecuado uso y disfrute, tales como el suelo, vuelo, cimentaciones, cubiertas; elementos estructurales y entre ellos los pilares, vigas, forjados y muros de carga; las fachadas, con los revestimientos exteriores de terrazas, balcones y ventanas, incluyendo su imagen o configuración, los elementos de cierre que las conforman y sus revestimientos exteriores; el portal, las escaleras, porterías, corredores, pasos, muros, fosos, patios, pozos y los recintos destinados a ascensores, depósitos, contadores, telefonías o a otros servicios o instalaciones comunes, incluso aquellos que fueren de uso privativo; los ascensores y las instalaciones, conducciones y canalizaciones para el desagüe y para el suministro de agua, gas o electricidad, incluso las de aprovechamiento de energía solar; las de agua caliente sanitaria, calefacción, aire acondicionado, ventilación o evacuación de humos; las de detección y prevención de incendios; las de portero electrónico y otras de seguridad del edificio, así como las de antenas colectivas y demás instalaciones para los servicios audiovisuales o de telecomunicación, todas ellas hasta la entrada al espacio privativo; las servidumbres y cualesquiera otros elementos materiales o jurídicos que por su naturaleza o destino resulten indivisibles.

Las partes en copropiedad no son en ningún caso susceptibles de división y sólo podrán ser enajenadas, gravadas o embargadas juntamente con la parte determinada privativa de la que son anejo inseparable. En caso de enajenación de un piso o local, los dueños de los demás, por este solo título, no tendrán derecho de tanteo ni de retracto.

Esta forma de propiedad se rige por las disposiciones legales especiales y, en lo que las mismas permitan, por la voluntad de los interesados.

2. Sin perjuicio de lo dispuesto en el apartado anterior, las modificaciones introducidas en el Código Civil y en la Ley Hipotecaria por los artículos 1 y 2 de la Ley 49/1960, de 21 de julio, sobre Propiedad Horizontal, permanecen en vigor con su redacción actual.

DISPOSICIÓN TRANSITORIA ÚNICA

Las normas contenidas en el artículo 21 de la Ley sobre Propiedad Horizontal, conforme a la nueva redacción dada a dicho precepto por la presente Ley, no serán aplicables a los procesos judiciales ya iniciados de acuerdo con la legislación anteriormente vigente, los cuales continuarán tramitándose con arreglo a esta hasta su conclusión.

DISPOSICIÓN FINAL ÚNICA

1. Quedan derogadas cuantas disposiciones generales se opongan a lo establecido en la presente Ley. Asimismo, quedan sin efecto las cláusulas contenidas en los estatutos de las comunidades de propietarios que resulten contrarias o incompatibles con esta Ley.
2. Los estatutos de las comunidades de propietarios se adaptarán, en el plazo de un año, a lo dispuesto en la presente Ley.

ESTATUTOS DE UNA COMUNIDAD DE PROPIETARIOS

CAPÍTULO I. DISPOSICIONES GENERALES

Artículo 1

Estas normas se considerarán complementarias de la Ley 8/1999 de 6 de abril, de Reforma de la Ley 49/1960, de 21 de julio sobre Propiedad Horizontal y del Código Civil, serán inscritas en el Registro de la Propiedad y obligarán a los titulares de cualquier derecho sobre la finca, aunque al adquirirlo no se haya hecho constar que las conoce y acepta.

Artículo 2

Constituyen la Comunidad quienes sean propietarios de los locales comerciales y de las viviendas de que consta, o conste, el edificio (de acuerdo con lo que se previene respecto de la división o agrupación de los locales).

Artículo 3

La Comunidad tendrá su domicilio en la propia finca, y dentro de esta en el local comercial o en la vivienda de quien en cada momento sea su Presidente.

Artículo 4

Los propietarios, por su parte, se entenderán domiciliados en su respectivo local comercial o vivienda, o en cualquiera de ellos si tuviera más de uno, para toda clase de requerimientos, notificaciones, citaciones, etc., incluso de carácter judicial, y expresamente quedan sometidos a los Juzgados y Tribunales de esta ciudad de ...

Artículo 5

Las diferencias que puedan surgir entre los partícipes y las reclamaciones de estos a la Comunidad serán sometidas por escrito al Presidente, para que el mismo las resuelva de manera amistosa, o en otro caso las lleve a la Junta de Propietarios, que deberá convocar para dentro de los quince días siguientes, prohibiéndoseles, mientras tanto, formular denuncias ante cualquier organismo oficial, o ejercitar acciones judiciales con tal motivo.

CAPÍTULO II. DE LA PARTE COMÚN

Artículo 6

Son partes o elementos comunes tanto de los locales como de las viviendas: el suelo, vuelo, cimentaciones, muros, cubiertas, canalizaciones, instalaciones generales de agua y de electricidad, cuadro de contadores de agua, local de contadores eléctricos, y servidumbres, y sólo de las viviendas: los patios, calefacción, escaleras, ascensores, montacargas, portal, corredores, vivienda del portero y trasteros, aunque la utilización de estos corresponderá a la vivienda a la que individualmente quedan asignados.

Artículo 7

Los gastos serán repartidos entre los partícipes en función de la cuota que les corresponda en la Comunidad; aunque las expensas y mejoras útiles podrán ser acordadas por la Junta de Propietarios, las de mero lujo exigirán el consentimiento expreso de todos los condueños.

Artículo 8

1. El uso de los elementos comunes se acomodará a las prevenciones que establezca la junta de Propietarios, para que ningún partícipe al hacerlo perjudique, impida o dificulte su normal utilización por los demás; siendo en todo caso de cuenta de quien se sirva de ellos de manera particular las reparaciones necesarias como consecuencia de tal aprovechamiento.

2. Las viviendas que tengan acceso inmediato a los patios, que la mismo tiempo son parte de la cubierta del edificio, nunca podrán usarlos de forma que se desnaturalice su carácter de elemento común ni su destino propio, con la indicada obligación respecto de las reparaciones necesarias.

3. A los elementos comunes tendrán siempre libre acceso el Presidente de la Comunidad, el Secretario-Administrador y el portero del edificio, aunque su uso esté o sea autorizado de manera particular a alguno de los partícipes o condueños.

4. La renuncia de cualquier partícipe al uso de algún elemento común no le eximirá de los pagos que le correspondan por razón del mismo.

Artículo 9

1. Ningún partícipe podrá realizar obras o reparaciones que afecten a los elementos comunes del edificio, aunque sólo sea de manera indirecta, sin la previa conformidad de la Junta de Propietarios y, en su caso, de todos ellos.

2. Las obras de cerramiento, distribución, etc., de los locales comerciales se ajustarán a proyecto aprobado por la Comunidad y, de forma que su configuración exterior no desentone ni desmerezca de la del edificio en su conjunto.

3. Los locales podrán ser divididos y agrupados cuando sus propietarios lo consideren conveniente, respetando siempre los coeficientes que correspondan y dando información detallada a la Junta previamente de la reforma a realizar y de los nuevos coeficientes.

Artículo 10

La responsabilidad civil que puedan derivarse de la propiedad del edificio correrá a cargo de todos los partícipes en proporción a sus respectivas cuotas; siendo de cuenta exclusiva del propietario u ocupante de cualquier local o vivienda la que le sea imputable por culpa o negligencia.

Artículo 11

El edificio entero estará asegurado en la entidad, forma y cuantía que acuerde la Junta de Propietarios, sin perjuicio de que cada partícipe asegure su local o vivienda como estime oportuno.

CAPÍTULO III. DE LA PARTE PRIVATIVA

Artículo 12

Pertenece a su respectivo dueño de manera exclusiva la superficie y el volumen comprendidos dentro de los muros y paredes que delimiten cada una de las piezas que forman el edificio, así como las instalaciones y elementos que le sean exclusivos y en copropiedad con los demás los que sean comunes.

Artículo 13

Se consideran propietarios de las viviendas y locales quienes justifiquen debidamente su derecho sobre los mismos. Si el dominio perteneciere a más de una persona designarán entre ellos a la que deba ostentar su representación en la Comunidad, aunque todos responderán solidariamente de sus obligaciones como partícipes. De estar la propiedad sujeta a condición resolutoria, o desmembrada, en usufructo y nuda propiedad, o entre fiduciario y fideicomisario, o de cualquier otra forma en que el uso o disfrute pertenezca a distinta persona, la presentación corresponderá al dueño bajo condición, al nudo propietario y al fideicomisario; pero si estos fueran desconocidos, o inciertos, o carecieren de representante legal, actuarán en su nombre el usufructuario, el fiduciario, o el titular expectante, y en su defecto, el Presidente de la Comunidad.

Artículo 14

Los propietarios de las viviendas podrán usar de ellas en la forma que tengan por conveniente, siempre que lo sea para habitación de quienes las ocupen y no perjudiquen ni causen molestias innecesarias a los demás o a la Comunidad, estándoles prohibido: a) Establecer negocios, círculos, academias o asociaciones, etc.,; y b) Producir ruidos, instalar motores, tener animales, y en general realizar actividades que a juicio de la Junta afecten al orden público, a la higiene, a las buenas costumbres, o a las normales relaciones de vecindad, o que perturben la tranquilidad de los habitantes del edificio. El uso que se haga de los locales será el propio del negocio o actividad en ellos establecidos, pero respetando en cualquier caso las prescripciones administrativas correspondientes.

Artículo 15

Cada partícipe puede hacer en su vivienda, local, servicios e instalaciones, las obras o modificaciones que estime convenientes, con tal que no afecten a los elementos comunes, aunque sólo sea de manera indirecta, y estará obligado a realizar a su costa y sin dilación cuantas reparaciones ordinarias o extraordinarias sean necesarias para remediar cualquier daño en los elementos comunes o en las demás viviendas o locales. En el segundo supuesto, si el obligado no inicia las reparaciones dentro de las veinticuatro horas de ser requerido al efecto, no las prosigue con la debida celeridad, o no las hace a satisfacción de la Junta, esta podrá efectuarlas directamente a costa del mismo, estando facultado el Presidente, sin necesidad de previo aviso y también a costa del obligado, para adoptar de momento cuantas medidas considere urgentes e indispensables para evitar mayores daños.

Artículo 16

Los propietarios de las viviendas y locales no entorpecerán, en cuanto les afecte de manera particular, la existencia y conservación de los servicios y servidumbres necesarios al interés común (conducciones de agua, electricidad, humos, etc.) y están obligados a facilitar la entrada, para su vigilancia y reparación, al Presidente de la Comunidad, solo o asistido de Notario, y a los facultativos y operarios que el mismo designe, así como a tolerar el depósito de los medios de trabajo y de los materiales que en cada caso se precisen con tal finalidad; pudiendo acordarse por la Junta de Propietarios inspecciones periódicas al objeto de mantenerlos siempre en buen estado de uso y aprovechamiento.

Artículo 17

La Junta de Propietarios podrá establecer aquellos servicios y servidumbres de interés general que graven las viviendas y locales de cualquiera de ellos, respetando lo previsto en el artículo 10 de la Ley, previo acuerdo favorable de las cuatro quintas partes, y abonando la correspondiente indemnización por los daños y perjuicios que se causen.

Artículo 18

Cada propietario está obligado a aportar al fondo común, en el tiempo y forma acordados, la cantidad con que haya de contribuir a los presupuestos de gastos ordinarios o extraordinarios, así como a satisfacer la que le corresponda por los ya efectuados, dentro de los cinco días siguientes al de la fecha en que deban hacerse efectivos, devengando el descubierto desde entonces el interés de demora del ... por ciento anual.

Artículo 19

Cualquier reclamación judicial de la Comunidad contra los partícipes por incumplimiento de sus obligaciones irá precedida de un requerimiento formal por término de ... días. Si tal requerimiento tuviera por causa la resistencia o hacer o dejar de hacer lo que haya dispuesto o prohibido la Junta, esta podrá imponerle además una multa de hasta ... euros por cada día de retraso en el incumplimiento de lo acordado, sin perjuicio de ejercitar las oportunas acciones judiciales para conseguir su efectividad y la consiguiente reparación de los daños y perjuicios causados. En cualquier supuesto el requerimiento llevará consigo la obligación del afectado de pagar los gastos judiciales y extrajudiciales que se ocasionen, incluidos los honorarios y derechos de Letrado y Procurador, aun cuando no sea preceptiva la intervención de los mismos ni haya condena en costas.

CAPÍTULO IV. GOBIERNO DE LA COMUNIDAD

Artículo 20

Los intereses comunes serán regidos por la Junta de Propietarios, el Presidente y el Secretario-Administrador con las funciones que legalmente les correspondan, les signan estos Estatutos, y puedan conferírseles.

Artículo 21

La Junta de Propietarios se reunirá dentro de los dos primeros meses de cada año, para aprobar las cuentas del anterior y los presupuestos del que comienza, y resolver cualquier otro asuntos de su competencia. También se reunirá con carácter extraordinario siempre que el Presidente lo juzgue oportuno, o lo pida al mismo número de propietarios que represente por lo menos el ... por ciento de las cuotas de participación en la Comunidad, en cuyo caso la Junta deberá celebrarse dentro de los ... días siguientes. Las citaciones las hará el Presidente, y con una antelación de ... días para las Juntas ordinarias, y suficiente, pero nunca inferior a dos días, para las extraordinarias, indicándose en ellas el lugar, día y hora de la reunión y los asuntos a tratar, entre los que se considerarán incluidos los que puedan plantear los asistentes con sus ruegos y preguntas, siempre que con ocasión de estos no se adopten acuerdos sin conocimiento de los ausentes. La Junta se considerará válidamente constituida cuando estando reunidos todos los partícipes así lo acuerden. Los propietarios podrán conferir por escrito su representación para cada Junta a cualquier persona. Y en las reuniones de la Junta se admitirá la presencia de un Notario, a instancias del Presidente o de cualquiera de los propietarios, entendiéndose requerido para actuar, si acude más de uno, el designado en turno de reparto, y en otro caso el de mayor antigüedad en la carrera.

Artículo 22

Será indispensable el acuerdo de todos los propietarios para la modificación del título constitutivo de la propiedad horizontal y de los presentes Estatutos y para la ejecución de obras que aumenten o reformen la estructura del edificio. El propietario, citado en forma, que no haya acudido a la junta en que sobre tales extremos se adopte algún acuerdo, será notificado de este de manera fehaciente y detallada, y quedará vinculado por el mismo si no manifiesta de igual forma su disconformidad en el plazo de .... Y en los que disientan de los acuerdos que consideren contrarios a la Ley o a los Estatutos, hayan sido asistido o no a la Junta, podrán impugnarlos ante la autoridad judicial de la forma prevista en la norma 4ª del repetido artículo 16 de la Ley.

Artículo 23

1. Los demás acuerdos de la Junta, incluso los de nombramiento y separación del Presidente y del Secretario-Administrador, serán obligatorios cuando se adopten por la mayoría de los propietarios si representan además la mayoría de las cuotas de participación en la Comunidad. De no obtenerse esa mayoría se procederá a una segunda convocatoria, en la que serán válidos los acuerdos adoptados por la mayoría de los asistentes, siempre que esta suponga también más de la mitad de las cuotas de participación que hayan concurrido. Y cuando tampoco se consiga esta última mayoría se estará a lo previsto en el párrafo 3.° de la norma 2ª del artículo 16 de la Ley.

2. En los asuntos que se refieran a derechos y obligaciones particulares de un grupo de partícipes se abstendrán de intervenir los demás, siempre que no afecten ala propiedad de los elementos comunes de la finca en su conjunto o a los de algún otro grupo de interesados.

Artículo 24

La ejecución de los acuerdos de la Junta corresponde al Presidente, salvo que en ellos se disponga otra cosa; y no podrá suspenderse sino por acuerdo en contrario de la propia Junta, o por resolución judicial a tenor de lo previsto en la norma 3ª del repetido artículo 16 de la Ley.

Artículo 25

El presidente, que tendrá la representación de la Comunidad en juicio y fuera de él, con las más amplias facultades de toda índole para el mejor desempeño de su cometido conforme a los presentes Estatutos, y a lo dispuesto en el Código Civil para el mandato gratuito, y a lo que en su caso acuerde la Junta, será elegido por esta entre sus componentes por el plazo de un año, que tácitamente se entenderá prorrogado por años sucesivos mientras no se designe a quien haya de sustituirlo, y cesará en el momento que deje de ser propietario.

Artículo 26

La Junta de Propietarios designará también un Secretario-Administrador, para que auxilie en sus funciones al Presidente, con o sin retribución, e incluso entre personas ajenas a la Comunidad. El mismo, además de las facultades detalladas en el artículo 18 de la Ley, tendrá todas las de carácter burocrático que son características de dicho cargo según su nombre (documentación, archivo, contabilidad, etc.), y en particular las de sustituir al Presidente por razones de notoria urgencia, y de convocar a la Junta y presidirla cuando así sea necesario en caso de ausencia o imposibilidad del titular. Será designado por el plazo de un año, y se entenderá confirmado en el cargo por anualidades sucesivas y/o hasta que no se acuerde su cese, siendo considerado mientras lo desempeñe como mandatario de la Junta conforme al Código Civil.

Artículo 27

Todos los libros y documentos de la Comunidad estarán bajo la dependencia y custodia inmediata del Secretario-Administrador y a disposición del Presidente, y cualquiera de los propietarios podrá examinarlos, consultarlos y tomar notas de ellos con las debidas garantías, así como obtener certificaciones que le interesen. Los acuerdos de la Junta se harán constar en el correspondiente Libro de Actas legalizado por notario o por el Juzgado de Distrito. Las actas, después de ser leídas y aprobadas en la misma Junta, se firmarán por el Presidente y por el Secretario-Administrador, o por quien, en sustitución de alguno de ellos o de los dos, caso de que no concurran, designe la propia Junta al efecto. Las certificaciones de ellas y de cualquier documento de la Comunidad serán expedidas por el Secretario-Administrador con el visto bueno del Presidente.

REGLAMENTO DE RÉGIMEN INTERIOR

De la comunidad de propietarios del edificio sito en la calle ... n.º ... de esta ciudad.

Artículo 1
Este reglamento de régimen interior contiene las normas para regular la convivencia, buenas relaciones de vecindad y el adecuado uso y utilización de las instalaciones, servicios y demás cosas comunes, siendo de obligado cumplimiento para todos los propietarios y arrendatarios.

Artículo 2
La junta de propietarios queda facultada para hacer las indicaciones pertinentes y adoptar las resoluciones que procedan en orden a mantener, en todo momento el concepto de residencia privada del inmueble.

Artículo 3
La hora de apertura y cierre del portal de entrada al edificio será de ... horas a ... horas.

De los perjuicios que por incumplimiento de esta norma pudieran ocasionarse, serán responsables los dueños del piso o local a que corresponda la persona negligente.

Artículo 4
El ascensor no deberá ser usado en ningún caso por personas menores de catorce años, salvo que vayan acompañadas de otras mayores de dicha edad.

Artículo 5
Queda prohibido subir o bajar en el ascensor bultos de cualquier volumen que contengan productos que puedan deteriorar o manchar la cabina; para tales bultos se utilizará, con las debidas precauciones, el montacargas.

Artículo 6
El uso de la calefacción central del edificio se someterá, más que a un calendario de fechas determinado, a las circunstancias atmosféricas que aconsejen el anticipo o no de su encendido.

Por economía de todos los copropietarios, deberá evitarse su funcionamiento en los últimos meses de la primavera, todos los de verano y los primeros de otoño.

Durante la temporada de utilización de la calefacción, el quemador se encenderá al comenzar su trabajo el portero o conserje y dejará de alimentarse al ausentarse el mismo a la terminación de la jornada de la tarde.

Artículo 7
Los servicios del portero o conser-

je serán regulados por el Presidente, de quien dependerá directamente y recibirá las oportunas instrucciones para el mejor desempeño de su cometido.

Los condueños informarán al Presidente de cuantas anomalías o novedades se produzcan en relación con este servicio.

La comunidad de vecinos dotará al portero o conserje de las prendas de trabajo señaladas en la ordenanza nacional de trabajo para empleados de fincas urbanas, cuyo coste será abonado conforme a lo previsto en el punto ... del grupo de «Gastos generales fijos», a que se refiere el artículo ... de los estatutos.

Cada vecino, o la comunidad, podrá concertar con el portero o conserje la recogida de la basura de cada vivienda para su depósito en los bidones comunes, previo pago individual o colectivo de la gratificación que se convenga.

Artículo 8

Los propietarios o arrendatarios de viviendas, cuando se ausenten por temporada o dejen deshabitada la vivienda, están obligados a cerciorarse de que quedan cerrados totalmente los servicios de alumbrado, agua y calefacción.

En tales ausencias, dejarán las llaves de sus viviendas a quien sea de su confianza, o al portero del edificio, para que, en caso de emergencia por rotura de conducciones de agua, calefacción u otras averías, se pueda entrar en la vivienda y evitar mayores daños.

Artículo 9

Los propietarios y ocupantes podrán colocar en las puertas de acceso de sus viviendas placas indicadoras de identificación, siempre que se ajusten, en medidas y materiales, a las normas que fije la comunidad.

Para cualquier otro tipo de letreros, rótulos o placas, así como anuncios, se exige el permiso de la junta de la comunidad.

Artículo 10

En su propiedad exclusiva, se permite a los titulares y usuarios de las viviendas tener perros, gatos, etc., siempre que su número sea tolerado por las normas sanitarias y no causen molestias a terceros.

Cuando los perros salgan de la propiedad particular deberán llevar bozal y ser conducidos por persona mayor de edad.

Artículo 11

Se prohíbe el funcionamiento de aquellos aparatos que por sus características puedan producir interferencias en los receptores de televisión.

Artículo 12

Todos los propietarios y usuarios de las viviendas, así como sus familiares, se abstendrán de producir ruidos que puedan perturbar el descanso de los vecinos.

Artículo 13

Los aparatos de radio, televisores y equipos de música se graduarán en su intensidad con el fin de que no trascienda de la vivienda en que se utilicen.

Artículo 14

Se prohíben los juegos en la azotea, así como dejar bicicletas, motos, coches de niño, etc. en el portal o las escaleras.

Artículo 15

El incumplimiento de lo dispuesto en cualquiera de los artículos de este reglamento, sin perjuicio de resarcir los daños a que hubieren lugar, podrá ser sancionado por la junta con multa de ... a ... euros, según la importancia de cada caso, y cuyos importes engrosarán los fondos de la comunidad.

Artículo 16

Las modificaciones de estas normas requerirán aprobación de la junta de propietarios.

Artículo 17

Las presentes normas entrarán en vigor a partir de su aprobación por la junta de propietarios.

En la ciudad de ... a ... de ... de ...

JURISPRUDENCIA

**Juzgado de Primera Instancia n.°
42 de Barcelona
Sentencia de 8 de noviembre de
2000. Procedimiento 505/99-
32.ª**

En Barcelona, a ocho de noviembre de 2000.

Vistos por el Sr. D. ... del Juzgado de Primera Instancia n.° 42 de Barcelona, los presentes autos de juicio de cognición seguidos en este Juzgado bajo el n.° 505/99-2.ª, entre partes, de una y como demandante COMUNIDAD DE PROPIETARIOS ..., y en representación de ella su presidente, representada por el Procurador de los Tribunales D. ... y asistida del Letrado D. ..., y de otra como demandados D. ... representado por el Procurador D. ... y bajo la dirección del Letrado D. ..., y D. ... representado por el Procurador D. ... y bajo la dirección del Letrado D. ..., sobre **acción de cesación del artículo 7 de la Ley de Propiedad Horizontal.**

ANTECEDENTES DE HECHO

1. Por la mencionada representación de la parte actora se interpuso demanda contra los mencionados demandados, en la que previa alegación de hechos y fundamentación jurídica que estimó de aplicación terminaba suplicando se dictara sentencia «en la que estimando la demanda se disponga la cesación definitiva de la actividad descrita y la indemnización de daños y perjuicios que proceda y que se determinarán en ejecución de la sentencia, así como declare extinguidos los derechos arrendaticios de D. ... sobre el local propiedad de D. ..., y su inmediato lanzamiento, con expresa imposición de costas, que incluya la minuta de Abogado y Procurador y gastos de Notario».

2. Admitida a trámite la demanda se dispuso el emplazamiento de los demandados a fin de que en el término legal comparecieran en autos y contestaran aquella. Así lo hicieron ambos mediante sendos escritos de contestación, en los que tras alegación fáctica y jurídica terminaban suplicando se dictara sentencia desestimando la demanda con imposición de costas a la actora.

3. En el acto del juicio cada una de las partes ratificó sus pedimentos y todas ellas solicitaron el recibimiento a prueba. Abierto el juicio a prueba fue-

ron practicadas las propuestas por las partes, que fueron declaradas pertinentes con el resultado que obra en autos.

4. Fueron acordadas para mejor proveer aquellas diligencias de prueba admitidas en su día que no pudieron ser practicadas en fase de prueba, con lo que quedó alzada la suspensión del plazo para dictar sentencia previo trámite de valoraciones concedido a las partes.

5. En la substanciación del presente juicio se han observado las prescripciones legales excepto el plazo para dictar sentencia, que se ha dilatado debido a exceso de asuntos.

FUNDAMENTOS DE DERECHO

1. Con amparo legal en el artículo 7.2 de la Ley de Propiedad Horizontal, demanda la Comunidad de Propietarios del edificio de la calle ... a ..., propietario del local comercial en los bajos del inmueble, a D. ..., arrendatario que explota en dicho local un negocio de «bar de copas», ejercitando la acción, reconocida por aquel precepto, de cesación definitiva de la actividad con extinción del derecho arrendaticio e indemnización de daños y perjuicios, por razón de la forma molesta, incómoda, insalubre e ilícita en que incurre el arrendatario en el ejercicio de su actividad comercial, concretamente por: a) la utilización de aparatos de audio a volumen excesivo hasta altas horas de la madrugada, superando el límite de decibelios que permite la normativa municipal; b) falta de control de la clientela al permitir que consuman sus bebidas en el exterior del local y que estacionen sus vehículos en el vado del inmueble, lo que provoca molestias a los vecinos y suciedad en el portal, y c) por evacuar los humos del interior del local al parking de la finca, ya que no existe extracción forzada a otras ubicaciones, todo ello sin autorización de la comunidad.

El propietario opone: a) falta de personalidad de la comunidad para comparecer en juicio directamente por sí misma, ya que carece de personalidad jurídica, siendo el presidente quien está facultado para accionar en su nombre; b) indebida acumulación de acciones y defecto legal en el modo de proponer la demanda, puesto que se acumulan dos acciones incompatibles: la cesación definitiva de la actividad y la resolución del contrato de arrendamiento, y c) en cuanto al fondo, pone de manifiesto que la propia comunidad denegó en su día —en 1992— la autorización para dotar al local de un sistema de extracción de humos e incluso prohibió la instalación del bar antes de que comenzara su actividad, por razón de las molestias que pudiera causar; niega que la actividad se desarrolle de forma molesta, insalubre, incómoda o ilícita, pues el local cuenta con todas las licencias y autorizaciones administrativas y dicha actividad no está prohibida por los estatutos; aduce abuso de derecho por parte de la comunidad y desproporción de la medida que se pretende.

Por su parte, el arrendatario reitera que cuenta con las licencias y permisos municipales, que la actividad está permitida por los estatutos, que tiene y hace uso de un limitador de volumen de sonido y un adecuado sistema de insonorización, niega falta de control sobre la clientela y afirma la adecuación del sistema de extracción de humos, instalado tras haber sido denegado por la comunidad el que en su día propuso el propietario.

2. Las defensas dilatorias que opone el primero de los demandados carecen de base seria para impedir el enjuiciamiento del fondo del asunto. Bastará para rechazarlas constatar que a) la comunidad de propietarios no actúa por sí misma, sino por medio de persona facultada para representarla en juicio y fuera de él, que es su presidente —art. 13.3. LPH—, el cual otorga el poder a Procuradores aportado con la demanda, y b) en la demanda no se acumulan diversas pretensiones ni existe incompatibilidad alguna en lo que se pide; se ejercita única y exclusivamente la acción de cesación prevista por el artículo 7.2 de la LPH, dirigida a obtener la cesación definitiva de la actividad prohibida con extinción del derecho arrendaticio del ocupante que la desarrolla, que es lo que el precepto permite y prevé al garantizar la efectiva cesación de la actividad mediante la privación de uso de la vivienda por el plazo que el propio precepto determina, o caso de que el infractor no fuese el propietario, mediante la extinción de su derecho posesorio e inmediato lanzamiento, a modo —al mismo tiempo— de sanción civil por su conducta

transgresora.

3. Ha declarado el TS —significadamente en STS 12-12-1980—, en materia de relaciones de vecindad e inmisiones o influencias nocivas en propiedad ajena, que el conflicto debe resolverse acudiendo a los principios de normalidad en el uso y tolerabilidad de las molestias, atendidas las condiciones del lugar y la naturaleza de los inmuebles, fundamentando la adecuada tutela legal en el artículo 1902 y en las exigencias de una correcta vecindad y comportamiento según los dictados de la buena fe que se obtienen por generalización analógica de los artículos 590 y 1908 del CC, pues regla fundamental es que «la propiedad no puede llegar más allá de lo que el respeto al vecino determina». Y también en la doctrina del abuso de derecho —art. 7 CC— que prohíbe el ejercicio de un derecho subjetivo que, pese al reconocimiento que el orden jurídico le presta y aunque el mismo se adapte a la normativa legal que lo concibe y regula, en su proyección práctica viene a traspasar los límites naturales que imponen unos insobornables principios de equidad y buena fe rectores del ordenamiento jurídico, lesionándose unos intereses ajenos, no como naturales efectos de toda colisión de derechos, sino consecuencia de una cierta antisocialidad de aquella acción. Desde esta perspectiva no cabe duda de que una inmisión provocada por un nivel acústico evitable, cuya desaparición o amortiguamiento a unos niveles de mucha mayor tolerancia no es en absoluto complejo ni ofrece grave dificultad o empeño, es actuación que traspasa los límites naturales que imponen la equidad y buena fe, lesionado intereses jurídicos ajenos, incluso un derecho fundamental como es el relativo a la intimidad e inviolabilidad del domicilio con arreglo a la interpretación mantenida por el Tribunal Europeo de Derechos Humanos, en cuya Sentencia de 9-12-1994 vino a incluir en el núcleo de la intimidad la protección del domicilio de las intromisiones sonoras, por considerar que el ruido excesivo supone una violación de los derechos fundamentales protegidos por el artículo 18 de nuestra Constitución, y en el mismo sentido, la STC 22/1984, de 17 de febrero, declara que la interpretación de esta regla de la inviolabili-

dad del domicilio con ámbito de privacidad, que ha de quedar inmune a las invasiones o agresiones exteriores de otras personas, impone «una extensa serie de garantías y facultades en las que se comprenden las de vedar toda clase de invasiones, incluidas las que puedan realizarse sin penetración directa por medio de aparatos mecánicos, electrónicos, u otros análogos».

En el ámbito de la propiedad horizontal existe una normativa específica que sanciona el ejercicio de actividades a) prohibidas por los estatutos, b) que resultan dañosas para la finca, o c) que contravengan las disposiciones generales sobre actividades molestas, insalubres, nocivas, peligrosas o ilícitas, otorgando a la comunidad acción directa contra el ocupante del piso que lleva a cabo la conducta infractora —si bien también deberá dirigirse contra el propietario— previo requerimiento para que cese en la conducta. Dentro de este catálogo de actividades no permitidas por el precepto interesa destacar que ha interpretado el precepto en su redacción originaria, anterior a la modificación introducida por la Ley 8/1999 —que tan solo ha introducido variaciones no sustanciales—, en el sentido de que ha de tratarse de actividades que de forma notoria y ostensible afecten con entidad bastante a la pacífica convivencia jurídica, que excedan y perturben el régimen de estado de hecho que es usual y corriente en las relaciones sociales, en definitiva, que priven o dificulten a los demás el normal y adecuado uso y disfrute de su derecho, bien se trate de actos de emulación, que sin producir beneficio alguno al propietario u ocupante determinan un perjuicio para los demás, o bien se trate de inmisiones, es decir, actividades desarrolladas por personas dentro del ámbito de su esfera dominical o de su derecho de goce que excedan de los límites de la normal tolerancia proyectando sus consecuencias sobre la propiedad de los demás, perturbando su adecuado uso y disfrute, dentro de las cuales se incluyen aquellas actividades que provoquen molestias por ruidos, vibraciones, olores, humos y en general las que comporten reuniones numerosas y bulliciosas (SS TS 22-12-1972, 28-9-1993, 18-5-1994, 14-11-1994).

4. El arrendatario Sr. ... viene

dedicándose a la explotación de un bar de copas en el local antes señalado por mérito del contrato de arrendamiento suscrito con el propietario en julio de 1992. Abre a partir de las 11 de la noche para servir bebidas, no comida, y hace uso ininterrumpido de los aparatos de música que posee durante el tiempo que permanece abierto al público (confesión de dicho demandado a las posiciones 1ª a 4ª).

La comunidad de propietarios ya se opuso en su día a la instalación de este tipo de negocio por razón de las molestias previsibles que pudiera causar y, desde 1997 se han sucedido varias denuncias ante el Ayuntamiento, formuladas por la Sra. Presidente de la comunidad, por razón del nivel acústico excesivo hasta altas horas de la madrugada y por carecer el local de un adecuado sistema de extracción de humos que perjudica al inmueble, en concreto en fechas 24-1-1997, 4-4-1997 y 19-10-1998. Asimismo se ha tratado la cuestión en diversas juntas de propietarios, a la mayoría de las cuales asistió el propietario Sr. ..., acordando requerir al propietario y al arrendatario para que adopten las medidas necesarias para evitar la salida de humos al parking de la finca y para que se baje el volumen de los aparatos de música, respetando el descanso nocturno de los vecinos, bajo apercibimiento de ejercitar efectivamente las acciones procedentes por tales motivos (junta de 10-6-1996) y, reiterando tales acuerdos (junta 6-7-1998) hasta que finalmente se acuerda autorizar al presidente para el ejercicio de la presente acción (junta 12-5-1999).

En el expediente administrativo incoado se han realizado por los técnicos municipales diversas pruebas de mediciones de sonido:

1. En el acta de inspección realizada a las 23 y 24 horas del día 22 de octubre de 1998 se toma medición de nivel acústico en la vivienda entresuelo 2.ª, dando como resultado 36-38 dBA, y con la música parada 30-31,5 dBA; en el propio local se obtiene un nivel sonoro de 85-87 dBA.

Según Certificación del Ayuntamiento, los límites máximos de decibelios permitidos por la normativa municipal vigente para el tipo de establecimientos que tienen, como el del demandado, concedida licencia de la clase C-1, son:

- fondo acústico en el interior del local: hasta 70 dBA;
- nivel sonoro para ambientes interiores de ámbito domestico en periodo nocturno: dormitorios, 30 dBA; sala de estar, 35 dBA; zonas de servicio, 40 dBA.

2. En acta de inspección y medición de nivel sonoro realizadas el 18-9-1999, se obtiene en la habitación que da a la galería interior de la vivienda de la denunciante (la presidente de la comunidad) a las 2,35 horas, un nivel de 51 dBA con la fuente sonora en marcha, y de 41 dBA con la fuente sonora parada, existiendo por tanto, un incremento de sonido de 10 dBA, extendiéndose acta de infracción por superar el máximo de decibelios permitidos.

Por su parte, el periodo designado en autos con las garantías legales efectuó mediciones de nivel de sonido durante varios días entre la 1 y las 2,30 de la madrugada con la fuente sonora en funcionamiento, resultando que:
- en el exterior de la calle ... se obtiene un ni-

vel de 61,6 decibelios;
- en la vivienda entresuelo 2.º: en comedor: 39,3 decibelios; en habitación derecha detrás con ventana abierta: 43,4 decibelios, con ventana cerrada: 34 decibelios; en habitación izquierda detrás con ventana abierta: 43,4 decibelios, con ventana cerrada: 33 decibelios;
- en el parking: en medio: 50,2 decibelios; al lado salida aire: 52 decibelios; interior bajo calle: 46 decibelios; en puerta rampa: 50 decibelios;
- en el interior del bar musical: en una zona, 90-91 decibelios; en otra, 97-98 decibelios;
- en el exterior de la calle a la 1,30 horas: 66,4 decibelios.

Niveles todos ellos que superan los límites previstos por la normativa municipal, que el perito recoge en otro apartado de su dictamen, corroborando los resultados obtenidos por los técnicos municipales.

Asimismo, el Ayuntamiento certifica que el local tiene concedida licencia C-1, que sólo autoriza para la actividad de bar, no la de bar musical, razón por la que se tramita expediente de disciplina urbanística al superar los niveles de sonido obtenidos los límites permitidos para la clase de licencia concedida, en el que por Resolución de fecha 9-11-1998 se ha ordenado el precinto del local.

5. En definitiva, la realidad de los actos de inmisión perjudiciales procedentes de la actividad comercial desarrollada por el arrendatario demandado hace viable la pretensión ejercitada, pues patente parece que —aun cuando la actividad de bar musical no esté prohibida por los estatutos—, a pesar del requerimiento cursado con carácter previo a la demanda y de las anteriores y sucesivas denuncias de la comunidad que el arrendatario no podía ignorar, no sólo porque la orden de precinto consta notificada en el expediente administrativo, sino porque ha tenido que soportar varias mediciones de ruido en el interior del local, la actividad ejercida de hecho —para la que carece de licencia municipal— se lleva a cabo contraviniendo la normativa municipal de niveles de ruido, imponiendo a los vecinos una contaminación acústica permanente en horas de descanso nocturno cuyo carácter gravemente molesto queda fuera de toda duda, constituyendo una inmisión ilegítima y perjudicial que los propietarios afectados no tienen el deber jurídico de soportar, por cuanto excede de la «normal tolerancia» o del ejercicio normal de un derecho, en modo alguno consentido por la conciencia social, prohibido, además, por la normativa reglamentaria, y conocido por los responsables de la empresa demandada, que, a pesar de las quejas de los vecinos, no ha adoptado medida correctora alguna, continuando con su actividad a sabiendas de las serias molestias que estaba causando.

6. No cabe, sin embargo, acoger la pretensión con fundamento en las restantes causas alegadas al no haberse aportado cumplida prueba del carácter perjudicial para la finca o para los miembros de la comunidad. Con particular referencia al sistema de extracción de humos —que ha sido objeto de la actividad probatoria más intensa, después de las inmisiones acústicas— lo que evidencian los

autos es que a) el local carece de cocina y no consta que se sirvan comidas, de modo que se trata, más que de sistema de extracción de humos, de aire del local; b) este cuenta con dos conductos o salidas, una al exterior de la calle en la parte de fachada del local, y otra en la parte posterior, que da al patinejo del patio interior, en cuyo sótano se halla el parking de la finca, limitándose la alegada molestia al empleo de esta última; c) este patinejo, en el que se ubica la salida posterior de aire y vahos, está destinado, por las circunstancias concurrentes, a la aireación o salida de humos del parking ubicado en el sótano —testifical del ingeniero Sr. ... y documento 9 de la contestación—; y d) el actual sistema no ha sido calificado como incorrecto o molesto por los técnicos municipales que han girado visita al edificio ni la resolución administrativa de precinto se ha fundado en esta causa. Con todo ello, no ha quedado demostrado que el sistema de aireación diseñado y puesto en práctica ante la negativa de la comunidad a autorizar otro distinto cause perturbaciones o molestias a la finca o sus moradores de entidad suficiente para fundar la sanción de cesación definitiva con extinción del derecho de ocupación.

7. Respecto de los daños y perjuicios solicitados —que el artículo 7.2 de la LPH reconoce siempre que proceda— debe advertirse que para que el fallo pueda mandar que se liquiden en ejecución de sentencia ha de haberse probado en el pleito su existencia, sin que los términos del artículo 360 de la LEC consientan que queda para la ejecución la determinación de la realidad del daño y sí tan sólo la de su cuantía. Esta doctrina ha sido confirmada por la moderna jurisprudencia, que únicamente permite la determinación de la cuantía de los daños y perjuicios en trámite ejecutivo y nunca en ese trámite la determinación de su existencia (SS TS 26-6, 6-7 y 8-11-1983 y 24-3-1992, 16-6-1993, entre otras).

En el caso está acreditada sobre la base de lo expuesto la inmisión ruidosa, con carácter de intolerable y superior a los niveles máximos autorizados por la reglamentación vigente, teniendo en cuenta que el ruido es permanente durante las horas de apertura y en periodo nocturno y que es de la suficiente entidad como para impedir o perturbar el descanso, tranquilidad y sosiego de los vecinos de la finca, por lo que es estimable la pretensión de resarcimiento por este concepto con el carácter de daño moral, pues es deducible de la propia naturaleza de la actividad lesiva, daño in re ipsa, real y efectivo, quien precisa la acreditación de su realidad cuantificada por ser consecuencia forzosa del acto infractor o acto ilícito, lo que determina por sí la obligación reparadora que surge como efecto inevitable (SS de 24-1-1975, 5-6-1985, 30-9-1989, 7-12-1990, 15-4 y 15-6-1992, 25-2-2000). No son necesarios, sin embargo, nuevos trámites para cuantificar el importe de la indemnización puesto que el padecimiento que queda acreditado en autos, como se ha dicho, es el moral, derivado de la agresión a valores extrapatrimoniales, cuya valoración ha de ser discrecional y de la exclusiva aplicación del Juzgador (SS TS 25-6-1984, 22-2-1991, 20-2-1992) de modo que, conforme al artículo 360 de la LEC, procede fijar en este momento sin diferirlo para el trámite de ejecución de sentencia por ser el daño que ha quedado probado en fase probatoria, estimándose prudencia por este concepto una indemnización de 1.803,04 euros.

De la indemnización responderán solidariamente tanto el arrendatario, que ha llevado a cabo la actividad lesiva, como el propietario, quien con su pasividad ante los requerimientos de la comunidad y aquiescencia con la actividad llevada a cabo por aquel ha propiciado y determinado la continuidad de la actividad sin adoptar medida alguna durante los años en que la causa prevista en el apartado 8.° del artículo 114 de la LAU de aplicación al contrato —LAU de 1964— sino sin siquiera dirigir requerimiento alguno a su arrendatario para que adecuara el ejercicio de su actividad a niveles tolerables.

8. Aun cuando la estimación de la pretensión sea parcial concurren circunstancias que justifican la imposición de costas a la parte demandada (art. 523.2 LEC), pues, a pesar, de ser conocedora de perjuicios que causaba a los vecinos con su actividad, ninguna medida correctora se ha adoptado para evitar las injerencias nocivas, forzando de este modo a la comunidad a acudir a la vía judicial con todos los gastos y molestias que ello lleva

consigo para poner término a una situación abusiva e ilegítima. Vistos los preceptos legales citados, los invocados por las partes y demás de general y pertinente aplicación,

FALLO

Que estimando parcialmente la demanda interpuesta por el Procurador D. ... en representación de la COMUNIDAD DE PROPIETARIOS DEL EDIFICIO DE LA CALLE ... contra D. ... y D. ..., condeno al primero al cese definitivo de la actividad comercial que desarrolla en el local bajos del edifico de la calle ..., declaro extinguidos los derechos arrendaticios sobre dicho local y ordeno su inmediato lanzamiento. Condeno asimismo al codemandado D. ... a estar y pasar por tales pronunciamientos. Y condeno a ambos demandado solidariamente al pago de una indemnización ascendente a 1.803,04 euros y al pago de las costas del juicio.

Contra la presente resolución cabe interponer recurso de apelación ante este mismo Juzgado en el plazo de cinco días desde la notificación para su resolución por la Iltma. Audiencia Provincial de Barcelona.

Así por esta sentencia, juzgando en primera instancia, lo pronuncio, mando y firmo.

ESTATUTOS DE UN COMPLEJO INMOBILIARIO CONSTITUIDO EN UNA AGRUPACIÓN DE CO-MUNIDADES

CAPÍTULO I. DISPOSICIONES GE-NERALES

OBJETO

Artículo 1
Es objeto de los presentes estatutos el gobierno y administración del Complejo ...

Artículo 2
La Comunidad de Propietarios del Complejo ... fue constituida por la escritura de División Horizontal otorgada ante D. ..., notario del Ilustre Colegio de Notarios de ... en sustitución y para el protocolo de D. ... el ... de ... de ... bajo el número ... de su protocolo general de documentos.

Se regirá por la Ley 8/199, Reforma de la Ley de Propiedad Horizontal y, como normas supletorias y complementarias, por los presentes Estatutos.

Dicha Comunidad contiene los siguientes elementos o grupos de edificación:

Bloque I correspondiente a la calle ... números: de ... a ...

Bloque II correspondiente a la calle ... números: de ... a ...
Bloque III correspondiente a la calle ... números: de ... a ...
Bloque IV correspondiente a la calle ... números: de ... a ...
Garaje subterráneo, entidad ... o garaje.

CAPÍTULO II. DISPOSICIONES GENERALES

Artículo 3. Elementos comunes

1. Elementos comunes del Complejo:

Constituyen elementos comunes del complejo el suelo o solar, la zona no edificada destinada a aceras, pavimentos, zona verde con frente a las calles ... y ...; así como las calles particulares existentes entre los bloques II y III, y entre este y el bloque IV, a la vez que entre los bloques II, III, IV y el I correspondiente al bloque de la calle ...

Constituyen asimismo elementos comunes del Complejo el alumbrado, las conducciones de su instalación eléctrica, farolas, canalizaciones de red de agua propia para regadío así como todos los componentes de ornamentación y mobiliario urbano en general, tales como jardineras, papeleras, etc.

2. Elementos comunes de escaleras:

Son de propiedad común: los cimientos, paredes maestras, medianeras, cubiertas o terrazas, las fachadas tanto la exterior como las interiores de los patios de luces en toda su altura, la puerta de entrada al edificio, el portal de acceso y caja de escalera con sus accesorios en toda su estructura, y en general todas las vías de tránsito interior del inmueble de portería y anejos, planta sótano, cuarto de contadores, motores de servicios generales incluida la calefacción, ascensores, portero electrónico, redes de aguas potables, pluviales y residuales, acometidas y conducciones de electricidad, chimeneas, pararrayos y cuantos otros existan, o se instalen en los edificios para el uso y aprovechamiento común de todos los pisos y locales y todos aquellos que determine en todo momento la legislación vigente.

2.1 Portería o vivienda del portero:

La portería o vivienda del portero constituye elemento común de la escalera o escaleras a las que esté destinada. Los copropietarios de apartamentos o locales sitos en la escalera o escaleras en las que se halle ubicada la portería podrán acordar la desafectación de la portería como elemento común mediante su compraventa. En tal caso, pasará a constituir una entidad independiente y a la que deberán ser asignados los tres coeficientes, tanto el general, como el del bloque y el de escalera en proporción a la superficie de la nueva entidad.

En consecuencia, los coeficientes de los locales y apartamentos de la escalera o escaleras donde se haya desafectado la portería serán modificados, y por tanto disminuidos en proporción al coeficiente asignado a la portería.

Dicho acuerdo deberá ser adoptado por unanimidad de todos los copropietarios de la escalera o escaleras afectadas, según lo preceptuado en la Ley de Propiedad Horizontal, debiendo ser inscrito en el Registro de la Propiedad, sin que resulte precisa la conformidad de los restantes copropietarios del complejo.

2.2 Planta sótano:

A excepción de las plantas sótano adjudicadas a determinados copropietarios por título de compraventa, constituye asimismo un elemento común de escalera la planta sótano, cuyo uso corresponderá a cada apartamento con acceso a la escalera.

CAPÍTULO III. CONTRIBUCIÓN A LOS GASTOS GENERALES

Artículo 4

Se considerarán gastos generales con carácter enunciativo los siguientes:

1. Gastos del Complejo: todos aquellos derivados del mantenimiento, uso y conservación de los elementos y servicios comunes del Complejo, detallados en el art. 3, incluido el personal contratado, los impuestos y árbitros que puedan gravar la totalidad o parte del Complejo.

2. Gastos de escalera: el mantenimiento y consumo de las lámparas de alumbrado de la escalera, ascensor, motores ascensor, así como de la cale-

facción. Sueldos, gratificaciones, seguridad social y demás emolumentos del personal afecto a la Comunidad y contratado por la misma; suministro de agua y cuantos productos y complementos requieran la limpieza y saneamiento de partes comunes, reparaciones de cubiertas, patios interiores, y en general de todos aquellos elementos comunes de escalera señalados en el artículo 3 b), así como todos aquellos que los respectivos propietarios de las escaleras determinen.

3. Repercusión, pago y responsabilidad:

Artículo 5

Los gastos originados por los elementos comunes serán repercutidos en proporción a la cuota de participación fijada para cada titular en el título constitutivo, aplicándose el coeficiente de escalera, bloque o complejo según la naturaleza del gasto.

Artículo 6

La parte proporcional de los gastos comunes que corresponda a cada titular aprobados por la junta general del complejo será abonada en los diez primeros días de cada mes y de forma anticipada mediante domiciliación bancaria o su abono al administrador.

Si no se efectúa el pago el Administrador previa autorización de la junta de copropietarios podrá ejercitar cuantas acciones correspondan.

Artículo 7

Cualquier tipo de gasto provocado culposa o intencionadamente en los elementos comunes, avería o destrucción, correrán a cargo de su causante debiendo proceder a su reparación inmediatamente, estando facultado el administrador a proceder a reparar los daños causados a costa del causante o responsable, recurriendo en caso de impago en la forma articulada en el artículo 6 de los presentes estatutos.

CAPÍTULO IV. DEL TITULAR-CON-DUEÑO

DERECHOS

Artículo 8

Al copropietario en la comunidad le corresponden los siguientes derechos:

a) Tendrá el pleno uso y disfrute de su parte privativa y común en la forma que tenga más conveniente, sin más limitaciones que las establecidas en las leyes y reglamentos, estatutos y reglas de régimen interior.

b) A información de los temas y asuntos que afecten al Complejo en general.

c) A solicitar la convocatoria de una junta extraordinaria de Complejo, con arreglo a lo preceptuado en estos estatutos.

OBLIGACIONES

Artículo 9
Son obligaciones de todo copropietario:

a) Respetar las instalaciones comunes y las privativas de los restantes comuneros.

b) Consentir en su piso o local la realización de las reparaciones y fiscalizaciones que exija el mantenimiento de los servicios comunes del inmueble o de los privativos de otro piso, a cuyos fines deberá permitir la entrada del personal especializado encargado de la reparación.

c) Contribuir con arreglo a la cuota establecida o que se establezca a los gastos generales de mantenimiento de los servicios comunes, al igual que contribuir al pago de los gastos extraordinarios que se originen, previa aprobación de la correspondiente Junta de Propietarios.

d) Observar la diligencia debida en el uso de dichos servicios.

e) Y, en general, todas las que establecen la LPH y en especial su artículo 9.

f) Respetar en todo momento la estética y uniformidad del complejo en aquellas obras que afecten a elementos comunes, en especial, al embellecimiento, adecentamiento y conservación de fachadas exteriores.

Los copropietarios quedan obligados a realizar a su costa y sin dilación alguna cuantas reparaciones ordinarias o extraordinarias sean necesarias para evitar cualquier daño a los elementos y a los demás pisos o locales.

PROHIBICIONES

Artículo 10
Queda prohibido dentro del recinto del Complejo, así como de los apartamentos, locales o garaje:

a) Desarrollar actividades que causen daño, sean incómodas, inmorales o peligrosas.

b) Arrojar polvo, basuras o desperdicios en los parajes exteriores, aceras y zonas ajardinadas, así como en los patios interiores y demás zonas comunes.

c) La circulación y aparcamiento o estacionamiento de motocicletas y vehículos de toda clase en las aceras interiores del Complejo. Las motos y motocicletas dispondrán de lugares especialmente habilitados para su estacionamiento.

d) Usar las terrazas a modo de trastero y de tendedero de ropa.

CAPÍTULO V. DE LOS LOCALES COMERCIALES

DESTINOS

Artículo 11

Los locales se destinarán exclusivamente a actividades mercantiles o de negocio, prohibiéndose cualquier actividad atentatoria a la salud, a la moral o que pudiera resultar molesta, insalubre, nociva, peligrosa así como las no permitidas por la legislación vigente.

AGRUPACIÓN Y SEGREGACIÓN

Artículo 12

Los titulares de los locales comerciales del inmueble podrán, previa autorización de la Junta de escalera, subdividirlos en otros locales susceptibles de aprovechamiento independiente, a la vez que agruparlos para formar un local mayor tanto en sentido horizontal como vertical o con otros locales de casas colindantes siempre que no afecten a la estructura general del edificio. En tal caso, la Junta de escalera a la que pertenezcan deberá modificar sus coeficientes de participación en la copropiedad de los elementos comunes y en los gastos.

CONTRIBUCIÓN A LOS GASTOS GENERALES

Artículo 13

Los titulares de los locales comerciales actuales, o los que resulten de la subdivisión de esos, participarán en los gastos comunes de vestíbulo, escaleras y ascensores, siempre y cuando tengan salida o comunicación al vestíbulo general del inmueble, en cuyo caso solo participarán con el cincuenta por ciento del coeficiente, salvo los gastos de portería, en que participarán igual que los demás departamentos.

FUNCIONAMIENTO

Artículo 14

Los titulares de los locales comerciales situados en la planta baja podrán montar y decorar sus accesos y vitrinas a la calle, así como la instalación de rótulos o anuncios incluso luminosos.

Dicha autorización requerirá la autorización de la Junta General del Complejo.

Artículo 15

Los locales comerciales no podrán ocupar la superficie de las aceras o pavimento.

El uso privativo de tal elemento común, en caso de que físicamente fuere factible, deberá ser autorizado por la Junta General del Complejo, a petición del interesado. Dicha junta determinará la superficie que ocupar, horario y demás condiciones, así como la cuota que deberá satisfacer en concepto de contribución al deterioro o menoscabo que tal uso conlleve.

El uso de las aceras deberá acogerse a las disposiciones de las ordenanzas municipales en lo referente a horario, superficie que ocupar, etc.

CAPÍTULO VI. DE LOS ÓRGANOS DE ADMINISTRACIÓN Y GOBIERNO

Artículo 16

La Comunidad del Complejo ... contará para su adecuada administración y gobierno con los siguientes órganos:

1. Juntas de copropietarios
   En función de los temas y los acuerdos que deban adoptarse se constituyen:
   a) Junta de escalera
   b) Junta General del Complejo
2. Presidente de la Junta General del Complejo
3. Asamblea informativa
4. Secretario administrador

1. *Juntas de copropietarios*

a) Junta de escalera: Cada una de las ... escaleras del Complejo contará con una Junta de Escalera, integrada por todos los copropietarios de los distintos departamentos, ya sean pisos o locales comerciales, de entre quienes se elegirá a un Presidente y Vicepresidente.

b) Junta general del Complejo: Estará compuesta por los Presidentes de escalera, los Vicepresidentes y el Presidente del Garaje Subterráneo. Sus sesiones contarán con la presencia del Secretario-Administrador y podrán asistir los colaboradores del Presidente.

Funciones de la junta general del complejo:

a) Aprobación de la liquidación de cuentas del ejercicio anterior.

b) Aprobación de los presupuestos de ingresos, gastos e inversiones del Complejo Inmobiliario previstos para el próximo ejercicio.

c) Fijar la cuota que corresponda satisfacer por el uso privativo de las aceras.

d) Fijar la cuota que deberán satisfacer los usuarios del aparcamiento.

e) Aprobación de las propuestas planteadas por el Presidente.

f) Todas las cuestiones que se planteen por la Junta General del Complejo deberán haber sido previamente presentadas a cada una de las ... juntas de escalera por sus respectivos presidentes, de forma que cada presidente trasladará a la Junta General del Complejo el voto que su escalera haya adoptado al respecto de conformidad con la Ley de Propiedad Horizontal.

Cada escalera contará con un voto, que será adoptado por su mayoría.

El recuento total de los votos de las ... escaleras así como del Garaje subterráneo determinará el resultado del acuerdo de la Junta General del Complejo.

Convocatorias de la junta general del complejo:

1. Junta ordinaria: Se reunirá preceptivamente una vez al año en sesión ordinaria previamente convocada por su Presidente para examen y aprobación de las cuentas de la administración y formulación, en su caso, del presupuesto de ingresos y gastos para el año siguiente, a la vez que renovación de cargos si procede.

2. Junta extraordinaria: con carácter extraordinario se reunirá en los siguientes casos:

a) A convocatoria de su Presidente.

b) A petición de la cuarta parte de los propietarios o un número de estos que represente el 25 % de las cuotas de participación.

Las convocatorias, tanto las ordinarias como las extraordinarias, las efectuará su Presidente con quince días de antelación, salvo el supuesto de que la reunión de la junta sea promovida por los vocales, y expresará los asuntos que tratar, día, lugar y hora para su celebración.

2. Presidente de la junta general del complejo

La Junta General del Complejo contará con un Presidente elegido por la Comunidad de entre los copropietarios del Complejo, y a sus sesiones asistirá el Secretario-Administrador.

Funciones del Presidente:
a) La representación de la Comunidad de Propietarios para asuntos que afecten al Complejo en general.
b) La convocatoria de la Junta del Complejo.
c) Velar por el mantenimiento, conservación y mejora del Complejo, en especial, de todos aquellos elementos y servicios comunes.

El Presidente podrá ser removido en Junta extraordinaria convocada al efecto.

Procedimiento para su elección:
Para su elección, la Junta General de Complejo abrirá un plazo para posibles interesados a optar para tal cargo. Dicho plazo será notificado a cada copropietario al efecto de posibilitar la presentación de candidatos.

Cada candidato a Presidente aportará a su vez, como mínimo, a tres copropietarios a modo de colaboradores, uno para cada bloque a ser posible.

Una vez finalizado el plazo de presentación de interesados al cargo de Presidente, la Junta General se reunirá para la presentación de las candidaturas y para informar del contenido de sus respectivas propuestas.

Seguidamente, cada miembro de la Junta General del Complejo informará a sus respectivas escaleras de los candidatos a Presidente del Complejo.

Cada Presidente convocará a sus respectivas escaleras a fin de someter a votación la elección del Presidente del Complejo, que se elegirá con arreglo a la Ley de Propiedad Horizontal.

Los resultados de cada escalera serán trasladados por sus respectivos presidentes a la Junta General del Complejo, quién nombrará al Presidente del Complejo por mayoría de cuotas de participación según lo preceptuado en la Ley de Propiedad Horizontal.

Duración del cargo:
El cargo de Presidente del Complejo tendrá la duración de dos años, pudiendo ser reelegido por periodos de la misma duración. El Presidente podrá ser removido por la Junta General del Complejo, convocada al efecto.

3. *Asamblea general informativa*

El Presidente del Complejo tendrá la facultad de convocar a la Comunidad de Propietarios a la celebración de Asamblea general con carácter imperativo, para dar cumplida información de los acuerdos de cualquier índole a que hayan llegado la Junta de Propietarios del Complejo.

4. *Administrador*

La Junta General del Complejo

nombrará un Secretario-Administrador, quien percibirá los honorarios que correspondan y que tengan marcados el Colegio Nacional de Administradores.

El nombramiento para el cargo de administrador o secretario-administrador durará un año, prorrogable tácitamente por periodos iguales.

Funciones:

a) Preparar y someter a la Junta General del Complejo y a las Juntas de Escalera el plan de gastos previsibles, proponiendo los medios para sufragarlos.

b) Atender a la conservación, disponiendo las reparaciones ordinarias y urgentes, y adoptar las medidas necesarias para evitar perjuicios que se puedan originar, poniéndose en contacto con la Presidencia a la que dará cuenta de la extensión de los daños para que se adopten rápidamente las medidas concernientes a evitarlos y a efectuar tales reparaciones.

c) Mandar ejecutar los acuerdos adoptados en materia de obras y efectuar los pagos y realizar los cobros que sean procedentes.

d) Llevar, además del Libro de Contabilidad, un Libro auxiliar de ingresos y gastos con sus correspondientes justificantes de pagos y cobros.

e) Actuar como secretario de la Junta y custodiar, a disposición de los titulares, la documentación de la comunidad.

f) Asistir a las Juntas pudiendo informar ante ellas, con voz y sin voto, y redactar el Acta.

g) Exigir judicialmente, cuando hubiese sido autorizado por la Junta, el pago de los gastos generales sin necesidad de requerimiento previo.

h) Y, en general, cuantas más atribuciones le otorgue la Junta.

CAPÍTULO VII. MANTENIMIENTO Y CONSERVACIÓN

Artículo 17

El Complejo contará con un servicio de mantenimiento y conservación, contratado a empresas especializadas, a quien le corresponderá el cuidado y limpieza del pavimento existente entre los bloques, así como las zonas verdes, mobiliario urbano, alumbrado, etc.

Asimismo, el Complejo contará con un servicio de vigilancia.

NORMAS DE RÉGIMEN INTERIOR DE ZONA DE APARCAMIENTO

Artículo 1

Las presentes normas tienen por objeto regular el funcionamiento y administración de la zona de aparcamiento de vehículos del la Comunidad de Propietarios del Complejo ... existente en el pavimento extendido entre el bloque ... y el ..., entre el ... y el ..., y entre estos y el bloque ...

Artículo 2

El aparcamiento se halla dividido en diversas plazas destinadas a vehículos.

Dada la superficie y demás características de las plazas, no se permitirá el aparcamiento de motos de cualquier cilindrada, ni remolques o similares, ni vehículos de longitud superior a 5 metros.

Las motos deberán aparcar en zonas especialmente habilitadas en el Complejo.

Artículo 3

La superficie destinada a aparcamiento, en tanto que elemento común del Complejo, es propiedad de la Comunidad. Dicha Comunidad podrá ceder el uso a cada uno de los propietarios que lo soliciten.

La propiedad de un piso o local da derecho a la utilización del aparcamiento. En el supuesto de que el propietario tuviere arrendado su apartamento o local, corresponderá ceder dicho uso al arrendatario en caso de hallarse interesado.

Todo usuario del aparcamiento deberá residir o desarrollar su actividad laboral en el Complejo. Los usuarios no residentes en el Complejo, cuya facultad deriva de su relación laboral en el mismo, deberán atender al horario especialmente contemplado, no permitiéndose el estacionamiento nocturno.

A cada copropietario le corresponde en principio el derecho a utilizar una plaza de aparcamiento, excepción hecha del supuesto de que el número de propietarios interesados en el uso de las plazas de aparcamiento fuere inferior al número de plazas existentes, y en consecuencia resultaren plazas vacantes, en cuyo caso el usuario de una plaza podrá optar al uso de una segunda plaza de aparcamiento hasta completar el número de plazas. En el supuesto de que el número de interesados en el uso de una plaza de aparcamiento fuere superior al número de plazas disponibles, el propietario interesado deberá cursar la correspondiente solicitud al

Administrador del Complejo, quien las atenderá y concederá las plazas por riguroso orden de antigüedad en el momento en que se produzca alguna vacante.

Artículo 4

Los usuarios de las plazas de aparcamiento deberán satisfacer una cuota en concepto de contribución a los gastos originados por el aparcamiento, mantenimiento y amortización del mismo.

La Junta General del Complejo establecerá la cuota que deberán satisfacer los usuarios, en función del presupuesto previamente aprobado.

Se establecerá una cuota para las «primeras» plazas, y otra cuota de mayor cuantía a determinar, para las «segundas» plazas, caso de haberlas.

En el supuesto de que la Comunidad de propietarios deba atender cualquier gasto extraordinario no contemplado en el presupuesto general de mantenimiento del aparcamiento, este deberá ser atendido por el conjunto total de los usuarios mediante el abono de una cuota extraordinaria.

En el supuesto de demora en el pago de las cuotas, el usuario perderá su derecho al uso de la plaza de aparcamiento con el sólo impago de tres mensualidades consecutivas, quedando automáticamente vacante y, por tanto, disponible para un tercer interesado.

Artículo 5

El acceso de los vehículos al aparcamiento vendrá determinado por la condición de usuario o no usuario del mismo. Así, los usuarios dispondrán de un mando a distancia que darán paso a la zona de aparcamiento, abriéndose las barreras de acceso.

No obstante, se permitirá la entrada y salida a todos los propietarios no usuarios al efecto de posibilitar la carga y la descarga de bultos o de equipamientos, así como el acceso de personal mediante la utilización de una tarjeta electrónica.

Artículo 6

La calidad de usuario del aparcamiento no da derecho al uso de una plaza en concreto ni la preferencia por una plaza determinada. El usuario deberá aparcar donde halle una plaza disponible sin que su condición de usuario le otorgue una plaza específica permanente.

Artículo 7

Los vehículos podrán acceder por las tres vías de entrada y salida existentes, en las que se halla dispuesta una barrera.

Las barreras constan de un

servicio de vigilancia contratado por la Comunidad de propietarios complementado por una compañía de seguridad.

Artículo 8

El usuario de una plaza de aparcamiento no podrá ceder o arrendar su plaza a terceros. El incumplimiento de esta norma comportará la extinción automática del derecho de usuario.

Artículo 9

Todas cuantas cuestiones pudieren surgir entre los usuarios de plazas de aparcamiento se someterán a los Juzgados y Tribunales de ..., con expresa renuncia de cualquier otro fuero que pudiera corresponderles.

Glosario

Abandono: Acto de libre voluntad del propietario por medio del cual, desamparando o desposeyéndose de una cosa, da por extinguido su derecho de dominio sobre ella.

Acometida general: Conducto que enlaza la instalación general interior del edificio con la tubería de la pared de distribución.

Acta: Documento que contiene los hechos, declaraciones de voluntad, o cualquier evento con transcendencia jurídica, para facilitar una prueba fehaciente de los mismos.

Acta notarial: Documento que suscribe un notario dando fe de un determinado hecho.

Actividades dañosas: Se dice de los actos irresponsables de una o más personas que perjudican al conjunto de la comunidad e inmueble.

Actividades incómodas: Actos de los ocupantes de un inmueble que molestan a los demás vecinos dificultando la convivencia entre ellos.

Actividades insalubres: Las causantes de desprendimiento o evacuación de productos que puedan resultar directa o indirectamente perjudiciales para la salud de las personas.

Actividades molestas: Son molestas las actividades que perturben la tranquilidad de los convecinos y que constituyan una incomodidad por los ruidos o vibraciones que produzcan o por los humos, gases, olores, polvos en suspensión u otras sustancias.

Actividades nocivas: Aquellas que pueden causar daños a la salud o a los bienes de los vecinos restantes.

Actividades peligrosas: Aquellas que tengan como fin fabricar o almacenar productos susceptibles de originar riegos graves por explosiones, combustiones, radiaciones u otras de análoga importancia para las personas o bienes.

Acto de conciliación: Se da cuando, en caso de enfrentamiento de las partes afectadas, estas comparecen ante la autoridad judicial con la intención de llegar a un acuerdo para evitar el pleito.

Acto mejorativo: Acto jurídico perteneciente a la especie de los reales, unilateral y espontáneo, y realizado como gestión de un interés propio, por el que una cosa ajena aumenta de valor de modo permanente.

Administrador: El administrador de una comunidad de propietarios será elegido por la junta de propietarios, por mayoría; puede pertenecer o no a la comunidad.

Para desempeñar el cargo no necesariamente debe hacerlo una persona física, pues también puede ocurrir que el cargo recaiga en una persona jurídica, por ejemplo, una sociedad anónima.

Administrador de fincas: Aquel profesional colegiado responsable y administrador de una comunidad de propietarios y de sus bienes y derechos.

Afectación: Imposición de un gravamen u obligación sobre alguna cosa, sujetándola el dueño a la efectividad del derecho ajeno. Vinculación de una propiedad privativa, o de parte de una propiedad separada, al uso o servicio común.

Agrupación: Operación que se practica en el Registro de la Propiedad consistente en la unificación de dos o más fincas inscritas para formar una nueva.

Alteraciones: Intervenciones que afectan a la configuración externa del inmueble o a su estructura y pueden obligar a actualizar lo establecido en el título constitutivo de la propiedad.

Anulabilidad: Condición o estado de un contrato anulable. Este es inicialmente eficaz, aunque desde su mismo origen, y a causa de un vicio inicial de que adolece y que es causa suficiente para la nulidad radical, contiene la posibilidad de ser invalidado. El contrato anulable, pues, tiene una eficacia claudicante, ya que puede ser anulado si se impugna debidamente dentro del plazo que concede la ley.

Apoderamiento: Acto por el cual una persona delega poderes en otra para que la represente.

Arbitraje: Sistema por el cual las personas físicas o jurídicas pueden someter, previo convenio, a la decisión de uno o varios árbitros cuestiones litigiosas, surgidas o que puedan surgir, en materias de su libre disposición conforme a derecho.

Árbitro: Juez privado elegido por las partes, que en virtud de un compromiso arbitral, de carácter obligatorio o convencional, se halla facultado para resolver las cuestiones de derecho privado que se susciten entre ellas, con sujeción a las formalidades legales y conforme a derecho.

Arrendamiento: Contrato mediante el cual se cede un bien en uso o usufructo a cambio de un alquiler que el arrendatario (inquilino o usufructuario, respectivamente) paga al propietario.

Ascensor: Elemento común de acceso al edificio, que suele comprender, además del aparato —ascensor o montacargas—, el entramado de sustentación de poleas y maquinaria, foso y el cuarto de máquinas, en la parte inferior y superior del recorrido, puertas de acceso, línea general para alimentación del ascensor, cuadro de distribución, etc.

Bajante: Conducto formado por tubos impermeables, colocados generalmente en sentido vertical y sujetos a las paredes por medio de abrazaderas, por donde bajan las aguas sucias de los baños y cocinas, o el agua de lluvia procedente de las cubiertas.

Caducidad: Institución jurídica que produce la desaparición de un derecho por el transcurso del tiempo; se trata del cumplimiento de un plazo, previsto legalmente o acordado por los particulares, a cuyo término ya no puede ejercitarse un derecho o una acción determinados. Por tanto, no admite interrupción o suspensión.

Cimentación: Parte del edificio que queda bajo tierra y que transmite al terreno sobre el que se asienta el peso o la carga que soportan.

Citación: La citación para la junta ordinaria anual se hará, cuando menos, con seis días de antelación, y para las extraordinarias, con la que sea posible para que pueda llegar a conocimiento de todos los interesados.

Convenio arbitral: Contrato mediante el cual dos o más personas expresan su voluntad inequívoca de someter la solución de todas o algunas cuestiones litigiosas, surgidas o que puedan surgir, de relaciones jurídicas determinadas, sean o no contractuales, a la decisión de uno o más árbitros, cuya resolución se obligan a cumplir expresamente.

Convocatoria: Las convocatorias a las juntas las hace el presidente, o en su defecto, los promotores de la reunión, con seis días de antelación en el caso de la junta ordinaria. También si lo solicitan la cuarta parte de los propietarios o un número que alcance al menos el 25 % de las cuotas de participación. Cualquier propietario tiene derecho a pedir que la junta estudie y se pronuncie sobre un tema, para ello deberá dirigir un escrito al presidente.

Cosa juzgada: En general, la irrevocabilidad que adquieren los efectos de la sentencia cuando contra ella no procede ningún recurso que permita modificarla. No constituye un efecto de la sentencia, sino una cualidad que se agrega a ella para aumentar su estabilidad y que igualmente vale para todos los posibles efectos que produzca.

Costas judiciales: Gastos que se ocasionan a las partes con motivo de un proceso judicial. Se dice que una parte es condenada en costas cuando tiene que pagar, por ordenarlo así la sentencia, no sólo sus gastos propios, sino también los de la contraria.

Crédito: Derecho que una persona tiene a percibir de otro alguna cosa, por lo común, dinero.

Cubiertas: Es la parte superior externa del edificio, el techo. La terraza del ático es a su vez cubierta del edificio, por ello hay ocasiones en que los gastos de reparación y mantenimiento son de la comunidad, exceptuando aquellos casos en que los daños de dicha cubierta sean ocasionados por culpa del propietario del ático.

Cuota de participación: A cada piso o local se atribuirá una cuota de participación con relación al total del valor del inmueble y referidas a centésimas del mismo. La cuota servirá de módulo para determinar la participación en las cargas y beneficios por razón de la comunidad.

La cuota expresa un módulo para cargas, el valor proporcional del piso y cuanto a él se considera unido en el conjunto del inmueble, el cual, se divide así económicamente en fracciones o cuotas.

Derecho de retracto: Concepto de exclusiva aplicación en cuanto a la copropiedad ordinaria, y no en materia de propiedad horizontal, que consiste en el derecho de un copropietario que puede ejercer cuando otro de ellos haya decidido y pactado vender su cuota de propiedad sobre una cosa común a un tercero. Por tanto, se entiende que este derecho se ejerce después de la venta.

Derecho de servidumbre: Derecho real que recae sobre una finca (predio sirviente) cualquiera que sea su propietario. Es un derecho limitado, porque, aunque grava la finca sirviente, no absorbe toda su posible utilidad —como ocurre en el usufructo— sino que sólo se refiere a una utilidad concreta y determinada. El beneficiario de la servidumbre ha de ser en principio una persona distinta de su propietario; de lo contrario, la servidumbre sería superflua, dado que el derecho de propiedad comporta derechos más amplios.

Derecho de tanteo: Su diferencia respecto al derecho de retracto estriba en que este se ejercita con carácter previo a la venta a un tercero. (Véase: *Derecho de retracto*). Al igual que el derecho de retracto, es inaplicable en materia de propiedad horizontal.

Derrama: Reparto de un gasto eventual y más señaladamente, de una contribución.

Desafectación: Acto mediante el cual se desvincula un bien al uso o servicio común. La LPH no ha previsto la posibilidad de desafectar un elemento común de su originaria servidumbre de destino. Sin embargo, es viable una desafectación inicial en el título constitutivo y una desafectación posterior, cuando por la decisión comunitaria manifestada con la inexcusable unanimidad, se acuerda la transformación jurídica de un elemento común en parte privativa, de modo definitivo, alterando el título constitutivo; siempre y cuando no se trate de un elemento común que por su naturaleza no pueda en ningún supuesto dejar de serlo.

Deuda: Sinónimo de obligación o de contenido de la misma. Deber jurídico que consiste en realizar a favor del acreedor una prestación que consiste en pagar, satisfacer o reintegrar a otro una cosa, por lo común, dinero.

División: Es la operación por la que una finca inscrita en el Registro de la Propiedad se divide en dos o más porciones, formando fincas nuevas.

Ejecución de una sentencia: La sentencia judicial, cuando adquiere carácter de cosa juzgada —es decir, cuando ya es irrecurrible—, tiene carácter de título ejecutivo; en ese caso, si el deudor no cumple la prestación debida, estará sujeto a la ejecución forzosa, que dará cumplimiento a lo ordenado en el fallo. La ejecución, por tanto, es el verdadero proceso destinado a hacer cumplir forzosamente, y siempre a petición del litigante interesado, una sentencia firme de condena.

Elementos de cierre de la fachada: Elementos con que se protegen o cierran las fachadas, garantizando así su seguridad, estética o confort.
Elementos comunes: Partes del edificio necesarias para el adecuado uso y disfrute de todos los propietarios del edificio sujeto al régimen de propiedad horizontal.

Elementos comunes por destino: Elementos que en concepto de anejos se adscriben especialmente al servicio de todos o de algunos de los propietarios singulares, como, por ejemplo, los aparcamientos exteriores, zonas ajardinadas, vivienda destinada al portero del inmueble, etc.

Elementos comunes por naturaleza: Elementos inherentes al derecho singular de propiedad de cada uno de los espacios delimitados susceptibles de aprovechamiento independiente.

Elementos estructurales y muros: Son los que conforman la estructura interna y externa del edificio, los muros que separan unos pisos de otros, los que sirven para separar un edifico de otro colindante, etc.

Elementos procomunales: Espacio concreto y delimitado que queda en comunidad ordinaria de todos los propietarios, que en realidad no es un elemento común, por no estar destinado directamente al servicio de la finca, pero sobre el que no ha lugar, por norma estatutaria, la acción de división de cosa común.

Elementos privativos: Los diferentes pisos o locales de un edificio, o partes de ellos, que son susceptibles de aprovechamiento independiente por tener salida propia a un elemento común de aquel o a la vía pública, suficientemente delimitados, con los elementos arquitectónicos e instalaciones de todas clases, aparentes o no, que estén comprendidos dentro de sus límites y sirvan exclusivamente al propietario, así como los anexos que expresamente hayan sido señalados en el título constitutivo, aunque se hallen fuera del espacio delimitado.

Embargo ejecutivo: Es el primer paso de la venta forzada de un bien del deudor, que con esa medida queda sometido a la disposición del juez, quien establece, de acuerdo con las previsiones de la ley, las condiciones de subasta.

Embargo preventivo: Medida cautelar adoptada por la autoridad judicial para asegurar el resultado de un proceso y que recae sobre determinados bienes cuya disponibilidad se impide. El embargo preventivo se traba para evitar que resulte ilusoria una futura sentencia judicial; impide que el deudor, durante la tramitación de un pleito, se desprenda de bienes, y con ello, se torne insolvente.

Equidad: Manifestación del mecanismo funcional de los principios generales para decidir un caso para el que resulta inadecuada la regla legal.

Escaleras: Conjunto de gradas o peldaños o escalones, puestos en serie para comunicar entre sí lugares situados a distinto nivel. Son elementos comunes, salvo en supuestos muy excepcionales en los cuales estas escaleras sólo sirvan de acceso a una vivienda determinada y aparezcan como privativas en el título constitutivo.

Estatutos: Conjunto de reglas que la ley permite que sean establecidas, en documento público, por el propietario único o por la unanimidad de los propietarios de los diferentes pisos o locales de la finca correspondiente, que desenvuelven y complementan el régimen, constituyendo un elemento accesorio del título constitutivo de la propiedad por pisos o locales, sin perjuicio de ulteriores modificaciones de los mismos estatutos, y cuyas reglas afectan también a terceros adquirientes de tales pisos o locales una vez alcancen los mismos publicidad registral o resulten conocidos por estos.

Expropiación forzosa: Privación singular de la propiedad privada o de derechos e intereses patrimoniales legítimos, cualesquiera que sean las personas o entidades a que pertenezca, acordada imperativamente por la administración.

Fachada: Parte anterior y generalmente principal de un edificio y aspecto exterior que ofrece un edificio por cada uno de los lados que puede ser mirado.

Forjado: Obra con que se llena el entrevigado de un techo. Por extensión se denomina así a la estructura horizontal plana entre muros o pilares.
Foso: Excavación o hueco profundo.

Cavidad en la caja del ascensor a nivel más bajo que la parada inferior donde se colocan los amortiguadores.

Garantía real: Garantía basada en la sujeción de bienes muebles o inmuebles al cumplimiento de una obligación. Afectación de un determinado bien del deudor o de un tercero, a la satisfacción del interés de un acreedor en relación a un determinado crédito

Gastos generales: Aquellos gastos consecuencia del mantenimiento, reparación y conservación del edificio, que no pueden ser individualizados ni repartidos.

Impugnación: Acto de atacar, contradecir o refutar una actuación, en este caso, los acuerdos de la junta de propietarios constituida en régimen de propiedad horizontal.

Inmatriculación: Inscripción por primera vez de un edificio en el Registro de la Propiedad.

Instalación eléctrica: Conjunto de elementos y conducciones por donde se dirige y distribuye la electricidad en los edificios y servicios públicos.

Instalaciones: Conjunto de aparatos y accesorios que se colocan en un inmueble para un determinado uso o servicio.

Instalaciones de protección: Conjunto de elementos, aparatos y conducciones destinados a la protección de los edificios contra incendios, rayos, requerimientos especiales en función de su uso, etc.

Instalaciones de ventilación: Conjunto de elementos y conducciones por donde se produce la evacuación de humos y gases de cocinas, aseos, calderas. También se emplean para la ventilación de las estancias sin abertura directa al exterior.

Junta de propietarios: Órgano de gobierno de la comunidad de propietarios. Se trata de la reunión de los propietarios que forman la propiedad horizontal. Pueden ser de dos tipos:

— Junta ordinaria: convocada para aprobar los presupuestos y cuentas de la comunidad. Ha de celebrarse al menos una vez al año.

— Junta extraordinaria: se puede celebrar tantas veces como se crea necesaria para tratar asuntos concretos y tomar decisiones.

Lanzamiento: Acción y efecto de obligar a una persona, por mandamiento judicial, a abandonar la posesión de un piso o local.

Laudo arbitral: Decisión o fallo que dictan los árbitros, previo convenio de las partes interesadas al efecto y en el procedimiento fijado a tal fin.

Libro de actas: Documento que en legal forma se debe llevar en los edificios de propiedad horizontal para consignar los acuerdos comunitarios.

Llave de paso del abonado: Se halla instalada sobre el montante en un lugar accesible para el abonado, para poder cerrar el suministro cuando sea necesario. A partir de ella empieza la instalación interior particular.

Local de negocio: Edificación habitable cuyo destino primordial no sea la vivienda, sino el de ejercerse en ella con establecimiento abierto, una actividad de industria, comercio o enseñanza con fin lucrativo, aunque los que la ocupen tengan en él su vivienda.

Mayoría absoluta: En una votación se obtiene mayoría absoluta en una propuesta cuando esta es aceptada o rechazada por la mitad más uno de los votos posibles.

Mayoría simple: Número mayor de votos en una votación, sin llegar a la mayoría absoluta.

Mejoras necesarias: Mejoras cuya función no es aumentar el valor de las cosas, sino evitar su destrucción o pérdida; es decir, conservar su valor. Se trata de un acto conservativo más que de un acto mejorativo.

Montante: Tubo que une la salida del contador o del depósito hasta la instalación interior particular.

Muro de carga o pared maestra: Pared levantada a plomo con dimensiones adecuadas para cerrar un espacio y sostener los techos. Paredes donde cargan las viguetas, voltas...

Muro de contención: Muro destinado a contener el empuje de tierras o aguas.

Nudo propietario: Propietario de un bien que cede su uso y disfrute a otro. El dominio sobre el bien cedido se llama *nuda propiedad*.

Nulidad de pleno derecho: Situación de ineficacia jurídica de un contrato. El contrato es nulo cuando, por infringir una norma imperativa, el contrato no produce efecto jurídico.

Patios: Trozos de suelo limitados por las oportunas paredes en altura correspondiente hasta el tejado o azotea del inmueble, copropiedad que en ningún caso puede ser susceptible de división, y sólo podrán ser enajenados, gravados o embargados, juntamente con la parte determinada privativa de que sea anejo inseparable.

Pilar: Elemento de soporte, parecido a una columna pero de dimensiones y formas variables.

Portal: Vestíbulo o primera pieza de la casa donde se encuentra la puerta principal.

Portería: Pieza contigua a la entrada del edificio en la que está situado el portero. También recibe este nombre la vivienda de ese portero.

Precario: Lo que se tiene sin título, por tolerancia o por inadvertencia del dueño.

Presidente: La persona que ostenta la representación de la comunidad en juicio y fuera de él en todos los asuntos que la afecten es el presidente. Este cargo recae en uno de los propietarios. Puede nombrarse mediante elección, turno rotatorio o sorteo. Es un cargo obligatorio y anual, excepto que los estatutos indiquen otro plazo. El presidente puede ejercer a su vez como administrador y secretario si así lo indican los estatutos.

Propiedad horizontal: Régimen jurídico de un edificio en que junto a elementos privativos (locales, vivienda) existen otros comunes, por ser necesarios para el adecuado uso y disfrute de aquellos. El régimen de propiedad horizontal es dual, es decir, propiedad privativa sobre el piso y copropiedad sobre lo que es común. De modo que la propiedad de cada piso o local lleva inherente un derecho de copropiedad sobre los demás elementos del edificio necesarios para su adecuado uso y disfrute.

Quórum: Número mínimo de personas o votos necesarios en la junta general para considerar válida la toma de ciertos acuerdos.

La primera convocatoria siempre está sujeta a quórum, es decir, que la celebración de la reunión de la junta de propietarios depende de que asista un número determinado de participantes; en concreto, es preciso que acuda la mayoría de los propietarios que a su vez representen más de la mitad de las cuotas de participación. Si no se cumple este requisito, habrá que celebrar una segunda convocatoria que no estará sujeta a quórum.

Reglamentos de régimen interior: Regulación de los detalles de la convivencia y la adecuada utilización de los servicios y cosas comunes, exclusivamente dentro de los límites fijados por la ley y los estatutos. Se equiparan a acuerdos comunitarios.

Remover: Cesar.

Renuncia: Declaración jurídica de voluntad, dirigida al simple abandono o desprendimiento de un derecho subjetivo, facultad, beneficio, pretensión, expectativa o posición jurídica.

Requerimiento: Acto judicial mediante el cual se pide a alguien que haga o deje de hacer una cosa. También, aviso, manifestación o pregunta que se hace, por lo general, bajo fe notarial, a alguna persona, exigiendo o interesando de ella que exprese y declare su actitud o su respuesta.

Revestimiento exterior: Material con el que se cubre una pared u otro elemento como refuerzo, ornamento, etc.

Segregación: Se da cuando se procede a la separación de parte de una finca inmatriculada para forma otra nueva, la cual deberá ser inmatriculada. (Véase: *inmatriculación*). Es una operación registral necesaria cuando se enajena o se grava una parte tan sólo de una finca.

Servidumbre: Gravamen de un inmueble por el cual su espacio se verá interferido por algo —servidumbre predial— o por alguien —servidumbre personal— ajeno a la finca, ya sea con el consentimiento voluntario del dueño del inmueble, ya sea por imposición legal.

Servidumbre de desagüe: La inclinación de los tejados debe estar pensada de tal forma que las aguas de lluvia viertan hacia su propio suelo o hacia la vía pública y no en la propiedad del vecino; además, deben recogerse de modo que se evite perjudicar a este. Si ello resultara imposible, se podría exigir el paso de conductos de evacuación de aguas por la finca contigua, de la forma que resultara menos molesta.

Servidumbre de luces y vistas: Quienes se benefician de esta servidumbre pueden abrir huecos hacia la finca contigua, ya sea para recibir luz o para gozar de vistas a través de su terreno. Esto tiene su transposición en el interior de un inmueble, cuando un vecino perfora parcialmente los muros de la comunidad o de otro vecino con esos fines.

Servidumbre de medianería: Esta servidumbre es «recíproca», pues se deriva de la obligación que tienen dos edificios contiguos de compartir paredes, muros, setos, vallados, etc.

Servidumbre de paso: Esta servidumbre permite a los habitantes de un inmueble traspasar los dominios del inmueble colindante para alcanzar la vía pública. También puede establecerse sobre un piso privado y beneficiar a la comunidad, aunque dentro de unos límites muy estrictos y reduciéndose las «visitas» al mínimo imprescindible.

Suelo: Terreno sobre el que se ha edificado el edificio, subsuelo, y terreno adyacente al edificio que sea propiedad del mismo.

Terraza: Cubierta plana descubierta o balconada amplia, un poco elevada o al mismo nivel que la planta baja desde la que se accede.

Título constitutivo de la propiedad horizontal: Acto o declaración expresa por el cual el propietario o propietarios del inmueble —construido, en construcción o simplemente en proyecto— adscriben este al régimen de propiedad horizontal y proceden a la determinación y descripción del edificio, de sus diferentes departamentos, fijando y estableciendo las cuotas de participación y, en su caso, los estatutos o reglas que han de regir la comunidad, si dentro de los límites de tolerancia legal desean en alguna medida contemplar, modalizar o modificar el régimen previsto por la ley.

Tubo de alimentación: Es la tubería que enlaza la llave de paso del inmueble con la batería de contadores o el contador general.

Usufructo: Cesión del uso y disfrute de un bien a otra persona, que no la titularidad. La propiedad del bien sobre la que se realiza el usufructo se denomina *nuda propiedad*.

Vicepresidente: Cargo opcional cuya existencia es decidida por la junta de propietarios; para su nombramiento se siguen las mismas pautas que para el nombramiento del presidente de la comunidad. Sus funciones se concretan en sustituir al presidente en caso de ausencia, vacante o imposibilidad, y asistirle en el ejercicio de sus funciones.

Viga: Pieza de madera, acero u hormigón que sirve en la construcción de edificios para formar techos y voladizos, sostener paredes y otros usos estructurales. Cuando es prefabricada y de poca sección se llama vigueta.

Vigueta: Viga prefabricada de hormigón, acero, cerámica o madera que se utiliza en los forjados y sirve para soportar las bovedillas o revoltones.

Vuelo: Columna de aire existente sobre el edificio. Derecho a construir nuevas plantas sobre la última planta.

Índice analítico